农地政策与
农民权益

Rural Land Policies
and Farmer's Incorporation

樊平　宓小雄　吴建瓴　齐慧颖／著

社会科学文献出版社
SOCIAL SCIENCES ACADEMIC PRESS (CHINA)

目　录

C O N T E N T S

导言　农村地权关系新探索

本书是我们这个团队合作分工两年来倾心研究当代中国农村农民和土地关系的心得与总结。

调整社会结构，协调阶层关系，与社会的基本资源配置密切相关。农村土地引发的问题，已成为当今社会矛盾的一个主要方面。土地已经成为衡量现阶段中国经济社会发展的一个综合性指标，由土地占用规模、速度，可以判定中国 GDP 发展水平。可以说，土地是一个经济指标，也是一个社会指标；是一个宏观指标，也是一个微观指标；是一个结构指标，也是一个行动指标。

土地权益问题成为影响农村社会关系和社会秩序的核心问题，由土地权益引发的乡村社会矛盾数量增加，冲突规模扩大，协调和解决难度加大。土地使用中工业与农业、城市与农村争地矛盾十分突出，耕地保护形势十分严峻。然而，土地管理中存在着用途管制不严、违法违规用地经常发生、土地利用规划约束力不强、土地征占用过程中纠纷频发，农村土地利用效率不高、浪费严重等现象。土地管理中出现的新问题，需要尽快采取对策加以解决。

土地关系的规则也在动态调整之中。对农民的补贴规则变化并不是很大，但在实际行动上却有很大的变化。以前对于农民的补偿主要是土地产出物的倍数。从征地开始，现在的征地费用有了普遍的提高，但是政府控制一级市场仍然没有改变，基本原则就是由政府开发用地，农民只是承受原来的征地损失，更准确地说，就是将农民置于农村土地收益增长的进程之外。这涉及两类土地问题，一是非农化的土地，如征用土地，如小产权房；二是农用地的管理。中国的非农化进程是将农村的人和地分开进行的。我们的研究，包括中国农村土地在中国城乡一体化进程中与城市的关系、与农民的关系，这需要梳理已经取得的研究成果，也需要重新梳理与思考此前难以解决的问题，借鉴国内和国际已有的成熟经验，为解决中国农村土地和农民关系问题提供有针对性、有解释力的线索与答案。

新时期农村改革的主要目标已从过去完善微观体制拓展到健全宏观制度，主要内容已从过去变革生产关系延伸到调整上层建筑，主要方式已从过去单项独创转变到多项联创。改革涉及的领域越来越广，触及的矛盾越来越深，推进的难度和可能引发的风险也越来越大。2011年国务院选定一些地方作为改革试验区，率先进行封闭式的风险可控的改革试验，力求形成一些具有普适性、长效性的体制创新和制度建设成果。尊重农民意愿、保障农民权益、增进农民利益，是推进农村改革试验必须始终坚持的基本原则，也是衡量改革试验得失成败的根本标准。在开展改革试验中让农民更加平等地参与工业化城市化进程、更加公平地分享工业化城市化成果，也需要促进农民组织的现代化。

因此，不能仅仅以城市扩张需要农村土地作为立足点，而只能以此作为出发点；也不能仅站在维护农民土地权益的角度来看问题，因为世界城市化的普遍规律就是城市发展及工业化水平提高必然汲取和占用农村土地。本项研究立足于国情调研，着重从制度建设和行动策略分析入手，发现法律和政策所蕴含的农村土地发展空间，发现矛盾、指出难点并提出应对策略，在城乡统筹和农村经济社会发展前提下找出解决农村土地问题的有可行性、针对性的答案。

本研究的基本观点是：着眼于城市发展需要农村土地有其合理性，但农村土地征收方式不合适且不顾及农民利益和发展空间必然导致诸多社会矛盾；站在农民维护土地权益角度往往站上了道德高地，但可能没有顾及当代中国社会小农的发展空间和生存方式的一系列变化。本项研究的贡献在于：中国农村的农地关系的核心在于产权制度，但在产权制度之外，法人治理结构、资产监管结构同样重要。而且，探讨中国农地关系的出路，不仅要有对现有的利益相关者的权衡，而且要把握中国社会发展对于农村、对于农业、对于农民的定位，这三个定位确定了农村、农业、农民在中国现代化进程中承担的功能，也由此确定了其社会位置，及农业生产经营的最适宜的组织形式。

在现在的农业经营中，农户、规模经营农户、专业生产合作社、农业公司，这四种组织形式对于农民和土地的结合方式的类型和功能定位不一，而且，这四种组织形式哪一种适合于社会发展也需要看社会对农业有什么预期以及提供了什么样的发展条件及制约条件，这不是一句简单的"让农民自己选择"就可以解决的。关于中国农民和土地的关系、中国农民和农用地的关系，根本而言，现在的产权确定固然重要，但也要注意社会发展对于农业的功能定位，这决定了适宜的农业生产经营组织形式及其功能定位。在这个过程中，对于中国改革起着启动、开路和示范作用的农村家庭联产承包责任制所激励和强调的农民积极性固然仍然起着重要作用，但农民的创新能力受到了新的历史发展阶段和发展条件的制约。因为，在农业现代化进程中，在城乡一体化的统筹协调发展进程中，在农村农民专业合作组织和社区合作组织培育发展过程中，所涌现的问题都超出了中国历史上传统农民的经验总结和知识积累，需要在公共服务和产业化方面由政府和社会提供必要的理论和路径支持。因此，针对中国的现代化目标，针对中国不同地区、不同发展阶段、不同发展区位的农村来说，农地关系的模式也必然呈现为多样化的模式，其中保护农民利益、尊重农民的主体地位、尊重宪法规定的社会主义公有制的两种形式，都是十分重要的。解决农村农民和土地的关系问题，要着眼于中国现代化与经济社会发展所需要所要求的农村农业经营组织形式的变化，要顾及传统农户、规模经营大户、农民专业合作社、农业经营公司四种组织形式的变化，这四种组织形式均有不同的社会功能定位和不同的支撑和约束条件。对于农村土地征用的协商和补偿机制要注意以城市为中心的三个圈层里不同农民的不同利益预期和需求。归纳起来说，就是中国的农地关系调整要关注农业生产经营组织的四种类型，要关注中国农民的三个圈层。可以说这种关系甚至决定了中国农村土地的集体所有的公有制类型的梳理细化的方向。

这是本项国情调研在理论梳理和实地调研基础上，参照总结国内各区域和国际农业研究的创新特点后，提出的创新观点和新思路，且有相应的约束条件和可行性。这表明或可以证明，中国农村土地和农民的关系要针对"城乡一体化"进行定位，具有多样化的类型特征。调查研究中我们还发现，现行的城市扩张政策占用农村土地恰恰是以城市为中心，没有顾及农村农业发展的组织结构，因此往往是有针对性的破坏。城乡一体化在汲取农村农民土地的同时，要顾及和设计现在和未来农村农民农业生产的特点和职业发展空间，城乡一体化要有农民就业生产发展的视角，如果城市发展仅着眼于占有土地及货币补偿，不顾及农民未来发展的组织类型需求，不激励、促进和发展农民农业就业组织类型所必需的社会化服务和基础设施建设，则矛盾不止，且会损害中国城乡统筹协调发展的进程。

本书导言及第一章、第二章一部分、第三章、第九章由樊平撰写，第四章、第六章由宓小雄撰写，第二章中的文献整理部分及第五章由齐慧颖撰写，第七章、第八章由吴建瓴撰写。全书由樊平统稿。

第一章 农地关系：困境与出路

中国的现代化发展以城市化、工业化、市场化、农业现代化为基本特征，在发展进程中土地成为一项重要资源及宏观调控手段，这导致耕地的数量及其和农村农民的关系都发生了深刻变化。当下中国的农村社会矛盾与社会冲突，很大一部分和农村的土地资源配置有关。

第一节 工业化、城市化、市场化对于乡村土地的汲取

根据《全国土地分类及含义》，耕地是指：种植农作物的土地，包括熟地、新开发复垦整理地、休闲地、轮歇地、草田轮作地；以种植农作物为主，间有零星果树、桑树或其他树木的土地；平均每年能保证收获一季的已垦滩地和海涂。耕地中还包括南方宽<1.0米，北方宽<2.0米的沟、渠、路和田埂。包括灌溉水田、望天田、水浇地、旱地、菜地。中国耕地主要分布在东部季风区的平原和盆地地区。中国西部耕地面积小，分布零星。

根据耕地性质，耕地总资源又分为常用耕地和临时性耕地。常用耕地是指专门种植农作物并经常进行耕种、能够正常收获的土地。它包括土地条件较好的基本农田和虽然土地条件较差，但能正常收获且不破坏生态环境的可用耕地。常用耕地作为中国基本的、宝贵的土地资源，受到中国《土地法》的严格保护，未经批准，任

何个人和单位都不得占用。

临时性耕地是指在常用耕地以外临时开垦种植农作物、不能正常收获的土地。它包括临时种植农作物的坡度在 25 度以上的陡坡地，在河套、湖畔、库区临时开发种植农作物的土地，以及在废旧矿区等地临时开垦种植农作物的成片或零星土地。根据中国《水土保持法》的规定，现在临时种植农作物、坡度在 25 度以上的陡坡地要逐步退耕还林还草，在其他一些地方临时开垦种植农作物、易造成水土流失及沙化的土地，也要逐步退耕。根据耕地当年利用情况可分为当年实际利用的耕地和当年闲置、弃耕的耕地。根据耕地的水利条件，可分为水田和旱地。旱地又分水浇地和无水浇条件的旱地。

耕地是人类赖以生存的基本资源和条件。进入 21 世纪，人口不断增多，耕地逐渐减少，人民生活水平不断提高，保持农业可持续发展首先要确保耕地的数量和质量。据联合国教科文组织（UNESCO）和粮农组织（FAO）的不完全统计，全世界土地面积为 18.29 亿 hm^2 左右，人均耕地 0.37hm^2；我国现有耕地总面积为 1.21 亿 hm^2，人均耕地 0.08hm^2，只占世界人均耕地的约 1/4。虽然中国现有土地面积居世界第 3 位，但是人均土地面积仅及世界人均土地面积的 1/3；耕地面积列世界第二位，而人均耕地排在世界第 67 位。全国耕地后备资源总潜力约为 2 亿亩，但水、土、光、热条件比较好的只有 40%，能开垦成耕地的只有 8000 万亩。中国人均耕地只有 1.43 亩，为世界人均耕地的 27.7%，为美国的 12.8%，为印度的 45.5%。一些省（市）人均耕地面积已低于联合国粮农组织确定的 0.8 亩警戒线。在全世界 26 个人口超过 5000 万的国家中，中国人均耕地量仅比孟加拉国和日本略多一点，排在倒数第 3 位。

2011 年，中国城市化率首次突破 50%，这意味着中国的城市人口超过了农村人口，这将带来深刻的社会变革。中国仅用 30 年的时间走过了西方 200 年的城市化历程。"高速度的城市化"也引起人们的担忧。城市化带来的是农村村落数量的减少，统计数字显示，我国的自然村十年间由 360 万个锐减到 270 万个。中国每天都有 80 到 100 个村庄消失。城市化还意味着农村耕地面积的减少，一些城市的迅猛扩张是建立在大量吞噬农村土地的基础之上的。一些地方政府依赖土地财政，将农民的土地以很低的价格收购为建设用地，以高楼林立的土地城市化繁荣景象，来掩盖未能完成的人口城市化。

耕地保护是关系中国经济和社会可持续发展的全局性战略问题。党中央、国务院十分重视耕地保护工作，先后制定了一系列重大方针、政策，一再强调要加强土地管理，切实保护耕地。1986 年，党中央和国务院发出《关于加强土地管理、制止乱占耕地的通知》；1992 年党中央、国务院发出《关于严格制止乱占、滥用耕地的紧急通知》；1994 年发布《基本农田保护条例》；1997 年，党中央、国务院发出《进一步加强土地管理，保护耕地的通知》（11 号文件）；1998 年，耕地保护被写进了《刑法》，增设了"破坏耕地罪"、"非法批地罪"和"非法转让土地罪"。在这样的条件下，农村耕地还是在持续减少。

通过时间对比可以看出农村耕地减少的幅度。1958～1986 年，全国累计减少耕地 4073.3 万公顷，年均减少 140.5 万公顷。《土地管理法》实施后，耕地锐减的势头开始得到控制，1986～1995 年减少耕地 684.4 万公顷，10 年间共开发复垦耕地 491.2 万公顷，年均减少和净减少分别为：68.44 万公顷和 19.32 万公顷。1996 年，全国的耕地数是 19.51 亿亩，人均耕地为 1.59 亩。2001 年，中国各地调整划定基本农田工作基本完成，全国共划定基本农田 16.32 亿亩。国土资源部的资料显示：1996～2003 年间中国耕地面积已由 1.3 亿公顷减到 1.23 亿公顷，减少了 700 万公顷，比两个海南省的耕地面积还要多，而且减少的多是城郊村旁的优质耕地。从 2002 年的变更调查可知，中国耕地总面积 12593 万公顷，全国只有内蒙古、黑龙江、宁夏、新疆、吉林、甘肃等 6 个省（区）人均耕地在

0.133 公顷以上；北京、上海、天津、湖南、浙江、广东、福建、贵州等省市区人均耕地少于 0.053 公顷。随着城市化进程的加快农村耕地持续减少，中国人口每年仍以 1000 多万的速度递增，人地矛盾更加尖锐。2004 年，按照国务院的部署，国土资源部和农业部联合组织开展了全国基本农田保护检查工作，基本摸清了基本农田的底数及变化情况。检查后的统计结果表明，全国在册基本农田面积为 15.89 亿亩。

2001～2005 年，由于经济社会快速发展和生态建设力度加大，以及农业结构调整频繁，中国耕地面积净减少了 600 万公顷，由 2000 年 10 月底的 12827 万公顷减至 2005 年 10 月底的 12208 万公顷，年均净减少耕地 123 万公顷，人均耕地面积由 2004 年的 0.094 公顷降为 0.093 公顷。这是国土资源部 2005 年度全国（未包括香港、澳门和台湾地区）土地利用变更调查报告公布的数据。2005 年比上年度末净减少耕地 36.2 万公顷，较之前四年年均减少耕地 142 万公顷，降幅有较大幅度的减缓。这其中最主要的原因是生态退耕面积的大幅下降，其中，2005 年全国生态退耕面积是 39 万公顷，比前四年年均 124 万公顷减少 69%。单从建设占用耕地看，2005 年当年建设占用耕地 13.87 万公顷，仅比上年减少 4%。从地区差异看，2005 年东、中、西部耕地面积分别净减少 24.3 万公顷、3.4 万公顷、8.5 万公顷，分别占全国耕地面积净减少的 67%、9% 和 24%。这说明，经济发展较快、光热水土条件更为优越的东部地区耕地减少数量仍然较多。当前，中国人口还在以每年 8‰ 的增长率继续增长，而同时耕地却以每年 3‰ 的速度逐年减少。如果这种趋势继续下去，必然威胁到国家的粮食安全和社会稳定。2005 年度土地变更调查结果显示，中国有耕地 18.31 亿亩，人均耕地为 1.4 亩。9 年间中国的耕地减少了 1.2 亿亩。这意味着，要完成《国民经济和社会发展第十一个五年规划纲要》中 1.2 亿公顷（18 亿亩）耕地保有量的硬性指标，中国耕地减少量必须控制在 3000 万亩以内。截至 2008 年 12 月 31 日，全国耕地面积为 18.2574 亿亩，人均耕地 1.4 亩，耕地数量越来越接近保证粮食安全的"红线"。解决如此严重的耕地减少问题势必成为中国的当务之急。虽然其中生态退耕就约有 9000 万亩，但建设占用的耕地也不少。随着社会主义新农村建设的推进，如何确保耕地保有量不减少，如何合理安排生态退耕面积，如何加强新农村建设用地管理，如何统筹城乡、调控好建设用地总量，都是严格管理土地工作中面临的突出问题。

《农用地等别调查与评定》第一次摸清了全国耕地质量等别，为数量和质量并重管理提供了科学根据。调查显示，光、温、水、土匹配条件较好的高等别耕地极为短缺，只占全国耕地总面积的 6%，而中低产田占 90% 以上，远远高于传统上认为中低产田占 2/3 的比例。这份长达 40 万字的调查报告用 47 个字作为总结：保护耕地，不仅要保住数量，更要保住质量；不仅要保住粮食产能，更要保住食物安全；不仅要保住饭碗，更要保住生态。

由国土资源部组织的 2008 年度土地变更调查，范围覆盖了中国 31 个省、自治区、直辖市，但不包括港、澳、台地区。该调查显示，截至 2008 年 12 月 31 日，中国耕地总面积为 18.2574 亿亩。在 2008 年度，全国耕地面积净减少了 29.0 万亩。与 2007 年度全国土地变更调查结果相比，中国耕地面积净减少速度明显放缓，2008 年度全国耕地面积净减少量比上年度下降了 50%。中国耕地减少速度减缓，主要原因在于 2007 年、2008 年中国政府严格控制建设占地规模，仅报国务院审批的项目就核减不合理用地 7.1 万亩，核减耕地 3.5 万亩。与此同时，国家加大了土地执法力度，各级地方政府的违规违法占用耕地受到明显遏制，与此同时，各地通过土地整理复垦开发加大了补充耕地的力度。而中央政府暂缓生态退耕的决定，也使生态退耕面积明显下降。

土地整理是补充耕地面积的有效手段。土地整理是通过采取工程、生物等措施，对田、水、路、林、村进行综合整治，增加有效耕地面积，提高土地质量和利用效率的活动。通过土地整理补充耕地，有效地保护了中国粮食生产能力。"十五"期间，通过土地开发整理，中国累计补充耕地2140万亩，平均每年约428万亩，大于同期建设占用和灾毁耕地面积，建设了一批适应现代农业发展要求的高标准、成规模的基本农田。全国基本农田面积稳定在16亿亩左右，粮食的综合生产能力得到有效的保护。同时，土地整理还促进了生态环境保护。据对国家土地整理示范区的调查，土地整理后植被覆盖率增加2.4个百分点，抗御自然灾害能力明显增强。

工业化、城市化、市场化对于农村土地资源的汲取为改革发展提供了基础性资源和动力，也对传统的农村社会产生了深刻影响，导致了如下一系列问题。

第一，人均耕地少。人均耕地面积仅为0.10公顷，不及世界人均耕地的一半，在世界26个人口5000万以上的国家中处于倒数第3位。耕地减少的原因：在"十五"期间减少的耕地中，生态退耕占了70.9%，如果退耕过多，耕地的保有量指标就难以完成。

第二，耕地整体质量下降。平原和盆地的耕地仅占30.73%。由于干旱缺水，大量耕地、草地荒芜，利用难度大。全国4200万公顷坡耕地和666.67万公顷风蚀耕地，平均每年要流失土壤30～150吨/公顷，全国每年至少有50亿吨沃土付之东流。水资源分布不均衡及其他限制因素，导致中国60%以上的耕地质量相对较差。

第三，耕地退化严重。据国家水利部第二次遥感调查（2002年），中国水土流失面积达356万平方公里，占国土面积的37%，4866.67万公顷耕地中存在水土流失的约占38%，较为严重的黄河流域和长江流域水土流失面积分别达到54万平方公里和74万平方公里。沙漠化面积已经高达262万平方公里，占国土面积的27%。新中国成立以来，全国共有66.7万平方公里耕地沦为沙地，年均丧失耕地1.5万平方公里。荒漠化和水土流失使耕地肥力降低或丧失严重，基岩裸露，导致地力衰竭，可耕地面积减少。

第四，耕地后备资源严重不足。全国宜耕荒地资源约为 1360 万公顷，按 60% 的复垦率计算，可增加耕地 813.33 万公顷，根据现有的开垦能力，今后 15 年最多可开发 533.33 万公顷，且投入大、周期长、短期内难以见效。退耕还林还草政策已全面启动，25 度以上的陡坡耕地约为 600 万公顷，亟待退耕，10 度 ~ 25 度的坡耕地为 1250 万公顷，要逐步退耕，因此可以开发利用的后备耕地资源极其有限。

第五，耕地减少势头仍未遏制。耕地减少的趋势仍未缓解。2002 年全国建设占用耕地 19.65 万公顷，灾毁减少耕地 5.64 万公顷，同期全国土地整理复垦开发补充耕地 26.08 万公顷，增减相抵后增加耕地 0.79 万公顷。同期生态退耕减少耕地 142.55 万公顷，农业结构调整减少耕地 34.90 万公顷，2002 年全国耕地比上年净减少 168.62 万公顷。

耕地资源减少的原因如下。

第一，城市规模扩张过快、过大，土地利用率低。据统计，2002 年底，全国城市 660 个，城市面积 46.48 万平方公里，其中建成区面积 25.97 平方公里。1997 年利用遥感资料对全国 31 个特大城市的占地规模进行判读和量算，1986 ~ 1996 年主城区实际占地规模由 3270 平方公里扩大到 4910 平方公里，增长了 50.2%，城市用地增加与人口增长比例达到 2.29:1，高出正常比例。在城市规模扩张过程中，工业用地占城市面积的 20% ~ 30%，超出合理限度约 10 个百分点（合理限度为 10% ~ 15%），工业用地规模过大并占据黄金地段，不仅土地产出率低，且污染城市环境。

第二，农村居民点建设分散，宅基地审批缺乏管理和监督。中国农村人口多，居住分散，宅基地占用耕地呈逐年上升趋势。《全国土地利用总体规划纲要》确定，2000 年农业居民点用地规模为 1366.6 万公顷，1996 年实际占地规模已达到 1646.7 万公顷，农村居民点实际人均用地 190m²，超过规定的最高标准 150m² 的 27%，形成大量的"空心村"。另外，农村集体经济组织不健全，产权关系不明确，宅基地审批缺乏严格的管理和监督，村官成为集体土地建设用地使用权的实际审批者和受益者，这使宅基地占用耕地数量呈逐年增长态势。

第三，开发区建设严重失控。调查资料显示，2003 年底，全国各类开发区 6015 个，规划面积达 3.54 平方公里，超过了全国 660 个城市和所有建制镇的建设用地总面积。其中，经国务院批准的只有 232 家，占 4.64%；经省级政府部门批准的有 1019 家，占 20.38%，更多的是地方盲目设立的各种开发区、工业园，造成了大量耕地"撂荒"现象。全国开发区有 43% 闲置，土地利用率低下，耕地面积以惊人的幅度减少。由于地方政府建设开发区占用农民大量的耕地，给农民的征地款仅按很低的标准补偿，或者不能到位、克扣、挪用、截留，带来严重的社会问题。有关部门统计，土地上访案件占整个上访量的 1/3。

第四，耕地闲置，浪费严重。1991～1996 年，国家、集体、农民建房三项非农建设用地 202 万公顷，占用耕地 102 万公顷，分别超过同期计划的 28% 和 18%。而同期全社会固定资产投资总额为 8585 亿元，这些资金仅够占用土地 133 万公顷，实际占用耕地量的 34% 超出投资额度。土地供应严重超过投资能力，造成耕地大量闲置、浪费、粗放利用。

第五，农业内部结构调整占用耕地。由于农产品价格走低，农民增收相对缓慢，农民种粮积极性降低，大片耕地被改为果园、茶园等。2002 年，全国农业结构调整减少耕地 34.90 万公顷，农业内部结构调整占用耕地成为耕地减少的主要原因之一。

第二节　耕地资源节约和集约利用的对策

中国政府与联合国开发计划署、联合国粮农组织于 1996 年完成的《中国土地的人口承载潜力研究》指出：中国可以养活自己的人口，前提是必须保证耕地面积不得低于1.2亿公顷。为此，党的十六届三中全会指出，"要实行最严格的耕地保护制度，保证国家粮食安全，保护提高粮食综合生产能力，说到粮食，必须以稳定一定数量的耕地为保障"。

为节约和集约利用土地、保障中国的长远发展，国家在宏观调控方面采取了如下措施。

其一，科学编制和严格执行土地利用总体规划。

各级政府编制土地利用总体规划的原则为：①严格保护基本农田，控制非农建设占用耕地；②提高土地利用率；③统筹安排各类、各区域用地；④保护和改善生态环境，保障土地的可持续利用；⑤占用耕地与开垦耕地相平衡。土地利用总体规划是各项建设和土地用途管制的法律依据。任何建设项目涉及改变土地利用总体规划确定的用途和范围的，都应严格办理审批手续，杜绝先占用后补办手续的做法，加大对违法占用耕地行为的处罚力度。保证耕地总量动态平衡。

其二，规范土地市场，合理配置土地资源。

完善和规范土地市场秩序，大力推进经营性用地招标拍卖挂牌出让制度。对征用农民集体土地可引入市场机制，政府只参与管理、协调和合同签订等工作，这样就可以杜绝"暗箱"操作和侵害农民利益事件的发生。积极开展农用地合理流转的试点和推广工作，发挥市场配置土地资源的基础性作用。

其三，提高土地利用率，积极稳妥推进城市化。

中国城市化处在快速发展阶段，需要改变传统的城市扩张模式，走内涵挖潜、盘活存量土地的路子。积极引导城市建设利用闲置土地、存量土地，提高土地利用率和建筑容积率。随着农村人口向城镇逐步转移，对农村居民点可以重新规划整理，北方要重点做好旧村改造工作，提倡综合开发和集中成片建设；南方要重点做好迁村并点工作。对于整理出的土地可重新组织复垦。

其四，清理、整顿开发区，健全审批程序。

由国土资源部牵头组织国务院有关职能部门对全国各类开发区进行一次全面、彻底的清查，对一些无人投资或投资不到位，闲置、荒芜两年以上的土地，政府无偿收回土地使用权，交由原农村集体经济组织恢复耕种；对一些未办理审批手续或私自改变用途的，责令限期整改。

其五，提高抵御自然灾害的能力，减少耕地的消失。

2002 年，中国自然灾害毁坏耕地 5.64 万 hm^2，占当年耕地减少的 3.5%，所造成的损失占当年 GDP 的 3% 左右，高出发达国家几十倍。此后，采取工程技术、生物技术，加大对大江大河和荒漠化区域的综合治理力度；认真贯彻中共中央国务院关于退耕还林还草的有关方针政策，恢复植被，加强生态建设。国家加大农业基础设施建设的资金投入，改善农业生产条件，增强耕地的抗灾能力。这成为保障此后粮食连续九年增产的一个重要手段。

根据"十一五"规划纲要，到 2010 年末全国耕地面积要确保不低于 18 亿亩这条红线。另外依据《国家粮食安全中长期规划纲要（2008～2020 年）》，在未来 12 年间，需要再新增 500 亿公斤生产能力，以提高国家粮食安全的保障程度，而目前各地尤其是发达地区又都急需加大土地供应，同时因耕地减少而带来的各方面危机也凸显出来。

在城市化进程和现代农村建设中，倘若这些危机得不到及时有效的解决，则将衍生为经济发展、社会进步的重要阻碍。随着人口的增加，城镇化、工业化进程不断加快，耕地这个话题日益沉重。从 2002 年开始，探索调整土地的行政配置权、确保农民基本权益，推进土地流转，开发适度规模经营，政策引导、扶持农民积极种粮，这些集思广益的中肯建议，逐渐实践于建设新农村和为农业现代化提供基础性公共服务中，提高了农民的农业生产积极性，代表了对中国当前耕地危机的认识程度和对出路的探索。由此有了 2004 年的土地第二轮家庭经营承包，有了农户承包地的颁证确权，有了占补平衡，有了农村农业用地的流转。但对于哪一种方式代表了中国农村农业现代化的发展方向，学术领域一直存在着不同意见。

随着经济社会的快速发展、城市化水平的不断提高，原有城镇需要调整产业结构，进行现代化建设和旧城的更新改造。新城市的建立和老城市的扩大是中国经济发展的内在要求，是实现现代化的客观表现，是社会发展的必然趋势。城市化需要占用土地，这和节约用地、农民增收本身并不矛盾，应该说它们是互为促进的。城镇化是较农业用地更为集约的土地利用形式。农村人口进入城镇，如果说能够顺利地将农村的居住建设用地置换出来，应该说城镇化非但不会增加建设用地规模，相反还会节约用地。城市的首要特征是密集性，城市规模越大，人口密度越高，单位土地的人口和产出也越多，对土地的利用自然就越集约。同样，城镇化和工业化意味着有更多的就业机会被创造出来，在加强农村人力资源培训的基础上，可以更好地解决农村就业问题，更好地解决农民增收的问题。

在现在的管理体制下，政府掌握了土地规划权，也掌握了对土地要素的行政配置权。因此，政府垄断是供地紧张和土地浪费的根源。随着城市化进程的加快，土地作为最主要的资源和要素，越来越受到各级政府的青睐。地方政府通过低价征用农民的农用地，通过土地的"农转非"，垄断大量的土地资源，放入政府的"土地储备中心"，集中转让"国有土地使用权"。地方政府出让一块土地，就一次性收取 50 年到 70 年的土地收益，对农民的补偿每亩却只有数千元到几万元不等。巨大的级差收益成为地方财政的重要收入来源，有的地方土地出让金占财政收入的比重甚至高达 60% 以上。农民作为土地使用权的所有者对土地的转让根本没有发言权。如何切实保障农民的基本权益，落实农民对土地的产权主体地位，这才是农地关系中的关键问题。

针对近几年征地补偿安置工作中拖欠、截留、挪用征地补偿费情况严重的问题，国家监察部、国土资源部、农业部、审计署 2004 年在全国联合开展了征地补偿费管理使用情况专项检查。截至 2004

年 12 月底，全国清理出 1999 年以来拖欠农民征地补偿费 175.46 亿元，除西藏自治区外，其他 30 个省（区、市）共清欠 175.38 亿元，占拖欠总数的 99.96%。西藏自治区于 2005 年 1 月下旬全部偿还了拖欠农民的征地补偿费。国土资源部明确提出征地要坚持四个必须：必须按规划、计划征地；必须征求被征地农民对征地补偿安置的意见；必须在补偿安置费用足额到位后才能动工建设；必须公开征地政策、补偿标准、补偿费用管理使用情况。凡征收土地方案未征求被征地农民意见、补偿安置不符合法律规定、没有妥善解决失地农民长远生计的，一律不得报批。

明晰的产权制度、严格的权限界定，是耕地保护政策的核心，除此之外要强化土地使用规划，改革现有土地审批制度，落实最严格的土地管理制度，基层行政单位对土地使用的保护而言尤其重要；要加大对土地使用的监管力度，加强对土地违法案件的惩治力度，加强土地使用知识宣传，增强危机意识，尤其要保护好基本农田；划定"基本农田保护区"就是划定我们的"饭碗田"，就是"生命线"之所在。

同时，推进土地流转和适度规模经营，需要尊重农民意愿。尊重农民，最重要的是保证农民从中获得稳定收益，这需要政府制度规范作保障。党的十七大报告首次提出建立农民承包经营权市场，为农地承包经营权的有序规范流转指明了方向，它需要落到实处。

增加种粮补贴只是提高农民种粮积极性的因素之一，并不能彻底解决农村问题。有人提出提高农民种粮积极性应该从以下几个方面入手。

第一，国家应该稳定农业生产资料价格。农资是生产的源头，农资价格上涨，势必增加农业生产成本，影响农民的种粮积极性，同时也会造成来年农产品价格上扬。同时要改善农业生产条件。应该根据化肥、农药、种子等实际生产成本，制定统一销售价格，严禁任何单位和个人加价销售，一经发现，从严处理。

第二，提高粮食收购价格，保证农民利益不受侵害，粮食收购价格应与国际市场接轨。有媒体报道，作为全球大米贸易价格基准的泰国大米批发价格已从每吨 580 美元暴涨到 760 美元，而中国目前晚籼米零售价每吨仅为 480 美元左右，粮价上升空间大。

第三，出台相关政策限制土地抛荒。当前，农民工大量涌入城市，随之而来的除了城市压力增大之外，农村耕地弃耕的现象也日益明显，国家应该对土地弃耕采取一定措施，譬如引导经营权流转，这样既可避免责任田抛荒现象，又可增加国家粮食产量。

第四，加强农田水利等基础设施建设，加强对农业设施的管理和保护。

第五，加大对农民的技能培养力度，积极引导广大农民科学种粮。科学技术是第一生产力，要积极引导、指导农民科学地运用现代化技术手段不断提高粮食作物产量。

发达国家除了在税费、基础设施建设方面给予优惠，以降低生产成本外，还积极引导农户从事与农产品相关的非传统农业产业，通过延长农产品的产业链，来增加农户的经济收入。如美国俄亥俄州，早在 1992 年就有超过 40% 的农民从事非耕作经济活动，51% 的农民已不把农业作为他们的首要职业，农民跳出耕地的束缚，通过其他途径增加经济收入。因此，中国应重视对延长农产品产业链的研究，制定出相应的优惠政策，鼓励农户发展相关的非传统农业产业。

2005 年度土地变更调查结果中最具冲击力的数字，应该是"1.22 亿公顷"。这个数字意味着：中国今天的人均耕地只剩下 0.093 公顷（9 年前这个数字是 0.106 公顷）；10 年间中国耕地减少了 800 万公顷；未来 5 年中国要保证 1.2 亿公顷的耕地保有量，只剩下 200 万公顷可减耕地。面对严峻的现实，未来 5 年的耕地保有量作为具有法律效力的约束性指标被写进中国政府的《国民经济和社会发展第十一个五年规划纲要》，"耕地保有量保持 1.2

亿公顷"与控制总人口、保障淡水以及能源等资源、遏制生态环境恶化、减少污染物排放等指标，都是这个时期要努力实现的经济社会发展的主要目标。耕地保有量是"十五"计划没有完成的指标（该计划确定的指标是：保持全国耕地总量动态平衡，确保到 2005 年全国耕地面积不低于 1.28 亿公顷），而在"十一五"规划中，它作为约束性指标被纳入经济社会发展主要指标中。所谓约束性指标，是在预期性基础上进一步明确并强化了政府责任的指标，是中央政府在公共服务和涉及公众利益领域对地方政府和中央政府有关部门提出的工作要求。按照规划的要求，具有法律效力的约束性指标要分解落实到各省（自治区、直辖市）。来自国土资源部的消息说，在本规划期的期中和期末，国务院要对各省、自治区、直辖市各考核一次。考核的各项标准就包括省级行政区域内的耕地保有量不得低于国务院下达的耕地保有量考核指标。达不到相关要求的，将被认定为考核不合格。对耕地保有量考核不合格的地区，由监察部、国土资源部对其审批用地情况进行全面检查，按程序依纪依法严肃处理直接责任人，并追究有关人员的领导责任。

表 1-1 土地利用变更调查

单位：万公顷

年　　度	2005	2004	2003	2002	2001
耕地	12208.27	12244.43	12339.22	12592.96	12761.58
园地	1154.90	1128.78	1108.16	1079	1064.01
林地	23574.11	23504.70	23396.76	23072	22919.06
牧草地	26214.38	26270.68	26311.18	26352	26384.59
其他农用地	2553.09	2553.27	2550.83	2565	2202.35
居民点及独立工矿用地	2601.51	2572.84	2535.42	2510	2487.58
交通运输用地	230.85	223.32	214.52	208	580.76
水利设施用地	359.87	358.95	356.53	355	572.96

第三节　农村耕地规模化经营

农村耕地规模化经营，在农村深入改革中第一次被提了出来，这是社会发展的必然，是农业现代化的要求，是中国农村改革由提高生产的积极性进一步深入提高土地的产出效益的必然选择。这不是对旧的计划经济体制的回归，而是生产力发展的新探索。

1982 年全国推广实行家庭承包责任制，该制度在创立之初为解放农村生产力和提高劳动生产率作出重大贡献，几乎在一夜之间就解决了全国大部分地区农民的饥荒问题，也极大地促进了农业生产的发展和农产品产量的提高。但同时农村耕地也被高度零碎化、分散化，农业生产率无法得到更大提高。中央很快意识到这个问题，1984 年中央一号文件提出鼓励土地逐步向种田能手集中，1986年中央一号文件再次提出："随着农民向非农产业转移，要鼓励耕地向种田能手集中，发展适度规模的种植专业户。"自 20 世纪 80年代末开始，农村经济形势发生了很大变化，农产品供求格局发生历史性转变，由"供给制约"转化为"需求制约"，农产品供求市场从以总量矛盾为主转向以结构矛盾为主，农业增长开始从单纯的数量型增长向以数量和质量同步增长并以质量为主的增长型转变，农业专业化、产业化、现代化和品牌化的市场需要与小农户的分散化经营形成了深层次矛盾，这种形势再次引起了中央的高度关注。

为解决农业发展中的深层次矛盾，克服小农生产的种种弊端，不断解放农村生产力，1987 年，在国家主导下，江苏苏南、贵州湄潭、山东平度、广东南海、浙江温州、北京顺义、湖南怀化和陕西延安等地开始进行农村土地制度改革试点工作，分别就土地适度规模经营制定了内容不同的试验方案，开展了各具特色的试验研究，拉开了中国土地发展适度规模经营的序幕。同时，中共中央、国务院在政策上继续谨慎推进土地规模化经营改革。1988 年，中共中央、国务院在《关于夺取明年农业丰收的决定》中指出："少数确实具备条件的地方，在尊重群众意愿的情况下，可以引导农民实行适度的规模经营，以进一步提高农业劳动生产率。"1990 年，邓小平指出："中国社会主义农业的改革和发展，从长远的观点看，要有两个飞跃。第一个飞跃，是废除人民公社，实行家庭联产承包为主的责任制。第二个飞跃，是适应科学种田和生产社会化的需要，发展适度规模经营，发展集体经济。"[①] 这是国家首次指明未来农村土地经营道路的发展方向是农村土地规模化经营和集体经济。1990 年 12 月 1 日，中共中央、国务院在《关于 1991 年农业和农村工作的通知》中提出："在少数确有条件发展农业适度规模经营的地方，根据群众的意愿，可以因地制宜地作适当调整，但决不可不顾条件强行推行。"随后，在 1993 年《关于当前农业和农村经济发展的若干政策措施》、1995 年《国家体改委 1995 年经济体制改革实施纲要》、1998 年《关于农业和农村工作若干重大问题的决定》和 2003 年《关于完善社会主义市场经济体制若干问题的决定》等文件中，中央再次指出农户在承包期内可依法、自愿、有偿流转土地承包经营权，完善流转办法，逐步发展适度规模经营。党的十六大、十七大延续了农村土地可以发展适度规模经营的政治立场，鼓励农民在依法、自愿、有偿的前提下，进行土地承包经营权流转，逐步发展土地规模经营。

农村土地规模经营是专门针对家庭承包责任制的局限性和弊端而提出的新主张，与家庭承包经营制相比具有明显优势，在新农村建设和现代农业的发展中意义重大。

一 农业规模化经营之利

（一）有利于节约耕地经营成本，提高农业劳动生产率

耕地规模化经营有利于整合耕地资源，节约三种成本：（1）耕

---

① 《邓小平文选》第 3 卷，人民出版社，1993，第 355 页。

种成本。根据土地耕作时间分为三个阶段：在耕种前，经营者可以统一采购种子、农药、化肥、农机具等，通过较大交易数量获得较低交易价格，降低生产资料成本；耕种时，可以统一翻土、除草、播种、施肥、灌溉、喷洒农药、管护农田，实行机械化操作，降低人力成本；收获时，可以进行统一的收割、仓储、运输、加工和销售等，降低农产品市场化成本。（2）人力成本。高度机械化虽然在短期内会因农用机械价格昂贵使得耕种成本增加，但从长远来看，可以大大节约人力成本。调查数据显示："12 马力的手扶拖拉机的作业效率是牛的 5.9 倍；机动喷雾器的作业效率是手动喷雾器的 3.97 倍；机械插秧的作业效率是人工插秧的 40 倍；水稻机收的作业效率是人工收割的 24 倍。"且随着国家农机具补贴政策的落实，成本会进一步下降。（3）土地成本。家庭承包经营制使耕地高度零碎化和分散化，使得一片平整的耕地多出无数地界、沟渠、阡陌和管护房，这对耕地资源构成一定的浪费，对耕地的集中整合能够节约利用耕地，降低用地成本。同时，耕地规模化经营还有利于促进农业实现机械化经营，降低劳动强度，节省劳动时间，使农民在单位时间内生产出更多产品，提高了劳动生产率。

（二）有利于解放农村剩余劳动力，加快农村劳动力向城市转移

农村耕地规模经营，可以使千家万户的农田集中到少数几户农民手中，耕地规模经营引起的高度机械化使耕地实际经营者显著减少，耕种人数大幅下降。这就将大多数农村剩余劳动力从土地束缚中解放出来，使其能够自由进入第二、三产业另谋发展。由于近些年城市劳动力价格上涨迅速，农业生产比较收益下降，农民进入城市人数逐年增多。2010 年全国农民工人数达到 2.42 亿，其中绝大多数是青壮年，是中国农村的主要劳动力。而 2009 年乡村人口总数为 71288 万人，农民工约占乡村人口总数的 34%，这意味着约1/3 的农民进入城市务工。而从农民工的收入来看，"进城务工经商的农民工平均月收入为 966 元，一半以上的农民工月收入在 800 元以下，其中月收入在 500 元以下的占 19.67%，月收入在 500～800 元的占被调查农民工总数的 33.66%，有一成的农民工月收入超过了 1500 元。"进城务工已成为提高农民收入的重要途径之一。农村耕地一旦实施规模经营，会进一步加速推进农村剩余劳动力向城市转移，从而促进农村城市化进程和部分农民增收。

（三）有利于农业技术的推广，提高农产品的国际竞争力

传统的家庭承包经营由于耕地面积小、资金投入少，既无力引进高新农业技术，也无大规模实施农业技术的土地条件，不利于先进农业科技成果和优良品种的推广，导致我国农产品生产无标准、品质差、科技含量低、品种单一，无法进入发达国家的超市。而农地的规模经营则有利于农业科技的推广，使生产科技含量高、产品质量好、环保卫生、统一标准的绿色农产品成为可能，这不但有利于农产品的产量、质量、科技含量的提升，也有利于我国农产品打破国际贸易中的"绿色环保"等质量壁垒，在国际市场中占有一席之地。

（四）有利于推动农业结构调整，提高部分农民收入

随着农村人均收入与城镇人均收入差距的不断扩大，农民增收问题已成为全国人民共同关心的话题。农民增收难是因为粮食经营虽有自主权却没有议价权，农民从耕地上无法获得像第二、三产业那么高的平均利润。而农地的规模经营制度不但可以使农产品的产量、质量、科技含量提高，还可以促进农村土地、资金、技术和劳动力等各种生产要素的合理流动，调整和优化农业生产结构，推动农业产业化经营和农产品商业基地建设，使农业生产向产业化、规模化、机械化、市场化方向推进，使部分农民逐渐成长为具有一定经济实力和市场把握能力的"农商阶层"，从而获得一定的议价能力和权利，在取得土地规模效益的同时，又取得产品市场效益，从

而提高该部分农民的收入。

（五）有利于外部资金注入农村，激发农业生产活力

农村土地家庭承包经营制使农村耕地细碎分割，每一户农民都是封闭性较强的小农经济，国家对农业投入的亿万资金分散到每一个农户身上就成凤毛麟角，难以发挥实质性作用；而农村金融机构认为对分散经营且没有抵押担保的小农户发放贷款风险太大、交易成本太高，信息难以对称，不利于贷款回收，从而不愿意向农户发放贷款；外资则更是由于中国的法律、政策、市场风险不愿去找小农户作为合作投资的伙伴，导致零散经营的小农户很难引进外部资金投入农业生产。与小农户相比，发展规模经营更容易吸引外部资金投入，从而加大农业利用外部资金的力度，激发农业生产的活力。

农村耕地作为与农民生存和发展关系最为密切的土地，其规模化经营较家庭经营模式虽益处颇多，但该经营方式也存在几种难以克服的弊端。

二 农村耕地规模化经营之弊

（一）耕地规模经营容易造成耕地经营权的资本垄断

耕地规模化经营之初，需要购买农用机械、种子、化肥、农药，雇佣进行机械操作、灌溉和管护田地的劳动力，引进先进的农业技术，缴纳数十亩乃至数百亩耕地的承包费，除此之外还需要有系列的配套设施如水利设施、村内公路等。虽然国家有各种农业补贴政策扶持，但耕地规模经营初期较高的成本，不是现阶段一个普通农民家庭可以承受的。另外，土地用途被国家牢牢限定在农业方面，而农业经营利润要远远低于其他产业的平均利润，投资较大而回笼资金周期较长也使财力不太雄厚的农民不愿意轻易涉足该领

域，规模经营指标流向农村富裕者的可能性更大，从而极有可能造成农村耕地的资本（富农）垄断经营，而非"种地能手"垄断经营。从我国现行政策极力推行"龙头企业＋农户"的土地合作经营模式看，耕地规模经营最终演化为"龙头企业"入侵农村进而成为耕地经营巨头独享农产品加工、制造、运输、销售利润，农民最终沦落为公司雇农、仅享有微薄种植收益的可能性极大。

（二）耕地规模经营容易引发大量农村劳动力安置困难

《农村土地承包经营权流转管理办法》（以下简称《农村土地流转办法》）没有限定农民流转耕地的数量，这就使得耕地规模经营在促进农业机械化的同时，必将引起耕地的大规模兼并，导致耕地经营权最终集中于少数人之手。而一旦耕地大量集中流转给单个农户或个人形成经营垄断后，则不论农村土地属于私有、国有还是集体所有，在承包期内原耕地承包人基于耕地流转合同和诚实信用原则都将不能对抗耕地的受让人。由于农业机械化耕种无法吸纳太多佃农，大量从农地解放出来的剩余劳动力往往只有以下三条路可选择。

1. 进城务工

中国社科院 2008 年 12 月 16 日发布的《社会蓝皮书》称中国城镇失业率已达 9.4%，超过了 7% 的国际警戒线，在这种情况下要让城市吸收大量农民显然有些力不从心，况且农民进城后农村的宅基地及房屋对其失去现实意义，他们不得不居住在城市房租低廉但条件恶劣的"城中村"，其流离失所、漂泊不定，易引发农民生存和住宅的双重危机。

2. 滞留农村

耕地规模经营能够解放农村生产力和提高劳动生产率，使农产品的数量增加、质量提高，这显然是不争的事实，但与此同时也将进一步打击势单力薄的小规模农户经营，从而将家庭经营模式逐渐排挤出农村土地经营市场，这种"大鱼吃小鱼"现象最终迫使农民将承包地流转给大公司或种植大户经营，导致滞留在农村的"失地农民"除少数成为佃农外其余人员成日无所事事，仅靠极低的农地租金或年终土地红利维持低水平生活。

3. 自主创业

自主创业遇到的最大门槛不仅仅是资金问题，还有经营管理能力、营业资质、知识水平、市场把握能力、年龄、社保等一系列问题，农民作为弱势群体，受教育程度普遍较低，资金大多不充实，社会保障也尚未健全，让农民自主创业存在不同程度上的困难。

可以说，农村耕地规模经营引发的农村剩余劳动力流转问题是中国农业现代化中的根本问题。

（三）耕地规模经营容易导致农产品价格波动风险增大

耕地规模经营有利于实现机械化，提高劳动生产率和粮食产量。但我国耕地的粮食单产量已经居于世界前列，而且我国耕地主要分布在东南部湿润区和半湿润季风区，很多地方可一年两熟或三熟，2008 年王学军等人甚至创造出一年五熟的耕作方法，故粮食产量的提高其实并非难题。农产品属于生活必需品（具有不可替代性），根据需求的价格弹性理论，无论农产品价格上升还是下降对农产品的销量都不会造成太大影响。相反，由于农产品需求量在一定时期内几乎固定不变（人口自然增长率逐年下降），依据供求决定价格的市场经济理论，农产品产量的增加反而会引起价格的大幅下降。李昌平指出："农产品供需总量平衡时的价格弹性系数是0.2，即增产 1%，价格下降 5%；增产 15%，价格下降 75%；增产越多，农民越惨"。因此，耕地规模经营在提高粮食产量的同时，也面临着市场价格风险增加的考验。

（四）耕地规模经营容易降低经营者对自然灾害的抵御能力

由于资金能力不足、国家信贷限制和农业相关产业部门准入门槛过高等因素，农民自行创业举步维艰，农民在规模经营时只能维持种植农作物的经济成本，基本上无能力纵向进入种子、农药、化肥、农产品加工、仓储、销售等盈利更高的产业，因此农民经营土地的收入仅仅集中在农产品种植业，收入来源比较单一。而农产品种植由于生产周期比较长（一般为 1 年），除易受气候变化、土壤肥力高低、种子优劣、化肥及农药喷洒量等因素的影响外，还因农作物不可逆性等特点，更易受农业生产自主经营（即农作物种类及播种面积的选择）、市场需求（农作物需求的种类和数量）、政府保护价格和土地政策等信息不完全对称因素的影响，千家万户的小生产与千变万化的大市场之间很难形成有效对接，使得农民经营土地的风险要远远大于其他产业，农民不得不"靠天吃饭"，经营积极性易受打击。在我国没有农业保险和政府高额农业补贴的情况下，耕地实现规模种植不但难以避免这些风险，反而在遭受这些风险后受影响更大，一旦出现大旱、大涝、大霜、冰雹等灾害性天气或蝗灾等情况，对耕地规模经营的经营者将是毁灭性的打击，对粮食的价格波动也会产生强烈影响。

第四节　我国现有法律对耕地规模经营的制度性约束

一　集体经济组织主体地位缺失的限制

我国农村集体经济组织正面临一个尴尬境地，《中华人民共和国宪法》（以下简称《宪法》）规定我国经济制度的基础是社会主义公有制，但《中华人民共和国土地管理法》（以下简称《土地管理法》）、《中华人民共和国农业法》（以下简称《农业法》）、《中华人民共和国农村土地承包法》（以下简称《农村土地承包法》）、《农村土地流转办法》、《中华人民共和国物权法》（以下简称《物权法》）则更多地将土地承包经营权物权化，通过严格限制村集体对村民承包土地的收回权不断强化土地承包经营权的物权属性，将土地承包经营权渐渐演化为村民的一种私权，农村耕地有私有化倾向。而且，《宪法》、《农业法》、《农村土地承包法》、《物权法》只规定了承包经营基础上的双层经营，没有规定集体的统一经营。《农村土地承包法》第 63 条也并不提倡集体经济组织预留耕地，这使得集体经济组织自身没有留储耕地，也不能随意收回发包耕地，只能对村民的生产进行一些简单的指导和服务性工作，集体土地所有权基本被架空，统一经营根本无从谈起，虽然法律赋予集体经济组织代承包方流转土地的权利，但其无法主动对本村耕地资源进行统一的优化配置，集体成员也因利益分散和"搭便车"思想无法通过集体来实现自己利益的最大化，耕地规模经营的能量无法借助集体经济组织的力量得到更大发挥。

二　家庭承包责任制导致土地零碎化的限制

家庭承包责任制造成耕地高度零碎化、分散化的现状不适宜推广耕地的规模化、机械化经营，阻碍了农业的现代化进程。农地规模经营需要整合大量不相连接的耕地，将七零八落的耕地改造成一块块大条田。而《农村土地承包法》第 34 条、《农村土地流转办法》第 6 条规定有权决定承包经营权是否流转以及流转对象和方式的仅仅是承包方（即单个农户），因这些耕地分别属于不同农户，故在耕地整合前经营方不得不单独和一个个分散的农户谈判承包方案的具体内容，而少数几户农民的不合作足以导致耕地难以集中成片，从而使耕地规模经营成为空谈。

三　农村金融体制发展不完善导致融资难的限制

耕地规模经营需要大量的资金投入，耕地规模越大，机械化程度越高，资金需求就越强烈。虽然我国农村现有 9 种银行类金融机构，但各自功能定位混乱，服务对象单一，相互间协调性不足，并且银行网点覆盖也极不均衡。虽然地方政府将集体土地征收后就可以用土地使用权或受益权从银行获得抵押贷款，但法律却不允许农民直接将农村土地使用权（四荒土地承包经营权除外）通过抵押的方式进行融资，导致农民获得资金的渠道相当有限，无法实现农村土地的融资功能，构成对不动产资源的一种巨大浪费。

四 国家粮食价格机制对农产品价格变化的限制

提高农产品价格是农民增收的有效手段。2004 年国务院发布《关于进一步深化粮食流通体制改革的意见》决定全面放开粮食购销市场，但由于我国的粮食价格机制的形成比较复杂，既有政府定价，也有市场价格。而且长期以来，政府价格主导整个粮食市场价格水平，价格波动受到流通体制等一系列因素的影响，并不反映粮食总供求的情况，也不反映粮食供求结构的变化，对粮食生产不能产生正确的引导作用。而且由于《价格法》第 29 条、《农业法》第 33 条、《粮食流通管理条例》第 28 条明确赋予了国家对粮食价格进行干预的权力，使得这些年粮食保护价大行其道，甚至有成为粮食市场价风向标的倾向，导致国家提出的粮食价格市场化大打折扣。同时，近年来种子、化肥、农药等农业生产资料和劳动力价格飞速上涨，而农产品消费人群却由于人口自然增长率的逐年降低并未实现同步增加，国家基于各种政治经济原因力求农产品价格保持稳定，农民作为弱势群体和分散个体也没有因粮价过低而进行全体仓储粮食抗衡粮商的能力，在这四种不利因素的合力作用下，农民根本无法享受农产品增收带来的好处，要么被动接受国家的保护价，要么将粮食喂猪喂鸡，国家粮食价格机制已成为农民增收的桎梏。

第五节 完善我国耕地规模经营的立法建议

耕地规模经营对农业现代化的发展来讲无疑显得必要且可行，特别是随着农村土地流转市场的完善和大量农村剩余劳动力的转移，我国已基本具备了在部分第二、三产业发达地区发展耕地适度规模经营的环境。只有综合考虑耕地规模经营的优势及弊端，在体制上进行一系列的改进，方能更有利地发挥规模经营制度的长处。

一　回归法律规定的统分结合双层经营体制，发展多元化经营模式

《中华人民共和国宪法》第 8 条和《中华人民共和国物权法》第 124 条规定，我国农村的基本经营制度是实行家庭承包经营为基础、统分结合的双层经营体制。但事实上自人民公社解体后，我国农村在 2~3 年时间里就从仅有"统"的公社统一集中经营时期进入仅有"分"的家庭承包分散经营时期。虽然"统"或"分"的土地经营模式都在创设之初迸发出强大的生命力，却因受"左倾"或"右倾"主义思想影响两者几乎没有在同一时期内并存，法律规定的"统分结合双层经营"模式在我国一直没有实现。因此，我国目前的农村土地经营制度首先应回归法律规定的本来面目。根据各地地貌、气候、水分、土壤等自然条件并结合当地经济发展水平、市场发育程度、农村组织强度、资金、技术和村民意愿，实行有"统"有"分"的双层经营体制，"一刀切"发展多元化经营模式，具体建议模式如下。

1. 集体经营管理模式

集体经营管理模式指农村集体经济组织将村内耕地进行统一管

理和经营。由于我国农村并没有"集体经济组织"这样专门的经济管理机构，只有"村民自治委员会"负责办理本行政村的公共事务和公益事业，而村集体内公共行政管理事务又相对较少，故可由"村民自治委员会"兼任"集体经济组织"这一经济管理机构，就农村土地的经营管理形成类似"有限责任公司"的组织模式，由村民组成村民大会（类似股东大会），村委会组成决策机构（类似董事会），由村会计和外聘的、具有农业背景的大学生或农经办人员组成监督机构（类似监事会），共同参与管理本集体经济组织所有的耕地。

2. 家庭经营模式

家庭经营模式是指农村集体经济组织的农户家庭全体成员作为承包方（一个生产经营单位），承包本集体的土地，对于承包地按照本集体经济组织成员人人有份的方式进行承包。

3. 对外托管经营模式

对外托管经营模式是指农村集体经济组织及其成员依据合同约定将自己所有或承包的耕地委托给受托方当事人，在土地托管经营期间，土地的资产收益权归受托方，由受托方每年向集体经济组织及其成员支付占土地经营净资产一定比例的费用。

4. 合作经营模式

合作经营模式是指农村集体经济组织内部成员之间或内部成员与外部成员之间进行合作的土地经营模式。合作经营组织不改变农民对承包土地享有的承包权，只是改变土地的经营管理模式，由单一农户经营变为合作组织的统一经营。农民可以用土地、资金或劳务入股，也可以直接参与合作组织的土地经营管理或退出土地种植领域坐收入股土地或资金的股利分红。

二 实行耕地的规模化、功能化和区域化经营

小农经济由于过度分散不适合现代农业生产力发展的需要，耕

地必须走规模化、机械化、专业化经营道路。但我国耕地分布极不均匀，各地气候、土壤、地形、水文条件差异很大，因此，我国应针对各地具体特点和耕地分布情况，建立不同功能的耕地区域，在18亿亩耕地红线内大兴各种农产品基地。

在耕地主要集中区建立大型的商品粮基地，主要负责全国商品粮生产，商品粮基地内全部实行农业科技指导、规模化经营、机械化操作、市场价供应（市场价低于、等于或略高于成本价的，由国家对农民进行高额农业补贴），保证商品粮基地产量大、质量高、绿色环保、科技含量高、经济效益好。商品粮基地属于国家所有，国家通过商品粮基地保证粮食安全和粮价平稳，商品粮基地范围内耕地永不得被征收。

在全国各乡镇农村按照耕地面积和人口数量建立分散的农村口粮自留田，农民的口粮田不得转让，可通过出租、转包、互换、作价入股或其他方式流转，但年限不宜超过3年（可续期流转），保证农民生存所必需的口粮。

除商品粮基地和口粮自留田外，剩余耕地由农民或集体通过流转方式进入市场自由交易，建立私人农场或集体农场，允许从事其他农业用途的种植（如获利较高的经济作物、药材作物或特色农作物等）。

三　改革农村金融制度，扶持农民自我发展

农村发展除需具备资源要素和人力要素外还需具备资本要素，若没有金融资本的扶持，土地规模经营根本无法开展。故应加快农村金融体制改革，激活农村土地融资功能，建立健全相关金融制度。

1. 设立土地银行，发挥土地融资功能

农村建设用地拥有可观的市场价值，作为不动产进入抵押市场进行土地融资在法理上没有任何障碍。农村合理规划后可节约出大量富余建设用地，这些土地进入市场融资或交易并不会影响到农民

住宅权和农村公益建设用地需求。故应允许集体经济组织将本村的部分建设用地使用权作为抵押物成立农村土地银行，发挥土地融资功能，用于村民农业生产贷款。

2. 成立农民信用合作组织，进行小额信贷服务

《中华人民共和国农民专业合作社法》没有赋予农民组建信用合作组织的权利。然而，在世界各国，信用合作都是合作社的重要组成部分，与其他消费合作和生产合作相比，信用合作的规模更大，所占的比重也更高，因为信用合作是其他合作的基础和条件，只有解决了信贷问题和资金问题，其他合作才得以有效开展。

3. 健全农村贷款保险制度，降低农业贷款风险

农业是周期性活动，从播种到收成再到收入过程漫长，盈利较少，且受气候、市场、政策等影响较大，风险较高，故应建立农村贷款保险制度，以降低或者转移金融机构为农户发放贷款的风险顾虑。

4. 建立农业发展投资基金会，扶持潜力农业发展

通过农业龙头企业、地方政府、农户和社会人员来募集资金建立农业发展投资基金会，对于银行不愿贷款而合作社又无力贷款的风险较大的农业产业，由基金会对农业产业项目的实际情况和前景进行审查后发放农业投资基金，扶持有巨大潜力的农业产业发展。

四 完善粮食保护价的制定程序

《价格法》第 29 条、《农业法》第 33 条和《粮食流通管理条例》第 28 条规定国家可以在粮食供求关系发生重大变化时实行粮食保护价，但对保护价数额如何制定却欠缺必要的程序性规定。事实上，粮食保护价与粮食市场价具有极大的相关性，当保护价高于市场价时，市场供求关系和价格对调节粮食生产失去作用，使农民在粮食生产过剩情况下依然受保护价诱导继续盲目扩大生产，农业生产结构无法有效调整；而保护价低于市场价时，由边际成本增加导致获利减少甚至亏损，以致农民大量抛荒耕地使粮食产量下降引发粮食安全危机。因此保护价具体数额的确定至关重要，单由任何一方（国家、粮商、农民）制定均可能因立场不同导致利益的倾斜，所以应实现参与主体多元化、制定标准公开化、保护价格（随国内国际情况）浮动化，保护价和农业财政补贴两手并用，从而达到国家、粮商、农民利益的和谐统一。

五　完善耕地规模流转的配套规定

《农村土地承包法》与《农村土地流转办法》虽规定土地承包经营权可以流转，但该流转能否体现农民需求、保护农民利益、发扬村内民主、实行阳光交易？解除这一后顾之忧尤为重要。《村民委员会组织法》第 19 条规定村集体经济项目的立项、承包方案和从村集体经济所得收益的使用方案必须提请村民会议讨论。但该规定过于笼统，需建立以下几项配套规定予以完善。

1. 建立专门的耕地协调机构

《农村土地流转办法》虽然规定集体经济组织可以代为流转耕地，但《农村土地承包法》及《农村土地流转办法》对耕地协调机构均无相关规定。村委会成员一般只有 3~5 人，无力兼管土地流转服务性工作，故集体经济组织应成立耕地协调机构，对本村耕地进行合理规划和调整后，对适合规模经营的耕地（口粮田除外）进行标示并公开，对耕地承包方进行统一协调、组织和听证，负责将各家各户分散的耕地向适宜规模经营的条块状集中。

2. 实行耕地价格信息公示制度

由耕地协调机构对耕地的市场价格进行评估或聘请专门土地估价部门进行评估，确定耕地不同流转方式的比较价格，定期在村内公示，并定期更新耕地流转最新价格，保障农民的知情权。

3. 实行耕地流转方案的民主集中制

因耕地流转一般只涉及集体经济组织的部分成员，故可在确定耕地流转相关事宜时将相关承包户集中起来召开小型村民会议，由会议决定耕地流转面积、流转方式、流转年限、流转价格及其他相关内容，会议实行少数服从多数的民主集中制，避免个别农户基于个人原因影响整片耕地的流转及价格。

4. 建立耕地流转后的保障机制

无救济即无权利，无保障则无生存。耕地是农民的生存保障，在流转时首先要考虑的就是农民日后的生存问题，为防止农民耕地流转后生活失去保障，流转土地数量应限制在一定比例内（保留农民必要的口粮田），流转年限应限制在 3～5 年（可续期），流转收益应实行月付制及土地底金制（土地底金实行浮动制，两年浮动一次）。若有部分农民不愿意继续流转耕地或经营土地，可借鉴法国经验通过救济途径申请退出耕地经营领域，发给其农业退休金和补助金。

第六节　区域发展的探索和创新

农村家庭联产承包责任制从农村开始，为早期改革的成功提供了发展动力。30 年后，中国城乡之间的收入差距进一步拉大，"三农"成为中国经济发展中的一个重要问题。主要原因在于农村在后续改革中很长一段时间没有确定自己的主体地位，城乡分割二元结构的核心是让农村服务于城市的工业化和城市化，其服务的主要工具是农村土地制度、户籍制度以及金融制度。

2008 年中国共产党第十七届三中全会审议并通过了《中共中央关于推进农村改革发展若干重大问题的决定》（以下简称《决定》）。全会公报提出，要稳定和完善农村基本经营制度、健全严格规范的农村土地管理制度、完善农业支持保护制度、建立现代农村金融制度、建立促进城乡经济社会一体化发展制度、健全农村民主管理制度。土地确权、农地承包、村民自治规定体现了农村制度设计开始注重整体性和集成，目的在于"稳定、完善、健全"农村的经济社会统筹协调发展。《决定》提出了"探索土地承包经营权流转"，要"探索"建立农民与国家的新型关系。在现有制度框架下，土地的"多种形式流转"会对农民和国家的关系产生重大影响。三中全会明确的六大任务中，其中两项是"建立现代农村金融制度、建立促进城乡经济社会一体化发展制度"，农村金融改革和破除城乡二元体制成为农村发展的总体目标。之前已经开始试点的村镇银行、小额贷款、农业互助社、农信社改革、农业银行转型在农村发展的整体设计中各就各位，城乡一体的医疗、社保、公共服务等体系构建也将在总框架下进行。体现了解放思想就要打破既得利益，统筹城乡发展就要还权于民、还利于民。

1992 年广东南海罗村镇、里水镇、平洲区的集体土地股份制合作即"南海模式"，是改革开放以后中国最早的农村土地流转，几个村子的土地被集中起来作价入股，然后统一规划经营，比如兴办企业，收益按照 51∶49 在集体和农民之间分成。10 年后，南海市一半的工业用地为集体所有性质。几年之后，工业化城市化进程同样飞速的江苏，出现了"南海模式"的升级版。农村建设用地经由转让和交易，而不再是征用，为"世界工厂"提供着土地支持。南海和昆山模式的出现，根源于我国独有的二元土地和两权分离制度——我国所有土地分为国有和集体两种。国有土地通过招拍挂制度进入一级土地市场，集体土地只能通过国家征地才能转为建设用地，而且因为没有所有权，它不能交易、不能抵押。

自南海始，对现行土地制度的突破经历了若干次，2007 年高涨房价催生出了"小产权房"，这是一些建在农村建设用地上的楼房，没有建设部颁发的产权证，只能私下买卖但无证也无法过户落户。小产权房多数盖在农民的宅基地上，该地块归集体所有，不能出租和买卖，农民却拥有宅基地上"房屋"的完全所有权。

从 1994 年土地出让金留归地方开始，土地出让收入渐成地方政府预算外收入的主要来源。按照现有法律，被征地农民的利益始终无法得到保护。近年来由征地引发的各类恶性事件屡见不鲜。终于，各地开始呼吁同地、同价、同权，至少集体土地应该拥有跟国有土地相同的转让、出租、抵押等权利。终于，十七届三中全会做出了三个关键决策：保持土地承包关系稳定并长久不变；土地流转可以根据依法自愿有偿的原则进行流转；土地征用要缩小强制性征地范围，合理补偿农民。

国土资源部的数据显示，2007年违法用地产值已达1.5万亿元之多，甚至超过了25亿亩集体林地收益的总和，"特别是在城郊农地上，多方在此博弈"。2008年6月，涉及25亿亩集体林地、5亿多农民的集体林权改革开启。林权改革从一开始就明文规定林地使用权和林木所有权可以流转和抵押，同时，林地使用权长达70年。集体林权改革为农地和宅基地的变革提供了样本。2008年奥运会结束之后，农村开始土地确权颁证。

一 浙江宁波："被城市化"的土地换股权

浙江是全国人均耕地最少的省份之一，人均耕地不到0.5亩。随着浙江省城市化进程越来越快，农村特别是城镇周围土地被征用的数量也越来越多。据统计，从1999年推行新的《土地管理法》迄今，浙江省总共征用土地超过200万亩，全省失地农民已超过120万人。宁波试行的"土地换股权"改革，就源自20世纪80年代末宁波的城市化。

改革从一开始就是被动的。从20世纪80年代初期开始，宁波市江东区的农村陆续有集体耕地被宁波城市化征用。国家征用的补偿标准是每亩地2.6万元。当时，宁江村大多数村民要求把集体土地的征用费分配到户。但江东区政府认为一次性分完难以解决农民的社保就业等一系列难题，遂决定将土地征用补偿费作为发展资金，严禁发放给村民，由村集体统一管理、经营，村民可以从当年盈利中获取福利。就这样，失去土地的宁江村以土地征用费为启动资金，开始兴办企业，实现了第一次创业。针对当时许多外地人在宁波住宿难的情况，宁江村创办了宁波市第一家村办大酒店——蓬莱大酒店，当时宁波的全市性会议几乎都在这家酒店召开。

2001 年股改前夕，宁江村的集体经济成熟起来，资产达到1.36 亿元，而农民此时也在城市化的进程中完全失去了土地。2001 年初，江东区开始探索改革。改革的第一项措施就是"撤村建居"，让农民彻底脱离对原有土地的依附关系，完全转化为市民。宁波市委决定，在江东区试点农村股份合作制。具体做法是，村集体将土地换来的补偿资产和原有的集体财产积累，以及经营性用地资产（村集体在城市化过程中保留了原集体土地的十分之一作为经营用地）合并起来，成立股份合作社，集体资产量化到个人，农民每年按股份获取红利。

改革的试点选在江东区的宁江、宁东、宁舟三村。三村是宁波市的综合经济实力"二十强"村，而宁江村是宁波市社会主义新农村建设示范村。股改领导小组所做的第一件事，是在全村范围内进行摸底调查。股改领导小组需要厘清的两个关键问题是：原有村集体资产有多少，享有集体资产的人员有多少。工作人员必须为村集体算账，核实集体资产经营结构、收益状况。更为烦琐的清算工作是人员界定，村集体资产从 1983 年实行家庭联产承包责任制起开始积累，那么能够享受集体资产权益的人员就必须从 1983 年起界定。股改领导小组必须摸清各村从 1983 年到"撤村建居"这段时间内的人口变化，只要这段时间内户口出现在村里，都将持有股份。

正是在宁波市这样的发展背景下，江东区 2001 年以来实施撤村改居、股份合作制改革、旧村改造，实现农村城市化（一化三改）和文明社区建设，为城郊农村实现城市化创造了一个好模式，为城郊农民融入城市、成为城市社区的市民树立了一个样板，避免了"城中村"农民失地、失业等问题。[①]

---

① 陆学艺：《城效农村实现城市化的好模式——宁波江东区调查》，《今日中国论坛》2007 年第 11 期。

江东区是宁波市中心城区之一，面积 37.7 平方公里，常住人口 30 万，以城市居民为主。2002 年以前，两个乡 29 个行政村的辖区面积占总面积的 50%。宁波提出城市东扩战略以来，江东的农田不断被大量征用，但乡、村管理模式没有变化，农民的身份也没有变化。到 2000 年，已有 40% 的村成为"城中村"，因部分土地已被征用，农村经济发展的空间越来越小，部分农民失地后，就业成了问题。因征地费的使用，集体资产的管理等矛盾也很突出。社会矛盾、社会问题增多，社会纠纷不断，上访上告人数增加，环境卫生、村容市容整治困难。问题的源头是在快速城市化过程中，城市只规划土地的城市化，而没有规划农民及农村组织的城市化。于是就有了"城中村"、"失地农民"等经济社会问题。

江东区委、区政府在上级领导和相关部门的支持下，经过长期酝酿、积极探索，决定实施以撤村改居、股份合作制改革、旧村改造为主要内容的农村城市化，2001 年开始试点，2004 年全面推开，至 2006 年底基本完成了三项改革。

第一，撤村改居。

江东区实施撤村建居和撤村并居两种改革形式。撤村建居是撤销行政村建制，将全体村民转为城镇非农业户口，建立相应的居委会，实行城市社区管理。撤村并居是撤销行政村建制，将全体村民转为非农业户口，不建社区组织，村民农转非后归并到居住地的社区，受当地社区管理。此项工作自 2001 年 8 月开始试点，到 2004 年 4 月完成，历时两年八个月。全部 29 个村中有 22 个实现了村改居，有 7 个村实现了村并居，全部 10358 家农户、21950 个农民实现了农转非。

第二，农村经济合作社实行股份合作制改革。

这是"三改一化"的重点和难点，江东区的干部和群众为此探索的时间最长，投入的精力最多，最终圆满地实现了改革。这是"三改一化"的主要经验，将在下一节专门论述。

第三，旧村改造。

宁波市东扩战略推动了江东区的城市化进程，到 2000 年底，全区 29 个行政村需要改造，它们大致可分为三类：一是已无土地的"城中村"（12 个）；二是只有少量土地的近郊村（7 个）；三是留有较多土地的远郊村（10 个）。按照宁波市发展的总体规划，这些村全部纳入建设改造计划。分别轻重缓急，先城中村，后近、远郊村，分批有序推进。在实施过程中，江东区坚持了不与民争利，保持社会稳定的原则。采取了整体拆迁、先建后拆、拆一赔一、就近安置等政策和措施，经过多方面努力，旧村改造进展得比较顺利，到 2007 年底全部完成。

江东区用了近五年时间，使 29 个行政村，2 万多农民，通过撤村改（并）居，全部农业人口转为非农业人口，村委会转为社区委员会；通过股份制改革，原集体经济组织转变为 29 个社区股份经济合作社，集体资产没有散失，还有大量增值；通过旧村改造，"城中村"的问题解决了，大部分农民住进了新居。农民不仅改变了身份，而且成了股东，95.62% 的农村劳动力实现了再就业，在城区有了新的工作。这项改革促使农民逐渐融合到城市社区生活中去，与居民一样享受城市发展、城市文明的成果。

在城市化过程中，农村集体经济组织的集体资产面临着三种选择：一是成为"城中村"，土地被征用转为非农用地，村委会、经济合作社还继续存在，农民不再从事农业生产，而是靠出租房屋或靠打工等为生；二是把集体资产卖净分光，集体经济组织解散；三是对原集体经济组织进行股份合作制改革，将集体资产折价量化到人，农民成为股东，成立股份经济合作社经营管理。

江东区选择了第三种方式，具体做法如下。

第一，把集体资产全部折价量化。

村级集体资产主要包括三部分，一是实行家庭联产承包责任制前原生产队积累的资产；二是土地资产，历年已征土地的补偿金、自用土地及其建筑物的折价，未征用土地按政府公布的征用价格计算的资产；三是 1983 年实行家庭联产承包责任制以后，集体经济创造积累的各种资产，这些资产中包括生产性固定资产，主要是指集体所有的出租厂房、农贸市场等建筑（包括在建工程）、流动资产、非生产性固定资产（主要指学校、卫生所等公益性资产），以及多种土地资产等等。这些资产全部根据相关文件和干部群众认同的方式量化为货币。江东区农村比较富裕，2001年时，人均集体资产近10万元。

第二，把股权分配到人。

经过反复讨论协商，江东区只设人口股、农龄股两个股种。所有量化的集体资产都按这两种股份分配。分配比例，各村不同，有的人三、农七，有的对半开。

股权享受对象的界定，时间限定为第一轮土地承包责任制落实之日（1983年1月1日）起，到社区股份经济合作社章程通过之日或撤村建居之日止。在这个时段内的在册和部分曾经在册的人员（如参军服义务兵役者、就地农转非未带走土地资产者等）享有人口股；在这个时段内参加本村劳动或曾经参加劳动的人员，享受农龄股，即使转换了非农业身份也享有农龄股权益。

分配的结果，有4种股东：大多数人享有人口股、农龄股；有些人只享有人口股（16岁以下的儿童、少年）；有些人只享有部分农龄股（如以前在农村劳动过后来转出农业户口的人）；有些人享有人口股和部分农龄股（如有些人前些年已出村自谋职业，但户口未迁出，他们享有人口股和外出前在村劳动年数的农龄股）。经过反复计算、登记、核实，最后把每人的人口股、农龄股及具体金额进行公示，如无异议，则由股份经济合作社发给股权证，村民成为股东。

第三，股权管理。

江东区采取的是静态管理股权的模式。集体资产量化，股份分到个人，发给股权证，股东凭证领取股份收益。集体资产作股，一次分配完毕，从此"生不增，死不减"。股权可以继承，传给法定继承人，股权可以转让，但只能转给本合作社股东，并要得到董事会的同意，办理相关手续。股东不能退股提现。

第四，成立股份经济合作社。

在改革过程中，坚持原有的集体资产集体所有制不变，村集体所有资产只算股份不分割，成立股份经济合作社。设立股东（代表）大会、董事会、监事会。由股东（代表）大会通过股份经济合作社章程，选举产生董事会、监事会。由董事会、监事会主持股份经济合作社的日常经营管理。

江东区的农村股份合作制改革，是以国家、省、市有关股份合作制文件为指导，依据本地实际，并参照外地经验，为适应城市化发展的要求，而进行的一场具有制度创新意义的改革。这项改革突出表现如下。

第一，坚持了农村集体资产的集体所有制不变。通过改革，明晰了产权主体（村民是股东），理顺了分配关系（按股分红），规范了经济管理制度，适应了工业化、城市化和市场化发展的要求，巩固并发展壮大了集体经济。通过改革，农民作为法人融入城市经济，成为城市发展的一支重要力量。

第二，农民顺利转化成为城市的职工和市民。江东区通过改革使农民成了股份经济合作社的股东，这实际上是对他们当年的土地等生产资料入社的产权的确认，农民可以凭股分红并获得其他福利，他们仍是合作社集体经济的主人。另外，通过旧村改造采取拆一还一的政策，使多数农户有了两套或两套以上的住房，住房可以出租，农户有了房租收入。通过农转非，农民都有了城市居民的身份，95.62%的劳动力在第二、三产业就业。通过社会保障体制综合配套改革，2006年失地农民的养老保障和新型合作医疗覆盖率2006年分别达到100%和88%。

江东区的这一制度设计，使农转非的农民不仅转变了身份，而且有了四项收入：①股东分红；②房屋出租；③工资收入；④社会保障。另外，还有社区居民委员会和股份经济合作社托底作后盾，有了这样好的经济条件和社区组织，农民转变为城市市民就有了经济基础和组织保证，避免了面临有些城郊农村出现的农民失地、失房、失业、失保的困境。

老年农民是改革中受益较多的群体。股份制改革中，他们得到的是人口股、农龄股齐全的最高股（最富的一个村，最高股达37.67万元），而且股金是实名量化到个人。他们每年有分红收入，有养老金和医疗保障。老人有了集体经济做靠山，可以安度晚年，许多人的家庭关系也变得和睦了。

第三，农村基层干部有了新的出路，能转到新的舞台施展才能。江东区的农村基层干部，在实现股份合作制改革中，主动提出不设集体股、不设贡献股，同农民一样，只分人口股和农龄股。干部的公正无私光明磊落得到了农民群众的信任，也保证了改革的顺利进行。因为江东区农村基层干部比较优秀，在群众中享有威信，在股份制改革中表现良好、风格高尚，又起了模范带头的作用，得到了农民群众的信任。在转制后的股份经济合作社股东（代表）大会上，经过民主投票选举，原来的村、组干部，大多数被选举为董事、董事长或监事、监事会主席。我们去宁江股份经济合作社调查时了解到，董事长是原村支部书记，副董事长是前任村支部书记，监事会主席是原村委会主任。董事和监事多数是原村、组干部。其他股份经济合作社的领导人员，基本上也是由股东（代表）大会选举产生的原农村的村、组干部。当然，也有一部分村组干部落选。

从2001年到2008年，股份制改造七年间，由宁波城市化带来的失地农民问题，都由此种方式得到解决。"农转非"之后，农民逐渐融入城市生活，九成以上的农村劳动力在第二、三产业就业，他们有了工资收入。通过社会保障体制配套改革，失地农民的养老保障和新型合作医疗全面推开，覆盖率达到100%。

当然，后续发展还是存在着一些问题。[①] 当时成立的社区股

---

① 《农村改革30年：地权再变革　确权农地承包长久不变》，《中国新闻周刊》2008年10月15日。

份经济合作社虽然按照房产公司的模式运营，却并没有进行工商或者社团法人登记，因此股份经济合作社实现了企业化管理经营，却不能公司化运作。2006 年合作社还在经营房产、物业管理和租赁经济，经营效益很好，待条件成熟，再启动公司化改革。2008 年以后，由于股份经济合作社不是完全意义上的现代企业，经营管理人员按照行政体系进行管理，体制相对僵化，董事长也不能履行法人代表的权利和职责。合作社就是大集体性质，董事会成员和股东之间股权平均，经营者们很难实现快速高效决策。

倒是后来进行的农村林地承包经营权的"两性"促进并完善了农村土地制度的确权颁证。林权改革在设计时就注重维护林地承包经营权的物权性。《物权法》明确规定，林地承包经营权为用益物权，它包括三层含义，即：派生的物权，受限的物权，独立的物权。作为用益物权，林地承包经营权只能由本集体经济组织的农户享有，不能赋予其他任何组织和个人。在明晰产权中，一是要确保林地承包经营权的物权性，二是维护林地承包经营权的长期性。中央十号文件明确规定："林地的承包期为 70 年。承包期满，可以按照国家有关规定继续承包。"

明晰林地产权，必须做到"三个坚持"。一是坚持以分为主。二是坚持"四权"同落实。中央十号文件对明晰产权、放活经营权、落实处置权、保障收益权都提出了明确的要求，将"四权"作为一个有机整体，统筹考虑，落实到位，确保农民获得的林地承包经营权是完整的用益物权。三是坚持颁发"铁证"。按照中央十号文件的要求，依法进行实地勘界、实地登记，核发全国统一式样的林权证，确保登记的内容齐全规范、数据准确无误，颁证备案，经得起历史检验。

林权改革从一开始就避免了农村土地承包的设计缺陷，明确了林地承包经营权的转包、出租、转让、互换、入股、抵押等流转方式。特别是入股这种流转方式，能有效提高经营效益，有效解决单个农户分散经营中存在的一些问题。林权改革允许以林地使用权和林木所有权作为抵押，取得贷款。这就拓宽了林业融资渠道，激活了林地承包方的经济潜力，同时也可以防范金融风险。农村集体林权改革积累的经验也促进了农村土地承包经营责任制的完善，农村确权颁证开始实行，颁发农村集体土地产权证、农民承包土地使用权证、农民宅基地使用权证，这样，总值约达 20 万亿元的宅基地也有了类似房产证的功能，也可以通过抵押取得贷款，用于生产经营。农民的承包地使用权证也有利于农用地经营流转。

二 江苏新沂：一权一房抵（质）押贷款

在深化农村改革过程中，资金短缺已成为制约"三农"发展的最大瓶颈。近年来，江苏省新沂市委、市政府与农村合作银行、邮政储蓄银行联合推出了农村"一权一房"抵（质）押贷款新举措，拓展了农村金融制度改革新思路，为破解农民贷款难找到了新路径，先后获得了江苏省"农业农村政策创新奖"和徐州市"振兴老工业基地创新奖"。

"一权"是指农村土地承包经营权，"一房"是指农村住房。①2010 年，新沂市共有 21 万农户拥有土地承包经营权，确权土地承包面积 86 万亩，农村住房总面积 2500 万平方米，农村"一权一房"资产总额超过 100 亿元。由于传统政策的限制，这些资产处于沉睡状态，无法盘活，难以利用。随着新沂市"三农"工作的不断推进，农民的经营创业热情高涨，特别是高效农业的迅猛发展，需

---

① 中共新沂市委、新沂市人民政府：《勇于探索 敢于实践 积极创新农村信用贷款担保机制》，载新沂市委、新沂市人民政府《2009 年度振兴徐州老工业基地创新实践奖申报书（之三） 新沂市农村"一权一房"抵（质）押贷款》。高安峰、袁福强、虞勇：《探索担保新机制 破解农民贷款难——江苏省新沂市"一权一房"抵（质）押贷款调查与思考》，中国农经信息网，2011 年 9 月 7 日。

要大量的资金作支撑。单纯靠财政支农打包资金和农民互助资金的支持，远不能满足农村产业发展和经济社会发展的需求。如何破解产业发展资金瓶颈，充分利用农村沉睡资产抵质押贷款，体现农村资产自身价值，成为亟待解决的现实问题。新沂市通过深入调研，反复论证，从 2009 年开始探索，提出了在农村开展"一权一房"抵质押贷款的构想。

2009 年 7 月下旬，中共江苏省新沂市委、新沂市人民政府出台了《关于开展农村"一权一房"抵（质）押贷款的试行意见》，决定在全市开展农村土地承包经营权质押贷款、农村住房抵押贷款工作，并在草桥等镇村进行试点。农村"一权一房"抵（质）贷款是指将农村土地承包经营权和农村住房（简称农村"一权一房"）纳入有效担保范围内的一项农村抵（质）押贷款政策，旨在进一步拓宽农村融资渠道，激发农村发展活力。其中，农村土地承包经营权质押贷款是年龄在 18 周岁以上、60 周岁以下的自然人，为满足生产、经营资金需求，以本人或第三人的农村土地承包经营权作抵押向所在地农村合作银行申请贷款；农村住房抵押贷款是本辖区内拥有农村住房所有权的具有完全民事行为能力的自然人，以农村住房抵押担保方式申请的贷款。农村土地承包经营权和农村住房抵押贷款金额原则上不超过担保物价值的 60%，贷款利率按农村合作银行同期、同档利率执行。作为一项创新性工作，由于没有现行的模式和经验可循，新沂市决定先行试点再逐步完善和推广。

1. "一权一房"抵（质）押贷款的做法

（1）试点先行，稳步推进。《物权法》、《农村土地承包法》颁布以来，新沂市委、市政府在深入调研、反复论证的基础上，与农村合作银行、邮政储蓄银行联合，根据相关法律、法规、政策制定出台了新沂市委《关于开展农村"一权一房"抵（质）押贷款的试行意见》和《农村土地承包经营权质押登记管理试行办法》、《农村土地承包经营权质押贷款试行办法》、《农村住房抵押贷款试行办法》、《集体土地住房（抵押）流转处置试行办法》四个配套文件，积极探索了农村贷款担保新机制。它们选择草桥镇古墩村、港头镇新圩村作为住房抵（质）押贷款试点镇村，棋盘镇大冲村、高流镇程徐村作为土地承包经营权质押贷款试点镇村，在总结四个试点镇村经验的基础上，在全市稳步开展"一权一房"抵（质）押贷款工作。

（2）完善合同，确权发证。一是完善土地承包租赁合同，对农户签订的土地承包租赁合同由镇农经中心认真审核，对条款不清、标的不明、手续不完备的进行规范和完善。二是颁发集体土地使用权证、宅基地证和房屋所有权证。镇规划、国土、房管、农经中心等有关部门联合办公，对申请"一权一房"抵（质）押贷款的村级集体经济组织和农户审核确权后，颁发土地使用权证、宅基地证和房屋所有权证。

（3）严格把关，发放贷款。一是调查摸底，建立信息台账。村委会对农户贷款需求调查摸底，分户建立房产、土地承包经营权等有效担保物及信贷资金需要量信息台账。二是明确抵押资产登记部门，合理确定价值。各镇农经服务中心、土地规划、房管部门为农村土地承包经营权和农村住房抵（质）押贷款登记管理部门，土地承包经营权的价值根据承包土地流转面积、流转费用和流转期限等确定，房屋的价值根据房屋的坐落、结构、面积等确定。三是分层审核资信，发放贷款。对提出申请贷款的农户，由村委会对借款人家庭经济状况、从事经营项目、个人信用等情况进行审核，交镇农经中心复审，最后报农村合作银行备案，依照有关资料和程序，办理贷款手续。

（4）新沂市现行的做法是，在用农民自建房抵质押贷款时，为了降低银行风险，新沂市政府按照1:7的比例，从财政预算中安排资金设立农村抵押贷款风险基金。一旦有农民无法偿还贷款，政府将启动风险基金来保障银行权益。

（5）规范化的契约合同管理。根据《中共新沂市委、新沂市人民政府关于开展农村"一权一房"抵（质）押贷款的试行意见》，先后制定了《新沂市农村土地承包经营权质押登记管理试行办法》、《村民代表大会关于农村土地承包经营权质押贷款相关事项的决议》、《农村土地承包经营权质押登记注销通知书》、《关于上报农村"一权一房"抵（质）押贷款授信材料的要求》、《新沂市农村住房抵押贷款试行办法》、《新沂市集体土地住房（抵押）流转处置试行办法》及相应的格式合同范本。

2. "一权一房"抵（质）押贷款成效

新沂市自开展"一权一房"抵（质）押贷款工作以来，全市共发放镇村建设规划许可证 800 余份，农村集体土地使用权证 3000 余份，农村住房产权证 3200 余份，规范完善农村土地租赁合同 5 万份，累计发放"一权一房"抵（质）押贷款 2 亿多元。

（1）推动现代高效农业发展。在"一权一房"抵（质）押贷款的推动下，2010 年全市新增地温式日光能温室 800 多栋，钢架大棚 16000 多栋，水泥竹竿大棚基地 8000 亩，2 个鲜切花基地，1 个组培花卉基地。地温式日光能温室亩均纯收入达 3 万元，高的达 4 万元；钢架大棚亩均纯收入达 7000 元，高的达 1.6 万元。

（2）促进了规模养殖业发展。2010 年以来，新沂市在"一权一房"抵（质）押贷款等措施的推动下，新增生态规模养殖小区 46 个，总量达到 2936 个，其中高标准生态养殖小区 286 个，促进了农民增收。草桥镇古墩村施友传从事生猪饲养业，2009 年用房产抵押贷款 8.6 万元，购买 30 头苗猪，规模化养殖，当年实现增收 5 万多元。

（3）平抑了农村高利贷。过去农民调整产业结构，创办第二、三产业急需资金，但由于没有有效担保物，在正规金融机构难以获得信贷资金，有的不得不借贷民间高利贷，月息一般 3 分，有的高达 5 分，急需的更高，而放开"一权一房"抵（质）押贷款后，农民承担的只是金融机构挂牌贷款利息率，不仅降低了农民生产经营成本，而且在一定程度上抑制了农村高利贷。

3. 制度创新的实践检验

新沂市"一权一房"抵（质）押贷款取得了成功经验。经过调研，我们认为，通过完善与之相适应的制度，这项农村金融制度改革工作将会在更大范围内推开、取得更大成效。

（1）完善相应制度建设。建立最低生活保障制度，使农民在失去抵押物和产权后依然能够有所居、有所养和有所医。建立农村产权交易市场，盘活农村财产，只有建立相应的市场交换体系，才能实现抵押物价值，才能使金融机构根据市场经济规律的法则接受"一权一房"抵（质）押贷款制度建设。

（2）建立农村产权评估机构。整合农村信用社、镇农经中心等部门资源，成立农村产权评估机构，制定土地承包经营权、集体建设用地使用权、农民住房等有效抵押物基准价格和最低保护价。

（3）建立风险分担机制，完善征信体系。设立农村产权抵押融资风险基金、扩大政策性农村保险范围等，将农村自然人和法人的信用信息纳入中国人民银行征信系统，推动信用农民、信用个体法人、信用社区、信用村组等诚信制度建设，以信用和价值规律两大杠杆推动"一权一房"抵（质）押贷款朝着社会主义市场化制度发展。

农村金融市场是一个庞大的市场，积极探索承包经营权抵押贷款的金融机构也不断增加，有代表性的潍坊银行就在寿光、青州两市首先开展了以蔬菜大棚、土地承包经营权、规模养殖场区、林权、农村住房作为抵押担保物的借贷方式，全国各地信用社和新兴的村镇银行都放开了该项业务。允许农民将依法取得的土地承包经营权附带地上种养物作为质押物权，向金融部门申请抵押贷款，有利于把农村土地承包经营权这一资产转变为财产，破解农村规模种植户等经营主体因缺乏担保物权而导致的贷款难题，充分发挥金融支农作用，具有重要的实践意义和探索意义。

扶贫小额贷款是农村金融扶贫的重要举措，农村金融创新是实施农民致富战略的重要支撑。要让承包经营权抵押贷款真正健康发展，还面临着法律理解上的一些障碍，比如按照法律规定，宅基地只能在村内流转。万一农村房屋贷款出现问题，自己村的熟人基本不愿意买这样的房子，外地人又买不了，金融机构就会出现大量坏账。因此要推广农村土地承包经营权抵押贷款，相关法律就要进一步完善，在法律层面上为农村土地承包经营权抵押贷款扫清障碍。从 2009 年到 2010 年，江苏新沂市试水"一权一房"，已有近百家农户提出贷款申请，新沂农合行已发放农村住房抵押贷款 12 笔共 71.7 万元。其中用于养殖业的 5 笔 27.2 万元，钢模板及装潢的各 1 笔 18 万元，经营超市的 1 笔 4.7 万元，加工业的 1 笔 3 万元，运输业的 3 笔 18.8 万元。新一轮农民创业热潮正在"一权一房"抵质押贷款政策的激励下兴起。

《中华人民共和国物权法》第一百八十四条和《中华人民共和国担保法》第三十七条规定耕地、宅基地、自留地、自留山等集体所有的土地使用权不得抵押，仅从表面看集体土地法律是不允许抵押的，但因为承包经营权和土地使用权完全可以理解为两个不同的概念，没有法律明文规定承包经营权不允许抵押。这是学理解释。在司法和金融实践中，则需要国务院和人大尽快出台整套的司法解释，允许农民通过承包经营权、土地收益权和宅基地上的房屋抵押融资，同时应该明确相关金融机构的权利和义务，加大对开展农村业务金融机构的风险补助，为农村的发展贡献力量。

农村土地承包经营权抵押贷款试点和推广工作在全国范围展开，这是中国农村历史上的一次重大改革，此次改革将使农村土地真正从原有的资源型转向资本型，对加快农村土地合理流转、扩大农村融资渠道、解决融资难等问题起到积极的推动作用。农村土地价值评估难度远远大于商业用地评估，要将自然因素、社会经济因素、当地实际交易价格和特殊因素一并考虑，并逐步建立一个规范合理的评估体系和方法。同时也应提前考虑放贷风险和不良贷款的处置，应引入担保机制，如担保公司和农村以前常用的互保方法，银行也要提前寻找承包经营权的变现方法。

　　长期以来，由于城乡二元结构管理体制的存在，农民所拥有的土地使用权、房屋等资产难以进入市场，致使农业规模化经营受到阻碍，农民的财产性收入难以实现。为彻底解决这一难题，全面激活农村资源市场，以"统筹办牵头组织、乡镇部门操作实施、村组配合推进"形式，对集体土地所有权、土地承包经营权、集体建设用地使用权、集体建设用地上房屋所有权四个权属进行确权、登记、颁证。通过确权、登记、发证，不仅能促进土地流转，还能在银行抵押贷款，这样农民的资产就被激活了，就能获得更多急需的生产资金，进而实现土地规模化经营。

　　这样的创新已经在全国展开。2011 年 3 月 21 日，陕西省高陵县湾子乡大夫雷村五组的 32 户村民领到了农村产权证书。此举标志着高陵县农村产权步入了与城市"同权同证"的时代。村民陶玲从西安市委副书记董军手中接过盖有鲜红印章的集体建设用地使用权证、土地承包经营权证和房屋所有权证证书，成为西北地区拥有农村产权证书的第一人。农民有了农村产权证，土地流转、抵押贷款更加有保障。村民拥有盖有鲜红印章的集体建设用地使用权证、土地承包经营权证和房屋所有权证证书后，就成为拥有农村产权证书的村民。有的农民是经营种植业的，有了以上三证，就可以到银行抵押贷款，扩大规模搞发展。农村的房屋所有权证与城里人的产权证一模一样，说明农民在法律上拥有了重要财产。产权证上的数字都是经实测后确定的，具有法律效力，这种确权具有永久性，可以作为遗产继承。农村产权制度改革的核心是"还权赋能"，就是把属于农民的物权、用益权等还给农民。和"四证"相配套，农村资产流转平台农村产权交易大厅也开始建立和运转，通过建立专门的交易平台，让农民的这些物权、用益权进入资金市场。

三　山东德州的"两区同建"

　　山东德州的乡村合并，完全是根据农民的意愿进行的。村民有需求，政府有引导和服务，提供规划、咨询，且没有征用农村土地的想法。这是一个很有意义的创新。

自 2008 年以来，山东省德州市根据山东省委的指示和本市实际，组织开展了合并村庄和农村居住社区、产业园区同时建设工作（"两区同建"）。全市由 8319 个行政村合并为 3070 个行政社区；已建在建居住社区 340 个，有 15 万多户农民喜气洋洋地搬进了楼房；规划建设工业、商贸、农业各类产业园区 876 个。2012 年 9 月 6 日至 7 日，山东省委在德州召开"两区同建"现场会。德州市以建设新型农村社区推进新型城镇化，以建设农村经济园区推进农业现代化和新型工业化，以"两区同建"推动工业化、城镇化与农业现代化同步发展，走出了一条符合农村实际的新农村建设路子，创造了"城乡一体、两区同建、三化同步"的新鲜经验，显著改变了农村面貌，这一举措得到广大农民群众的普遍拥护。

2006 年，宁津县柴胡店镇东崔村与周围 4 村合并的做法，犹如当年实行大包干的安徽小岗村，引起了德州市县乡各级党政机关的关注。东崔村原来只有 460 人，早在 10 多年前，村党支部书记崔吉海带领全村搞蔬菜大棚，建起了蔬菜批发市场，通了自来水、柏油路。周围的苑庄、王庄等村都眼红了。几个村的干部主动向崔吉海提出合起来跟着他干。经过协商，2006 年 5 个村 2600 多人合并为东崔社区。在崔吉海等新班子的带领下，很快给其他几个村通了自来水、通了电、修上了柏油路，新增蔬菜大棚 500 多亩，第二年人均增收 2000 多元。几个村原来每年行政开支 11 万元，合并后每年只需 4 万元。市委敏锐地觉察到这是在德州具有普遍性、指导性的现象。市委分管领导同志带领有关部门前去总结东崔经验，很快向市委写出了报告。

2009 年初，德州市委、市政府正式出台《关于推进全市村庄合并和农村社区建设的意见》，决定从合并村庄抓起，把加快新农村建设作为加快城乡一体化发展的总抓手，全力推动农业结构调整、生产方式转变、农民致富奔小康和基层组织建设，打造生态环境优美、基础设施完备、管理科学有序、产业结构优化、乡风文明和谐的社会主义新农村。成立了由市委副书记为组长，市委、市人大、市政府、市政协有关领导为副组长，相关部门主要负责人为成员的农村综合改革推进委员会。采取"百局帮百区、百企联百区、百名干部包社区"等有力措施。

工作开展之初，市委、市政府就从实际出发，坚持顶层设计、系统推进，确定了合并村庄、公选班子、统一规划、两区同建四步走的战略部署。按照"地域相邻、产业相近、人文相亲"的原则，进行村庄合并。到 2009 年底，全市由原来的 8319 个行政村合并为 3070 个行政社区（村），村庄减少率达 60%，行政村平均人口由原来的 547 人增加到 1353 人。

村庄合并关键是班子合并，并且要合法合并。2009 年下半年，按照"凡合必选"的原则，根据国家有关法律、法规，尊重民意，发扬民主，公开选举，由村民自己选出社区的当家人。县乡政府严把选举登记关、候选人资格审查关和选举大会组织关。候选人同台竞选、公开演说，群众秘密写票，投票、唱票、计票全程公开。平原县坊子乡叶庄社区姜庙村 72 岁的老汉陈连收投完票后满意地说："这次选举当场唱票、计票、公布选举结果，让大家信服，准能选出一个好班子！"

全程公开选举极大地激发了广大农民群众参与选举的热情。全市共有 190 万村民参加选举，社区选民平均参选率达到 85% 以上。全市村干部由原来的 30047 人减少到 17955 人，减少 40.2%。社区"两委"成员平均年龄 45 岁，比合并前下降 4.6 岁；高中以上文化程度的占 57.5%，提高 19.5 个百分点；社区村委会主任中有企业或项目的能人占到 54%。各级党组织多年来一直在努力解决而一直未解决的"乱村"、"弱村"等三类村班子问题，通过合村子、竞选班子，一举得到解决。

社区选举，推进了农村基层民主政治建设，提高了群众对社区干部的满意度。村庄合并社区建设，促进了村庄规模扩大，为放宽视野、选拔高素质农村带头人创造了条件，解决了过去村小的选人用人难和家族治村的痼疾。而选出的村干部为了获得群众的信任，在办事上也更公正了。干部的办事公正，又促进了干群关系，促进了农村稳定。

民主选举，进一步激发了农村社区干部的工作积极性，解决了小村想干而干不了的难事。新当选的社区干部为了获得群众拥护，纷纷使出招数，抓工作促发展。武城县武城镇的杏仁官村有 40 多户人家，因为村小人少凑不起钱来打自来水井，合并到李善屯社区后，社区干部从李善屯村引进了管道，杏仁官村通上了自来水。广大群众已初步享受到村庄合并社区建设带来的便利和实惠。

通过合并村庄，使原来以自然村为基本管理单元的农村管理体制向新型农村社区管理体制转变，解决了原来村多、村小、公共服务缺失的问题；通过社区选举，满足了农民群众对民主政治的真实需求，解决了农村班子软弱涣散的问题。

1. 针对农民住上好房子的期盼，德州市组织进行了居住社区规划建设

长期以来，广大农村一直有新房无新村，夏季泥泞，冬季寒冷，垃圾围村，污水横流。改善居住条件、享受城市化公共服务，成为农民多年的梦想。如果不进行社区建设，村民的房子盖得再好，也是一个碉堡式的房子，没有上下水、污水处理、供暖、供气等城市的基础设施，生活水平永远也上不去。

为彻底改变农村面貌，合村子、选班子完成后，2010 年初，德州市委、市政府及时把工作重点转移到社区规划建设上来。按照规划先行、尊重民意、因地制宜、生态宜居、群众受益和依法依规的原则，全面推进。齐河县率先行动，南北社区、洪洲社区、华中社区等很快奋起直追，在全市树起了标杆。

在规划上，德州市委、市政府要求坚持"乡风民俗不能丢、文化特色不能少、现代品位不能低、社区面貌不雷同"的原则。县城周边、乡镇驻地以多层为主，纯农村社区以 2 层为主。在设计风格

上，与历史文化、民族风情、产业特点有机结合。在基础设施配套上，必须达到"五化八通八有"（五化即硬化、绿化、亮化、净化、美化，八通即通水、通电、通暖、通气、通油路、通宽带、通电话、通有线电视，八有即有幼儿园、小学、敬老院、卫生室、警务室、超市、中心广场、社区服务中心）。突出生态文明要求，保持和发扬农村传统生态和地域特色，社区绿化率不低于25%；坚持规划高标准、高层次，农村社区原则上规划5000人以上，乡镇驻地社区规划1万人以上。通过规划，3070个行政社区，又逐步调整优化为大约600个居住社区，这样不仅公共服务设施可以得到充分应用、共享，还可以大大减少基础设施的投入。

在建设中，德州坚持高标准，打造百年工程、精品工程，由过去让农民"一代人建几次房"变成"建一次房几代人居住"。各社区本着居住楼房化、服务设施城市化、村庄绿化亮化的原则，建设生态宜居新家园。为确保建筑质量，各地普遍建立了专业监理公司、乡镇社区干部和群众代表三方参加的质量监督队伍。夏津县苏留庄镇还设立了每月一次的"施工开放日"，让老百姓参观施工过程。

在社区建设上，全市组织实施了"两边两区"突破战略，即围绕县城乡镇驻地周边、交通干线周边和产业发展聚集区、农村观光旅游区的农村社区实施重点突破。坚持分类推进：对95%以上村民同意整村迁建的社区（村），争取列入土地增减挂钩项目，利用城市土地的级差收益支持农村社区建设；对分期分批建设的农村社区，做到基础设施先行，确保通水、通电、通路，保证满足群众建房的基本需求；对规划撤并的村庄，以清理"三大堆"为重点，治理脏乱差；对暂时不具备撤并条件的个别村庄，开展"三清四改四通五化"（清理粪堆、清理垃圾堆、清理柴草堆；改水、改厕、改灶、改圈；通路、通电、通自来水、通宽带网；硬化、净化、亮化、绿化、美化）。2011年，全市建成市级生态文明示范社区120个，省级生态文明社区达到16个。

统一规划，结束了农村建设混乱无序的历史；居住楼房化、配套设施城市化、环境绿化美化净化，开启了农村城市化的航程。所产生的效果不仅仅是农民居住和生活条件的改善，更重要的是潜移默化地改变了农民固化的生活方式和思维模式，加速了城乡一体化的融合进程。

2. 针对农民增收过上好日子的期盼，德州市组织进行了产业园区建设

2011 年，针对进入社区后农民的生产问题，德州市委、市政府适时提出了两区同建的工作要求，即"居住向社区集中，生产向园区集中"，大力推动农民集中居住和农村经济集约发展，促进农民生活方式和生产方式"两个转变"，最终构建起城乡一体的基础设施体系、城乡对接的公共服务体系和城乡联动的产业体系，实现城乡统筹发展。2012 年初，德州市又成立了以市长为总指挥、市委副书记为常务副总指挥的两区同建指挥部，进一步加大了推动力度。两区同建的意义，关键是能够重新调整农村生产关系，实现土地规模化经营，以此促进现代农业的发展，加速农村工业化、城镇化、农业现代化三化同步进程。

随着生产力水平的提高，一家一户的小农经营模式已成为制约农村经济发展、农民增收的瓶颈。建设农村产业园区是加快农村经济向集约、高效转型升级的有效载体。德州市把农村产业园区建设作为城镇化的支撑和保障，按照宜农则农、宜工则工、宜商则商的原则，横抓区域、纵抓产业、市场引导、龙头带动、科学布局、整体推进，将产业园区规划与现有产业基础、农村社区规划、区域位置有机结合起来。

两区同建关键在"同"。没有园区的发展，就不能实现农民的真正富裕，社区的建设就不可能有真正的物质基础，新建社区就会成为新的空心村。两区同建后，平原县王庙镇王庙社区居民尹翠，结束了候鸟般的打工生活。以往她都是利用农闲时间到大城市打工，如今工厂办到了家门口，她不用外出就实现了轻松就业。2010年，王庙社区在产业园区建设中，引进了平原恒升纺织科技有限公

司，解决就业 1500 人，不仅实现了农民在家门口就业，也吸引了群众到园区所在的社区集中居住，实现了社区、园区相互促进。禹城市十里望镇站北社区西城经济产业园引进了服装加工、电子元件等行业的 58 家企业，吸引劳动力 1.1 万余人，园区工人纷纷到附近社区购买楼房居住。类似的情况，在德州各县市区比比皆是。

两区同建，正在逐步破解"钱从哪里来，人往哪里去，民生怎么办"的三道难题；正在不断实现农民"离土不离乡，就业不离家，进厂不进城，就地市民化"的美好愿望。

3. 两区同建，推进三化进程，促进乡村文明

几年来，德州的两区同建起到了"牵一发而动全身"的作用，它不仅改变了农民的生活、生产方式，而且加快了农村工业化、城镇化和农业现代化"三化同步"进程。

两区同建，彻底改变了农村脏乱差的面貌，人居环境明显改善。漫步新建的社区，人们看到的是一排排连体别墅，美观宜居；一条条街道笔直宽阔，整洁美观；过去的柴堆、粪堆、垃圾堆再也不见踪影。农村垃圾实现了社区收集、乡镇运输、县城处理。

住上新社区，文化活动有了好去处，文明新风扑面来。每个社区都配套建设了社区广场、文化活动中心、社区服务中心、图书室、娱乐室，人们经常开展积极向上的文化活动。同时，各社区和村组还深入开展了以"比致富、比守法、比孝廉、比卫生"和"评致富增收带头人、评遵纪守法模范户、评道德文明模范户、评卫生社区和家庭"为主要内容的"四比四评"活动。桑庄社区居民郭爱芹说："现在都在一个楼上住着，谁家也不愿意落个不和睦的名声，有点不痛快的事儿就都谦让着。"

两区同建，促进了公共服务向农村延伸，提高了农民生活水平。每个社区都配套建设了服务中心、幼儿园、敬老院、医务室、超市等服务设施，让农民不出社区就能享受到高效、便捷的生活服务。袁桥社区居民陈宪成，患有严重糖尿病，过去住平房保温差，一到冬天就腿疼。自从搬进社区住上楼房，有了暖气，他再也不用

为过冬发愁了。

两区同建，加快了农村城镇化进程。德州市按小城镇的标准规划设计农村社区，坚持人口"向县城靠近、向乡镇驻地靠近、向交通要道靠近"，建设城镇型万人社区。这种新型社区配套设施与城市一样，处于城镇体系的末端，解决了农民就地城镇化的问题。在两区同建中实现了农村人口重新布局、土地规模经营。一个以德州市区＋10个县城＋100个小城镇＋600个农村社区＋专业农户为发展体系的空间布局正在逐步形成。

两区同建，促进了农业现代化进程。园区建设促进了土地流转，为实现农业规模化、集约化、机械化、现代化创造了条件。目前，全市80%以上的乡镇建立了土地流转服务中心，流转土地面积达69万亩。临邑县德平镇农民魏德东通过土地流转，获得土地1800亩，成为2011年的"山东粮王"。

两区同建，促进了非农就业，转变了农民的生产方式。住上楼房的农民不再单一种地，开始向第二、三产业转移。据不完全统计，通过农村产业园区建设，20万农民实现了在家门口就业。2011年全市农民人均纯收入达到8350元，其中非农收入占60.6%，工资性收入占44.5%，两区同建对农民增收的贡献率达64.8%。

两区同建，促进了农村工业化进程。2011年，全市农村工业园区发展到421个，占农村产业园区的48%，全市工业化率达到54%；规模以上农业产业化龙头企业发展到718家，年销售收入1500亿元。

两区同建，增加了村集体收入，巩固了基层政权。"手里没米，叫鸡不理。农村党支部没钱，就不能更好地为群众办一家一户办不了的大事，就不能赢得群众的拥护与信任"，武城县委常委、组织部长高吉刚说。而通过两区同建，社区党支部把腾空的土地，建成产业园出租给企业，农民再到企业打工，集体得租金、国家得税金、农民得薪金，实现了三赢。通过两区同建，全市386个没有集体收入的"空壳村"有了收入来源。

两区同建，拉动了内需，促进了消费。近3年德州市直接用于农房和农村社区建设的投资占全市固定资产投资的7%，加上路、水、电、气、暖等基础设施和教育、文化、卫生等公共服务设施投入，总投资达360亿元。

两区同建，促进了社会稳定。农民群众说，到北京、上海等大城市打工每月收入2500元，不如在家门口打工每月收入1500元。在大城市除去房租、水电等花销，也就剩个1500元。在家门口打工虽挣得少，但花得也少，可生活质量却高了。"起码能每天见着老婆、孩子"，现在回家打工的平原县王凤楼镇农民刘士军说。农民工处境的艰难和在城市受到的排斥和歧视，使他们当中有的人走上了歧途，导致社会犯罪率的上升。而很多第二代农民工，在"留不下的城市"和"回不去的乡村"之间游离、迷失，稍一失控，就会走上犯罪道路。由于农民外出打工，全国有近5000万留守儿童散落在广大农村。由于长年缺乏亲情的抚慰与关怀，他们多数在精神感情层面不能健康成长。两区同建后，农民不用外出打工，下一代也有人管理了，就不会出现"留守儿童"等社会问题。

两区同建，形成了生活方式转变、生产方式转变的互促机制，加速了农村生产力水平的跃升、农民生活水平的提高。两区同建，已找到城镇化的切入点、总抓手。城镇的特点是集中居住、非农就业，两区同建任务完成了，就是城镇化完成了，就实现了城乡一体化。①

---

① 张岩:《德州:"两区"同建实现向生态文明乡村国转变》，人民网－山东频道，2012年9月9日。

第二章 分析框架与研究方法

第一节 分析框架

现在的农村土地关系矛盾集中在以下几个方面。

一是体现在城市化占用农村土地，及对于农民的补偿机制方面。之所以不用补偿金额，我们觉得首先还是要理清机制设计的理念。特别要注意中国已经取得实践效果的城市占用农村土地的补偿机制和补偿理念的设计。从征地引出的矛盾来看，现实中征收集体土地，并未区分公益性还是经营性建设用地，这是征地范围难以缩小的重要原因；未充分考虑土地转性后的增值收益，对农民的征地补偿不到位，是被征地者与地方政府、开发商产生矛盾冲突的重要原因；集体土地上的房屋拆迁补偿缺乏法律和行政法规依据，地方政府的文件层级低，政策前后不衔接，是拆迁难以及恶性事件频发的重要原因。各地普遍存在征地公告不到位、不认真听取被征地农民意见的问题，集体经济组织和农民在征地中缺少话语权。现行法律规定的征地补偿标准是按土地农作物年产值的一定倍数确定的，没有体现出土地所承载的生产资料和社会保障的双重功能，也没有反映出不同土地区位条件、人均耕地数量、区域经济发展和土地市场供求关系等因素变化引起的土地价值变化。

土地补偿标准提高后，要防止出现另一种倾向，即村集体面对诱惑而高价违法卖地，及农业现代化的发展时机被延误、发展空间被堵塞、发展积累被移作他用。对被征地农民丧失土地后的长远生计打算，要统筹考虑，如通过预留发展经营用地或经营用房、部分征地补偿款作价入股参与经营等多种方式，解决被征地农民的长远生计。

二是体现在农村农用地流转方面，这是随着农业现代化所要求的农村土地的规模经营所出现的问题。农村农用地流转的问题，只针对现在的小农或者说农户土地经营权发生，这是必然的，但由此认为农用地流转必然会损害农民利益，这个判断不一定成立。问题一，农用地不流转，现在的小农经营还能否适应现在的经济社会发展形势，或者说在现在的经济社会条件下，小农生存下去的社会化服务和社会支撑体系是不是具备。问题二，中国在农业现代化的发展过程中对小农究竟如何定位。这两个问题在理论界引起了持续广泛的争论，在实践中不同的农村管理部门也各有侧重。中央强调稳定农村改革的成果，稳定农村家庭联产承包责任制，稳定农民对土地的承包关系。中央要求在农村土地承包经营权流转中，政策要做到四个"必须坚持"。一是必须坚持农户自愿的根本原则，确保农户在流转中的主体地位。二是必须坚持以市场为导向，充分发挥政府监管职能。三是必须坚持培育专业大户、家庭农场的发展方向，发展多种形式的适度规模经营。四是必须坚持服务于发展现代农业，防止土地流转"非粮化"、"非农化"。基本工作是要健全土地承包经营权登记制度，更加注重土地承包物权登记管理。规范流转行为，加强流转合同管理。加强流转用途监管，严格经营主体准入，建立农业经营能力审查核准制度。进一步健全依法维护农民土地承包效益的长效机制，健全协商、调解、信访、仲裁、司法等多渠道土地承包经营纠纷调处机制。

农村还存在着集体建设用地流转问题。目前各地探索的农村集体建设用地流转，是指在确保农村集体建设用地集体所有性质不变的基础上，以出让、租赁、转让、转租、作价入股、抵押等形式，将农村集体建设用地使用权在一定范围内，有条件、有期限地流动的行为，其中宅基地仅限于在集体经济组织内部流转。目前，已有广东、天津、湖北、河北、安徽等地以及成都市出台了农村集体建设用地流转管理办法。

2010 年度国家土地督察公告，基本农田面积稳定在 15.6 亿亩以上，通过土地整治工程新增耕地 560.55 万亩。2011 年 4 月《国务院关于严格规范城乡建设用地增减挂钩试点切实做好农村土地整治工作的通知》，要求各地坚决纠正片面追求增加城镇建设用地指标、擅自开展增减挂钩试点和扩大试点范围、违背农民意愿强拆强建等侵害农民权益的行为。要坚决制止擅自开展土地置换等行为，严禁擅自开展建设用地置换、复垦土地周转等"搭便车"行为。严禁盲目大拆大建和强迫农民住高楼，要为农民提供多种建房选择，保持农村特色和风貌，保护具有历史文化和景观价值的传统建筑。要尊重农民意愿并考虑农民实际承受能力，防止不顾条件盲目推进、大拆大建。开展增减挂钩试点，必须举行听证、论证，充分听取当地农村基层组织和农民的意见。未征得农村集体组织和农民同意，不得开展增减挂钩试点。必须按照明晰产权、维护权益原则，合理分配土地调整使用中的增值收益，防止农村和农民利益受到侵害。2011 年 5 月，国土部下发《关于加强保障性安居工程用地管理有关问题的通知》，明确提出严禁擅自利用农村集体土地兴建公共租赁住房，严肃查处"小产权房"等违法违规行为。2012 年国土部对农村小产权住房也开始密集治理，其分类处理的思路也反映出行政执法管理部门在这一雷区的小心翼翼。我们在调研中的发现、在理论上的梳理，也可以为解决小产权房问题提供新的思路。

第二节　文献整理

一　国内研究

在改革开放之后，中国农村的家庭联产承包责任制重新使农户成为农业经营的生产经营单位，家庭联产承包责任制调动了农村劳动力的生产积极性，从而促进了农业的发展，但因此也产生了小农户与大市场之间的矛盾。分散的小农生产缺少应对变动的市场的能力。（刘振伟、张红宇等，2003）。

由于农业收入的有限和农民负担的加重，在城市化的推进以及工业化对劳动力的大量需求下，农村劳动力自20世纪80年代开始逐渐形成民工潮，农村青壮年劳动力纷纷外出，留在农业里的劳动力数量减少且素质下降；农业经营的兼业化现象增加，而且这种兼业化表现为农业和非农业（包括乡镇企业和城市各产业）的兼业，不局限于农村，还跨越城乡进行远距离流动（仝志辉、温铁军，2009）。但随着土地面积的减少与就业机会的不充裕，这种兼业化的情况会因为资金投入有限等造成农业的生产效率难以提高，甚至导致农业劳动效益边际化递减的情况（仝志辉、温铁军，2009；张新光，2011）。

农业兼业化的深化及其对农业的影响，引发了20世纪80年代到90年代之间对农业发展是"兼业化还是专业化"的讨论。根据我国人多地少的客观现实情况，梅建明认为规模化经营只能走适度规模经营的农业兼业化道路，应该以小规模的兼业农户为主，适度规模经营的农业专业户占小部分，而且兼业与规模之间并不是泾渭分明的，适度规模的农业专业户也可以兼业经营（梅建明，2003）。同样是对小规模的兼业经营低效率的判断，另一观点认为应该形成以适度规模的主业农户为主体的农业经营格局，以发展适度规模的主业农户来提高我国农业的规模效益，促进传统农业向现代农业转变（陆一香，1988；梁睿，2004）。在主张发展规模经营的观点中，更进一步的观点认为，实现现代农业必须要打破小农经营的格局，加快土地流转，并着力培训有知识、懂技术、会经营的职业农民（薛少仙，2009）。

与主张推进土地规模经营的观点不同，温铁军认为由于就业机会有限，中国兼业化的情况尤其小规模兼业化的情况将会长期存在，因此农业的发展模式也应该从兼业化经营出发，为兼业化的小农生产方式建立综合的、多层次的服务体系（仝志辉、温铁军，2009）。黄宗智通过对中国食品消费结构和中国人口压力的分析指出，中国农业的未来不在于大规模机械化的农场，而在于资本—劳动双密集化的小规模农村，小规模家庭农场其实比大农场更适合中国的新时代农业，包括绿色农业，因为它需要的是频繁的、多种小量的手工劳动，不允许存在简单的规模经济效益，更多依赖的是范围经济效益。同时，它也更适合于中国高人口压力的实际（黄宗智，2010）。

学者们对农业经营规模有着不同的见解，在实践中相关政策是向着鼓励土地流转、规模经营的方向演变的。在政策鼓励向土地规模经营方向转变的同时，农业经营组织发生了变化，即20世纪90年代提出的"农业产业化"，它被认为是解决农业零散经营与市场联结问题的有效方式，"通过将农业生产过程的产前、产中、产后诸环节联结为一个完整的产业系统，实行种养加、供产销、农工商一体化经营"。发展至今，农业产业化的组织形式主要有"公司＋农户"、"农业专业合作组织＋农户"这两种。与此同时，温铁军、仝志辉也注意到了在农业生产过程中和农产品进入市场过程中，由于二者地位不平等，而产生的农业公司对于农户经营的剥夺。

二　国际研究

波兰尼、鲍曼、布洛维虽没有从农业入手进行分析，但在分析资本主义市场力量时都指出了劳动力、土地的市场化趋势。布洛维在《公共社会学》中分析了波兰尼在《大转型》中描写的劳动力与货币商品化这两波市场化浪潮，并认为第三波市场化浪潮是"有关土地、环境或者更宽泛而言，自然商品化"，"在第三波市场化浪潮中，自然的商品化已经开始接近我们，而且它们还具有累积效应。于是，围绕土地获得权的斗争在今天接连不断；无论是那些居住在公地还是简陋小木屋里的人，都为了他们的权利而与地方政府将他们从都市版图上驱逐出去的企图作斗争"。（布洛维，2007：64~66）。

在马克思与恩格斯的研究中，小农在资本主义生产方式与市场条件下，将被大生产排斥，"我们这里所说的小农，是指小块土地的所有者和租佃者——尤其是所有者，这块土地既不大于他以自己全家的力量通常所能耕种的限度，也不小于足以养活他的家口的限度"。（马克思、恩格斯，2004：486~487）。这种小农的主要特点在于生产与消费的自给自足性，"过去他和他的家庭用自产的原料来生产他所需要的大部分工业品；他的其余的需要则由那些除农业外同时兼营手工业的乡邻来满足，后者从他那里得到的报酬大部分是交换的物品或换工。家庭是自给自足的，几乎生产它所需要的一切"，然而资本主义生产借助于货币经济和大工业结束了这一切，"我们的小农，同过了时的生产方式的任何残余一样，在不可挽回地走向灭亡"（马克思、恩格斯，2004：487）。因为"小块土地所有制按其性质来说就排斥社会劳动生产力的发展，劳动的社会形式、资本的社会积聚、大规模的畜牧和科学的不断扩大的应用、高利贷和税收制度必然会到处促使这种所有制没落。资本在土地价格上的支出，势必夺去用于耕种的资本。生产资料无止境地分散，生产者本身无止境地分离，人力产生巨大的浪费。生产条件日趋恶化和生产资料日益昂贵是小块土地所有制的必然规律。对这种生产方式来说，好年成也是一种不幸"（马克思，1998：910）。

考茨基则进一步分析道，随着生产的社会化，农业会随着市场的需要而生产，产生"农业的工业"，但"小生产通常并不拥有足够的资本并且并不充分生产原料，以便自己能够创设工厂来改制自己的生产品。大生产可以有利地和多方地结合工业与农业"（考茨基，1995：308~309）。农业的工业会增加农业生产的利润，但工业会排斥农业。"大生产比小生产在生产、信用、商业领域具有优势，比如现代农业生产所需要的机械、肥料、细菌、技术、簿记这些方面，而小农只能用勤劳和努力以及小农业经营者之极低的需要对抗大生产"（考茨基，1955：133）。

孟德拉斯在他的《农民的终结》中，则描述了法国传统小农生产面临"技术"与"市场"两个问题，最终将走向消亡的趋势。"不能过高估计传统农民的决策自由和决策权力"（孟德拉斯，2004），因为传统小农的生产是在传统的技术结构和社会结构下进行的，然而在农业生产对技术的要求增加和农业生产与市场的联结上，"由于小农对技术和经济机制的无知"，他在选择的时候只好相信不负责任的技术人员的看法，接受新潮的诱惑或模仿和他一样缺乏技能的邻居。"意识到踏上这种没有向导且前景莫测的新征途所冒的风险，他常常宁可不脱离习惯的常规道路，而常规道路又会引导他走向不可避免的消亡"。所以，在孟德拉斯看来，传统小农不能有效地面对技术的变动与市场的影响，农业生产的方向是传统小农的消失和更为专业、职业的农业经营者的出现，这不仅需要学习技术，还需要拥有资本，"在将来，要想选择农业劳动者的职业，必须上学和拥有资本"（孟德拉斯，2004：250~251）。

恰亚诺夫认为，家庭农场的分化与人口、资本、土地相关，家庭农场有可能会因为农场资本而出现"兴盛与衰落"，而且"同宏观经济相关联的市场状况的好坏也能在很大程度上使家庭易于或难于依据其自身的规模的变化来发展生产"（恰亚诺夫，1996：248）。孟德拉斯肯定了恰亚诺夫对农民的观察与理解，然而恰亚诺夫试图建立的是"不考虑货币的农民企业制度"，这种"孤立的努力注定要遭受到失败"。

以上回顾了关于小农发展命运的"小农被大生产取代"和"小农有优越性"两种观点。农村实行家庭联产承包责任制是党的十一届三中全会提出的，具有重要的历史意义。当时许多理论界前辈都论证了家庭经营对于当时中国农业经济发展的适用性、必要性、必然性。但是，真理再向前走一步就会导致谬误。而我们长期以来的农村研究，偏重于支持农户经营的理论和国际案例，比如，我们对于农会农协（日本、韩国、中国台湾地区）的研究很多，往往是强调土地和农民的结合，强调土地的所有权和使用权的分离，但对土地所有权、使用权激励或制约农民生产效率的条件关注不够。而当代农村发展的南非模式特别是津巴布韦案例对我们原来的理论概括有所冲击。简而言之，津巴布韦案例证明，不是单纯地在所有权和使用权意义上的农地和农民结合就必然会促进农业生产，津巴布韦赶走了白人农场主，将土地分给成为解放战士的农民，结果生产的粮食还不如被白人剥削后的剩余多，结果就是解放后自己做主的自耕农的纯收益减少。

国际实践中有三个例子对研究中国农村土地关系有重要借鉴意义。

（一）荷兰经验

荷兰农政研究所的全球土地攫取报告：《土地权利、土地攫取和农政改革（2011）》的主要观点是："大规模的土地征占是重要的投资"。

土地攫取是在近年来众多全球性危机的背景下出现的。近年来，大宗国内（跨国）土地交易兴起。对于土地交易数量有不同估计：自2007年起达4500万公顷（世界银行），自2000年起达2.27亿公顷（香港乐施会），这被称为"全球土地淘金"或者"全球土地攫取"，这种趋势可能会持续。2011年，据世界银行透露，潜在的"适用"土地面积在4.45亿到17亿公顷。

土地攫取并不新鲜，但它在当下呈现一些新的特征——趋向于大规模的土地征占。媒体关注的是这个规模的上限：在范围上遍及全球。

1. 界定

哪些算是"土地攫取"？海湾国家、韩国应该被视为主要的"攫取者"。

不是所有的土地流转都是这一意义上的"土地攫取"。例如，某些分配性和再分配性的农地变革，某些为公共用途而进行的土地征占。

2. 分析方法（这对于中国农村土地权益关系研究具有重要的借鉴意义）

我们可以强调核心的界定特征（偏重于分析性）而不是寻求一个定义（偏重于描述性）。

从行动者导向的界定（谁是"攫取者"）和过程导向的界定（土地流转是怎样发生的）后退一步。

以政治经济和政治生态相结合的视角来理解土地攫取。

更清晰地揭示下列问题：

土地利用、用途和控制的特征的变化。

对控制的获取和变换。

不同类型的投资者：自然人和法人，私有、公共和公私合营团体，国内的和国外的。

不同条件和位置的土地：从偏远农村到近郊地带，多元产权体制下的土地，私有、社区所有或国家/公共用地。

3. 证据表明，土地攫取在越来越多的国家出现

拉美和加勒比海地区的国家——"灵活作物"种植、畜牧养殖场、果园、葡萄园、矿场、工业造林的扩张。这些国家中有很多并不是"弱国家"，而是"强国家"（将巴西和缅甸、菲律宾相比较）。

"由于土地产权不明确，土地攫取才导致了土地剥夺"。这产生了如下一系列假设。

规范性的：产权应该"明确"并且记录下来，通过正式的权证文本，或者其他非文本形式的地方契约。如果在这里世代居住的人们没有权证文本，是否意味着这些土地可以被合法攫取？

规制性的：土地权利的形式化仅仅是一个技术管理过程而不是最首要的深刻的政治过程。

规定性的：当地人民的土地权属可以通过自发的"行动守则"/"公司的社会责任"之类方式免于被攫取。

4. 事实告诉我们什么

土地产权并不必然是"为了穷人"，事实上往往并非如此，而是导致对穷人的剥夺（例如菲律宾、越南等等）。

清晰的土地产权不必然意味着权利会在土地攫取中自动地得到保护（例如莫桑比克、巴西、印尼等）。

明确的土地权利是必要的，但不是充分的。

土地攫取通常由腐败官员和遵循另类规则的领导者作为中间人。

土地攫取并不只是物质上的剥夺，也是更广泛意义上的剥夺。

很多大规模土地攫取的拥护者说小土地所有者可以通过融入到目前的项目中而得到尊重、保护并受益，这比被项目排斥要好——将"排斥"和"不利融入"相比较。

关于合同和权力分化的问题。关注合同和合同谈判，因为融入条款就是在这里决定的。

关键问题是谁有权力来决定"谁应该在哪块土地上为何种目的、在多长时间内拥有哪些权利"。

所谓"需要通过大规模的土地征占，无论是通过长期租赁还是购买，来复苏农业、发展乡村，通过提供就业和提高收入来使农村人口摆脱贫困"，然而这种宣称尚无明确证据，越来越多的证据恰恰指向其反面。

什么是"得当的"土地攫取？这里忽略了一个问题，那就是隐含的发展模式仅仅是问题的一部分，怎么能成为主要的解决方案？

全球土地淘金引发了关于土地控制的深刻议题。

谁应该在哪块土地上为何种目的、在多长时间内拥有哪些权利？这应该如何决定、由谁决定？

优先权应该给当地使用者/权利拥有者、小规模的粮食生产者吗？

当地政府和国家政府也应该有发言权吗？这个权利该有多大？

公司在决定目前和将来土地的利用与控制方面应该有多大的发言权？

对于消费者呢？例如土地（包括被攫取的土地）上任何产出的终端用户？

他们中间有谁应该算作农村发展中的"利益相关者"？

（二）生物技术的重塑与内源发展

将种子作为亚政治化的催化剂，食物产品重新作为联结器，量身定制生物技术在中国是一项有待讨论的研究议题。

基因工程和生物技术的进步在提高农产品产量和质量以适应分化社会的市场需求时，也通过植物技术（投入）、植物生物技术（农业）、酶和发酵技术（食物产品消费），达到了三个目标：一是侵占生物农场的活动，二是产品的替代，三是生产的去地方化。这三个目标的实现都削弱了传统农民的社会影响力。因此可以说，当代农业技术进步也重构了农村的政治控制关系。从生物技术进步角度重新构造和解释当代社会权力控制关系对于理解当代中国农民的社会地位和话语权特别具有针对性。

（三）南非农村发展模式——津巴布韦案例

津巴布韦原来也达到了人均 GDP 3000 美元，因为全国土地收归国有，白人都已离开，国家实力迅速衰落。现在仍然是以农业和旅游业为主。除手工业外没有像样的工业。中国的土地改革也需要吸取类似的教训，不能因为农民有了经营权而导致人力资本流失，后者对于发展是至关重要且难以替代的。现任总统穆加贝，是 20 世纪 80 年代初带领该国黑人独立的伟大领袖，此前津巴布韦一直是英属殖民地。由于该国的地理条件非常适合农业发展，历史上它曾是"非洲的面包篮"，全国有大大小小无数农场。当然，当时这些农场全部是私人财产，归白人农场主所有，黑人的主要工作是为白人农场主打工。津巴布韦的经济作物，特别是烟丝是全世界最好的，全世界（包括中国）的烟草公司每年都要去采购烟丝。而像英美烟草这些烟草巨鳄更是直接在当地设厂生产香烟，最好的本地烟 Newburg 就是英美烟草出品的，一条合人民币不到 90 元。同时，该国气候整年都非常宜人，植被丰富而且广袤，白人统治时期建造了非常多的超五星级酒店和高尔夫球场。

2000 年，津巴布韦开始实行"快车道"土地改革，逐步收回白人手里的农场，并把土地全部分给黑人。白人失去了一生经营甚至几代相传的祖业，同时国内政策也慢慢地越来越倾向于黑人的利益，很多人被迫离开。也正因这些举措，穆加贝被非洲黑人视为民族英雄，是解放黑人并积极为黑人争取利益的先驱。2004 年南非总统姆贝基连任大典上，当穆加贝出席时，全场掌声雷动、灯光四起，好似好莱坞明星走红地毯，由此可见其受拥戴的程度。但是，经营现代化农场不是简单意义上的男耕女织，再加上受到西方国家的全面制裁，津巴布韦的经济状况一落千丈，全国土地大部分荒芜，严重缺粮，其通货膨胀率已经达到 100500%，当地货币的纸面价值已经低于纸的价值，国家没有钱印钱，所以市面上流通的都是代币券，最大面值是五千万一张，大概只值半个美金。于是，津国的亿万富翁仅仅是"纸上的老虎"——摆设。因为在黑市，1 美金可以换到至少 9 千万津币，由于每天的汇率都在变，一天差几千万也很正常。很多当地人就以倒卖外汇为生，而类似利用汇率差去高尔夫球场免费打场球（含球童费等所有费用）也是见怪不怪的事。

当然，真实的津巴布韦土地改革是一个深刻复杂的课题。关键是，在强调土地的所有权和经营权之后，真正的农民或者农场主是否有资金、有技术且会管理。解决这个问题对当代中国农村的发展同样重要。

第三节 研究方法

我们对此问题有长期的关注，并由对农村村民自治的研究转向对农村土地关系问题的深入研究。经过长期调研和理论梳理，我们对农村土地关系的研究超越了现在理论界争论的局限，从发展空间和社会的功能定位来梳理农村土地关系，将农村土地关系的制度设计和乡村发展的社会建设结合起来。

我们的研究假设：农村土地关系和农民农业生产的组织形态相关，农民的组织形态和社会发展与农村的功能定位相关。因此，当代中国农村土地问题分为两个方面。一方面是农地向非农用地的转移在现代化进程中的必然性，代表观点就是"三集中"，在国家已经制定耕地守护底线的前提下，问题就集中在对于农民的补偿。这样的补偿不能纯粹是经济的，还包括了对以后转型和发展的支持和承诺，现在北京后沙峪的开发已经体现了这一趋势。另一方面就是农业现代化进程中的农村土地制度设计。现在的农业已经成为资本、技术、管理、信息集约化的领域，农业生产全程的技术进步消解了传统小农的生产权威。为了社会和谐稳定，中国的家庭承包作为基本的农村土地制度不会根本改变，但是农村土地的经营权遵循效率原则，随着农业科技进步必然会出现新的形态。根据我们的分析，伴随着农业现代化进程，农业公司、农民专业合作社和股份合作社、规模经营大户、传统农户四种组织形式将会成为中国农业现代化的主导形式。因此，农村农用地流转会是经营的必然趋势，中国过去的农户经营主导的农业生产组织形态为适应这一功能定位需要转变。

这一结论实质是对前述土地研究成果的综合，也是超越。我们在研究中一是坚持保持农民的主体地位，二是以土地为中介，从社会结构视角，分析现代发展对于农村的功能定位，分析现代农业对于传统农业社会的农民社会关系的重新构造、农民的内部生产组织形式下的竞争关系，分析国家和农民的关系，瞄准的对象就是农业社会化服务的提供者和受益人。

我们的研究方法：一是梳理现有的理论解释，确定其问题感和解释力。二是基于已有理论的逻辑构架，并参考国内国际最新的农村发展研究成果，重新建立我们的解释框架。理论建构是一个需要长期积累并有目的释放的过程。

调查的区域：江苏、山东、沈阳、四平、成都、河北。有问卷调查，也有深入的样本案例。原来我们的设计是以土地关系为内容进行专题调研，实行时发现各地政府普遍不接受我们以土地为主题的调研，认为这会没事找事，小事弄成大事。于是我们及时调整调查策略。例如，随院调查组调查了江苏徐州和连云港的土地经营和流转情况；参加北京政协调研组调研了北京各区的农村土地流转，到北京市经管站调研了北京农村土地的存量和发展趋势，调研了大兴、通州区的土地规模经营情况；参加科技部专家组赴沈阳了解沈北新区的整体开发情况；参加了成都的经济社会发展整体调研，特别对其中的土地征用、土地经营和土地流转作了详细了解。在成都调研中特别注重外来专家和成都本土专家的相互配合。吴建瓴作为成都土地政策设计和操作的当地专家经历了长时间的持续性调研和参与性体验，弥补了我们在成都农村土地制度发展历史和制度设计方面的不足，他作为成都本土专家，长期参加政府决策和咨询的过程，有发展方面的思考和体验，因此我们在成都有很多新的总结和发现。我们在 2011 年的 3 ~ 5 月进行了长时间的深入调查，有户访、有座谈、有问卷，并在 2011 年 8 月再次进行了验证性调研。

第四节　研究设计

农村土地问题已经成为当代最为重大的社会问题，现在的研究思路主要集中在利益和产权分析上，有对于活动的分析和背景的分析，但在关联上梳理得不够。提出的解决问题的思路并没有很好地协调和解决相应的问题。我们在农村调查中发现这个问题已经成为一个普遍问题。

对土地问题的归因，不能简单地从产权来分析，当代农村土地关系处在深刻的调整和变革中。现在农村的基本制度可以保留，但变化和调整是一个必然的趋势。我们提出了四种组织形态。社会对农业经营的功能决定了农业生产的组织形式，农民的组织形式决定了农村的地权关系。农村经营的四种组织形式为：传统的农户经营，规模大户经营，农民专业合作社，农业公司。

单纯地从理论上讲维护农民的土地权益不能解决问题，因为城市化工业化进程中城市发展占用农村土地是一个普遍现象。现在站在过去论证家庭联产承包责任制的点上讲小农和土地结合的理论，需要审视中国现在发展的条件：随着农业现代化水平的提高，随着生物工程的开展，如基因过程和生命编码技术的发展，农业技术进步也在重新构造农村社会新的社会结构和权力—治理关系。现在中国小农能不能继续存在和发展，已经不主要取决于农民的意愿，从世界各国发展的普遍经验来看，城市化进程中占用和汲取农村土地是一个普遍的规律。那么问题就可以另外一个形式来表述——中国未来的城乡一体化协调发展对于农业生产的功能定位，究竟需要四种组织类型中的哪一种形式。其实在这个问题上，我们的管理和决策层的认识并不清晰，在表述上存在着某种程度上的游离。如有些人还是强调要稳定农村的家庭联产承包责任制，并强调要稳定农民和承包土地的关系。然而，现在的普遍情况是，传统的农户农业经营迫切需要的农业社会化服务欠缺很大。农业部在提高农业生产效率和提高粮食总产上，强调的是农业的规模化经营，这包括了规模大户经营、农民专业合作社经营和农业公司三个方面；而地方政府事实上强调的往往是规模大户经营和农业公司经营，农民专业合作社的发展在统计上已经达到了很高的指标，我们在江苏苏州的调研发现就是如此。这一事实很值得细致推敲。

我们从事农村土地研究，主要聚焦于三个问题：土地与农民的关系，土地与国家的关系，土地与乡村发展的关系。针对第一个问题，我们就农业生产经营的组织类型提出了新的解释；针对第二个问题，我们提出了土地开发权的界定和管辖治理；针对第三个问题，我们根据实地调查就国家对农村土地的占补平衡提出了设计思路和实施的路线图。

我们的理论设计是：通过研究农地关系，发现当今城乡关系中社会冲突的矛盾和根源所在，由此确定解决问题的思路，并对围绕农地关系的制度设计和理论建构进行反思。

我们研究中国农村土地问题，基于长期研究中国农村社会后的经验判断和理论积累。课题主持人是《社会蓝皮书》年度农民报告的专题撰稿人，对农村的社会结构变化和生产要素进步有长期的关注，发现农村土地问题已经成为影响和制约当代中国城乡关系、社会结构、合法性认同的一个总的节点。而且由土地引起的农村社会问题和社会冲突已经扩大到不适于学者进入调研的境地。浙江钱云会事件发生的前两年内，先后有四十余封信件邮送到课题主持人手中，在钱云会事件之前，村中已经出现群体性冲突，事件的性质已经与定州案例在影响社会治安上不相上下了。但是，在钱云会事件之后，善后事宜并没有再涉及该村被征用和占用的土地和滩涂地问题。这使我们对中国农村失地农民的下一步行动预期产生了一定程度的担忧。再就是，由于征地，部分乡村基层干部的赢利空间和赢利数额如此巨大，由此产生的乡村干部被法办以及发生的命案都不是个别情况。这表明，农村土地问题如果不能得到有效解决，会成为社会冲突之源、骚乱之源。这提醒我们，在农村土地关系研究中，要从问题入手，从利益相关者的预期和价值判断入手，从理论的整体性入手。梳理农村土地权益关系，特别要注意那些社会实践与现在的理论概括不相符合的地方，那些社会行动不能适应现有主流的地方和基础理论不能很好解释的地方。

经过理论梳理和实地调研，我们的新发现可以概括如下。

对农村土地关系不能局限在保护农民利益和维护家庭联产承包责任制的范围内来讨论。这样的讨论虽然也是对的，但是在逻辑链条上还没有环环相扣。讨论农村土地关系的合理发展方向，需要结合农业生产组织形式来考虑，而农民的农业生产组织形式，是由社会对于农业现代化的功能定位来确定的。因此，对中国农村发展和农业发展的功能定位不同，农村的主导性的农地关系类型就会不同。而现在恰恰是我们在政策设计上对农业在社会发展中的功能定位不明确。不是文件上的不明确，而是在投入导向和资源配置方面的亦此亦彼，才直接导致或间接强化了由农村土地被征用和被流转所引发的城乡之间以及乡村内部的社会紧张和社会冲突。

现在的农村科学技术进步不仅提高了农业生产效率，也在重新构造农村社会新的权力—统治关系。农业技术进步在提高农产品产量和质量的同时，也使农民与其他社会阶层的谈判能力和谈判地步迅速下降。荷兰农政研究所的这一发现，对于解释今天中国农民的社会地位和影响力下降有相当的解释力。例如，由于抗旱技术的进步、营养液和除草剂的发明，农工们以罢工和消极怠工作为"弱武器"反抗统治者和农产品需求者的效果极大地降低了。

要特别关注农村土地利益相关者的行动领域，特别注意总结实践经验和在实践中解决难以解决的问题的创新型尝试。江苏新沂的"一权一证"质押实践、成都市场的农地征用和流转的制度设计和创新，都是制度走向完善和有针对性地解决问题的实践环节。这些实践有的在理论上还难以自圆其说，但正在解决问题，正在完善之中。我们需要注意这样的实践并总结这样的经验。而关于苏州农民土地股份合作社的调研，则对电视专题报道的逻辑和结论有所修正。因而对于媒介宣传的再调查和订正，也是学者研究的一个有机组成部分。

第三章　农地关系与农民生产组织

　　中国农村的土地权益关系本质上是由农业的生产力发展决定的，具体讲就是由农业生产的组织形式决定的，而农业生产的组织形式则是由社会对于农业生产在社会总生产体系中的功能定位来确定的。由此来看，对于农民的土地的权益关系不能仅仅由理论上的一般推导来完成，而要看中国经济和社会发展对于农村的功能定位，也由此决定了农村从事农业生产的主导组织形式，也由此决定了土地和职业农民的权益关系。从现在的农村土地关系研究来看，虽然相关因素有所涉及，但还没有人从这个角度这样提出问题。我们认为，这是理解中国农村土地问题和农民权益的关键，也是理解土地在城乡统筹中的地位和作用的关键。就是要将农村土地的征用和流转与农民农业生产的组织形式结合起来，与中国社会发展对农业的功能定位联系起来。没有这种联系，就没有判断的是非标准，就没有讨论中国农村土地问题的公共平台。

第一节　农地关系取决于农民农业组织形式

　　中国农民阶层变化延续了 2003 年以来"四个减少"的发展趋势，即随着城市化和工业化发展和农村市场经济发展，农村人口持续减少、总就业人口中从事第一产业人口持续减少、农村劳动力中务农劳动力持续减少、农村务农劳动力中务农的劳动时间持续减少。

《中国统计年鉴2011》的数据显示，2010年末全国农民的基本状况是，乡村人口67113万人，占全国总人口的比重从上年的51.66%下降到50.05%；全国就业人口中，第一产业就业比重为36.7%，比上年下降1.4个百分点；在国内生产总值的产业构成中，第一产业比重为10.1%，比上年下降0.2个百分点。2010年末，全国村委会组织594658个，比上年减少4420个；村委会成员233.4万人，比上年减少4000人。在农村务农劳动力中，务农劳动时间持续减少：由于农业科技进步，特别是种业和机耕机播机收，现在农民从事粮食生产的劳动日投入大量减少。以华北为例，20世纪90年代每季小麦每亩需要投入37个工日，2011年只需要两三个工日，以前每季玉米每亩需要15个工日，现在只需要一个甚至半个工日。由于国家对粮食安全的重视和农业行政部门的引导，由于农业生产技术和经营管理的现代化水平提升，由于国家一系列惠农政策的激励，企业和资本进入农村已经呈现规模化效应。务农农民内部也在分化，务农农民的异质性增强。经过几年的选择尝试，现在农民农业生产基本固定为以下四种组织形式。

其一是传统的农户经营，也可以叫做小农经济或者小农经营，其特点是在家庭联产承包责任制体制下，农户成为土地的承包经营单位，家庭劳动力直接从事农业生产。虽然从家庭来看，组织形式三十年来没有大的变化，但是家庭经营的外部条件已经变化甚大。一是由于城市化扩张、工业化水平提高、对于城市文明生活的向往和城市生活方式的示范带动作用，越来越多的农村青年具有进城务工的愿望，这受到了增加收入和提高自身劳动力素质的双重目标激励。随着市场经济的深化，原来统分结合的农村经营形式有所改变，农户从总体来看在农业生产的产前产中产后越来越依赖市场，如果没有现代化的农业社会化服务体系支撑，不是在自给自足意义上，是在为社会提供农业产品意义上，农户从事农业经营所面临的风险越来越大，而农户依靠自身从事农业生产提供发展积累的能力也受到越来越大的限制。传统的农户经营还是中国农业经营的主体,以农产品市场价格为前提,以自己是否能有稳定收益为中心,合宜则种,不合宜则土地休耕,这成为传统的以承包土地为主的农户经营的主要特点。这几年农产品在 CPI 上涨中呈引领作用,但对于农民收入提高贡献有限。2011 年由于农业生产资料价格趋高,农业生产投入成本增加、现金支出增加,河北邯郸地区部分农民由原来种小麦玉米两季改为只种玉米一季。因为种小麦算下来不赚钱,种玉米由于价格合适还能有些许收益。这种模式再发展下去就是抛荒。

随着形势发展,传统的农户承包经营也在经历分化。一是传统农户经营随着农业现代化进程向规模经营大户转变;二是以农为主的兼业户向以非农经营为主的兼业户转变,中国农村农用地流转加快就是证明。还有一个趋势就是传统的农户经营向老人农业转型。这种劳作多是以传统农业生产经营方式为主,以老人体力能力为中心,选择能力可及、目标可控、风险可承受的现有适用技术,充分利用农家资源;或者是由老人选择安全的性价比高的农业生产前中后服务和适用种植技术。也许今天还有学者、专家、部门领导坚持认为这是弱质农业,是对优质土地资源的低效利用或者浪费,但是经过多年反复选择比较,农民已经深刻意识到,其实这是当今农村社会农地资源配置的最佳效益组合。这样的农业经营返回到生存经济范式。首先是农村老人的能力和知识积累没有闲置和浪费;其次是家庭农业经营以自给自足为目的,看淡市场价格;第三是经营上心,品质保证,看淡产量,重在品质。在农业水利设施便利、地块小且零散的成都平原农村,这种模式尤其盛行。如果加上城市社区参与,加上农村优质劳动力,这种模式就会演化为 CSA 模式。CSA 是社区支持农业(Community Support Agricultural)的简写,是消除食品不安全问题的一种新型的农产品贸易形式,让农场和社区居民建立一种直接联系,农民寻找愿意预定他们农产品的社区成员,直接把菜送到社区居民家里,提倡大家吃有机绿色健康菜。这种贸易形式 1960 年代在日本和瑞典诞生，1986 年被引入美国。如今在美国已经发展到 2000 多家农场在采取这种模式。中国的北京和成都已经有这样的农业经营模式实践。在市场经济条件下，CSA 很难成为主流模式，但是其功能也难以替代，有其存在和发展的需求对象和支持条件。

其二是农户经营的升级版，即规模化的大户经营，这在经济发达的苏南地区和东北比较普遍。在传统粮食主产区和市场经济发达地区，规模经营大户已经成为新的农业经营的主体。所谓的规模经营大户是指，每个劳动力经营 30 亩以上，每个农户经营 60 亩以上，现在有的规模大户经营规模已经达到 3000 ~ 6000 亩。生产者主体是传统意义上精明能干的粮食生产能人、种田把式，生产资金主要依靠农民自己积累，也有一部分来源于借贷或者是社区内部的金融合作，在农业生产的产供销上中下游依靠社会化服务支持，生产技术、咨询服务、农机配套由市场解决。依赖于传统的成熟的农业种植技术以及经营经验积累，加上部分国家政府提供的免费低费的新技术推广，加上市场提供的咨询技术服务，依据农产品的市场价格和未来估价，农民有充分的生产经营自主权，什么来钱种什么、什么好卖种什么。现在国家确定的粮食基地、农业部督导的高产创建主要采取这种形式，生产者主体是传统意义上精明能干的粮食生产能人，资金主要依靠农民自己积累和开发，生产技术、咨询服务、农机配套由市场解决。可以说，中国目前主要的粮食生产，就是由这种方式提供的，就是由农产品市场价格引导的。但是，2010 年和 2011 年，规模大户经营在产量上是丰收，但在种粮效益上由于除粮食之外的农产品市场价格大起大落而缩水，从白菜、西瓜到大蒜、土豆，当年的价格不到前一年的一半，甚至不够生产成本，瓜菜成熟后不收割烂在地里的比比皆是。在这场价格跟风、市场引导的博弈游戏中，农民种什么都不赚钱，种什么都砸在手里卖不出去。商业部对此解释道：中国城市化处在扩张进程中，一是农民应该种什么种多少说不清；二是城市市场有多少人有什么样的有效需求也说不清。好比一个方程两个变量同时存在，同时变动，因此无解。这种说法有片面之处，对此再用所谓的"农民还不懂市场经济、还不熟悉还没有掌握价格机制"来解释，已经说不过去了。如果是两个变量，又是刚性需求，那就需要相关方分担市场风险和不确定性，不能让农民独自完全承担。

但是，中国当代农民中规模经营大户是由于规模经营导致农业生产率提高，还是出于另外因素的激励才从事农业规模经营的，这是一个需要深入探讨的问题。简单引用国外数据和发达地区的案例，不一定是证明规模经营大户生产效率提高的充分条件。根据我们2011年和2012年在苏州对农村专业合作社和规模经营农户的典型深入调查，农民农业经营大户并没有导致农业单产的提高，其出发点仅仅是为了通过规模经营获取国家和地方的规模经营农业的补贴。据农业部调度数据，2011年粮食单产和总产有望再创历史新高。这是因为政策扶持引导，因为农户有生产积极性，另外不能忽视的还有农业生产社会化服务的精准到位。首先是中央政策扶持。2011年全面取消粮食主产区粮食风险基金地方配套后，粮食主产区粮食风险基金249亿元全部由中央财政补助，每年减轻粮食主产区财政负担98亿元。农业部公布2011年上半年全国农业系统查处假劣农资典型案例，打击侵犯知识产权和制售假冒伪劣商品专项行动，为农民挽回直接经济损失4.26亿元。中央财政2011年投入165亿元用于农机购置补贴，当年农机化发展目标是力争农作物耕种收综合机械化率达到54%。其次是地方有措施。为了确保粮食种植面积，山东省政府出台《2011年全省粮食稳定增产行动的意见》，大搞农田水利和高标准良田建设，及时发放粮食直补和各种农资综补，合资金65.4亿元。另外对小麦种植面积达100亩的种粮大户，每亩增加奖励补贴10元，有效提高了农民的种粮积极性。山东省玉米机收率达80%。为实现2011年农机化综合水平达到60%的目标，大连市将大型农机具变为补贴重点。农民购置农机具将享受国家30%、市级累加20%的补贴。最后是科技服务到位。

河北高产创建助推大面积平衡增产，把农业生产技术落实到位。邯郸市实施"吨粮市"建设，明确提出了全市玉米产量亩增百斤的目标计划。以高产创建为抓手，全面提升玉米的综合生产能力，深入开展"百千万"活动（百名农业专家蹲村，千名技术人员包方，培训百万农民）。当地玉米改种耐密型品种、改套种为直播、改人工种植为机械化作业，使得玉米平均亩密度比上年增加，其中高产示范田的密度达到 5000 株以上。机械播种技术普及，使玉米种肥的施用面积得以大幅度增加。政府对中期追肥进行物化补贴、对玉米自走式中耕追肥机械进行物化补贴、大力推广玉米化肥深施技术，对玉米亩产的增加起到了重要作用。

其三是农村专业合作社（在经济发达地区也包括农民股份合作社）和股份合作社的发展，提高了农业生产效率和效益。但其资金主要依靠自筹，技术也受到农民眼界和知识结构的限制。农村专业合作社有利于提高农业生产效益，但由于农民土地合作经营形成的农民组织增加了政府征地谈判的难度，所以在近郊和城区化扩张较快的地区，区县一级地方政府由于在征地进程中直接与农民打交道，了解农民村社组织水平提高会极大地增加政府征地的成本和难度，因此对农民土地入股合作社经营持消极态度。

从国家的粮食安全战略来看，国家对于第二种和第三种农业组织形式有明显的提倡和鼓励预期。国务院决定 2011 年选择基础条件好、增产潜力大的 50 个县（市）、500 个乡（镇），开展整乡整县整建制高产创建试点，把万亩示范片的技术模式、组织方式、工作机制，由片到面拓展，覆盖整乡整县，把分散的模式进行系统集成，形成规范统一的标准化生产模式，实现田间设施标准化、栽培技术模式化、管理服务专业化、生产过程机械化。这是高产创建向高层次推进，最大限度挖掘增产潜力，也是粮食和农业生产组织方式的创新，探索社会化服务新模式。农业部要求如下：一是行政推动责任须到位，二是项目资金的整合要到位，三是技术集成的指导要到位，四是机制创新的专业化服务要到位。要建立一批农民专业合作社，扶持一批专业服务组织，培育一批科技示范户，从而提高生产的组织化、规模化和产业化水平。现代农业促进了我国农村土地承包经营权流转发展迅速。截至 2011 年上半年，全国农村土地承包经营权流转总面积达 2 亿亩，占承包耕地总面积的 16.3%；全国已有 800 多个县（市）、12000 多个乡镇建立了农村土地承包经营权流转服务中心，初步形成了"村有信息员、乡镇有服务窗口、县市有流转大厅"的流转管理服务体系。但是，这种政策扶持和倡导对农村的规模经营大户和农民专业合作社的生产效率的评价也产生了干扰。我们在苏州调查时已经发现，即使在这样的传统农业生产条件很好的经济发达地区，规模经营农户也并没有提高农业生产效率，而可能是在迎合政府倡导，套取国家对于规模经营的补贴和扶持。这是一个需要进一步深入研究和检验的问题。

其四是农业公司，其农业生产市场定位明确。农业公司是外来的资金、技术、管理、信息密集型的公司企业，这样的农业往往是规模经营的设施农业、标准农业，或者是超大规模的畜牧业。农业公司的发展既缘于农业升级的需求，也缘于地方政府引导工商资本参与现代农业园区建设、建设农业示范园区。园区与农业公司配套培育农民专业合作社。农民进入农业公司相当于打工，种子选择、经营技术、管理服务、产后销售均由公司负责，技术支持、咨询服务、劳动力培训由公司提供，农民获得的是租金收益、劳务收益，有的还包括农产品出售的分成收益。河北遵化市支持工商资本联姻农业，农业产业化鼓起了农民的钱袋子。近两年适逢遵化市调整产业结构、淘汰落后产能，大量工商资本寻求新项目，于是政府为"矿老板""铁老板"发展现代农业铺路搭桥，使农业产业化的"资本洼地效应"彰显。两年来，相继实施了 29 个投资千万元以上的农业产业化重点项目，涉及农产品精深加工、特色种养殖、物流销售等多个领域，总投资达 31.6 亿元。该市工商资本投资兴办固定资产在 500 万元以上的农业产业化经营实体已达 18 家，总资产达到 7.5 亿元，年实现销售收入 5.1 亿元。农地使用权通过流转转移给农业公司，土地流转的租金已经不是一定几十年，而是一定三五年，或者是一年一议，或者定出逐年增长比例，或者合同明确规定适用最惠方待遇。根据我们 2011 年底在河北武安市的农村调查，一般来说，这样的农民从公司获得的综合收益是其先前以农户经营从事种植同质同量土地收入的七到十倍。现在的国家粮食基地农业园区、蔬菜大棚，现代化养猪场、养鸡场、奶牛场，特定和特种农产品种植基地，多是采用这种经营组织方式。这样的农民是人地捆绑一体进入公司的，农民的职业培训是在生产过程中进行的，不是所谓的先培训再就业，而是就业培训一体化。而且考虑到农民的年龄和身体条件，一般要求棚内 40 岁以下，40 岁以上的从事棚外作业。2011 年的一个新变化是，相当一部分老板老总已经不再寄期望于低价租地 20 年，开始倾向转出地农民要求逐年增长地租是正常规则了。

以往的讨论关注的是"公司加农户"之类的组织合作，现在更需要关注的是农业生产组织形态之间的竞争关系。

第一种农户经营其实深化了关于农民土地承包经营权的讨论。联产承包责任制中的"联产"包括如下含义：农户种地本人收益；如果本人认为种地无净收益，则当由认为种地有收益的其他农民或者其他人来种，反正农户不能抛荒。对家庭联产承包责任制的如此理解如果与美国农业的休耕理论设计相比较，就会发现中国现在的农业承包经营理念与美国为农业经营者和农业市场需求服务这样的理念还存在着巨大的差距，比较而言，可能我们的农业管理者和农业生产管理的制度设计层面，还局限在小农经济这样的管理理论上。这样的讨论比抽象讨论产权界定细致而纳入了情境，可以引发更为深入的讨论。即今天的农户经营或者小农，需要什么样的社会服务作为其存在和发展的必要支持条件。

第二种、第三种农业组织形式对于节能减排、减少污染、保证农产品品质和安全都有利，在农村目前的市场风险和养老保障条件下有持续长久的生命力。

第四种模式即农业公司正在迅速发展，成为现代农业经营的代表。其对农民的专业化和素质要求严格，日常经营管理逐步标准化、规范化、精细化。现在东部发达地区政府和农业部门都在积极扶持这种形式。2011 年计算粮食生产的成本收益已经出现了两种算法，当农户经济算着赔钱时，农业公司算得则是赢利的。2010年对苏州粮食生产合作社的调查发现，一个农民劳动力种 30 亩地忙不过来，八个农民种 240 亩地绰绰有余，这就是规模经营、内部分工经营和农户经营从事种植业收益赢利点不同所在。为了保障粮食供给安全和农产品有效供给，为了提高农民务农收入，政府会越来越重视农业生产规模经营的作用。农业公司弥补了前三种形式自我积累的不足，使社会资金、技术、管理全面参与到种植过程，农民务农收入提高，能够适应市场需求，不确定性减少，市场风险被分解。但是在农业收入整体比农户经营和大户规模经营提高的前提下，公司和农户的分配比例又会引起争论。2012 年北京农村工作委员会在调研中发现，通过公司加农户的企业经营行为公司对农户造成的利益损害，已经超过了市场对农户造成的利益损害。这个判断其实也就决定了在农村土地集体所有前提下，农业公司参与农业经营利益开发汲取的上限。

讨论农民农业生产的组织形态，其实就是讨论当代中国发展对农村农业的定位，由此决定了对于中国农民的职能定位。现在需要稳定农村的家庭承包经营责任制，中国农村的农户经营还有生存和发展空间，但要注意适当的规模农业发展的必要性和重要性，利益相关者对利益分割和分配的预期及调控能力，决定了所谓适当的农村规模经营的尺度其实处于各利益相关者间十分清晰的动态调整过程中。2011 年国务院决定开展整乡整县整建制高产创建试点，把万亩示范片的技术模式、组织方式、工作机制，由片到面拓展，覆盖整乡整县，把分散的模式进行系统集成，形成规范统一的标准化生产模式，实现田间设施标准化、栽培技术模式化、管理服务专业化、生产过程机械化。这是高产创建向高层次推进，最大限度挖掘增产潜力，也是粮食和农业生产组织方式的创新，探索社会化服务新模式。国务院的要求是要建立一批农民专业合作社，扶持一批专业服务组织，培育一批科技示范户，从而提高生产的组织化、规模化和产业化水平。培育农业公司是一个方面，如果国家能够通过社会化服务在生产资金、经营技术、农业信息和管理技术方面提供服务，也会促进农户的规模经营和农民农业合作社的发展。农村农业生产组织类型也决定了农民的发展。在后三种农业生产组织类型发育中保护农民的利益，成为促进农业可持续发展的重点。由此也确定了农民和土地的不同关系。

2011 年中央一号文件提出在未来一段时期内将从政策与财政等方面加强对农田水利建设的支持力度。有效的农田水利建设必须立足于中国农业生产方式与中国农田水利的性质。一家一户的农民是不可能单独解决水利问题的；分散的特征造成了极高的农户合作成本与市场交易成本，即农民无法合作起来通过交易的方式与水利工程单位进行对接，市场机制必然失败。当前的农田水利投入不仅要投资到硬件设施上去，而且要加强管理体制与组织建设。个体的小农既没有能力承担水利建设成本，也没有积极性提供水利这样的公共物品，农田水利的根本出路还在于在新形势下将农民以适宜自愿为原则组织起来。

当代世界农业技术进步推动了农业现代化，也在重新构造农村社会的"权力－控制"关系[1]。科技对于农业增产、农民增收的重要性需要通过有效的组织形式来落实。要解决制约农机化科学发展的矛盾问题，越来越依赖于农业生产组织化程度的提高。以农业机械化为例，要有效实现农机户优势互补，降低农机经营交易成本，扩大农机作业规模，显著提高机械利用率和经营效益，就需要农业

---

[1] Tailor – Made Biotechnologies for Endogenous Development（生物技术的重塑与内源发展），Prof. Dr. Guido Ruivenkamp，COHD Seminar Series，*Critical Issues in Agrarian and Development Studies*，China Agricultural University，Beijing，2011 年 12 月 15 日。

的规模经营；现代农业技术进步的一个特点就是基因和种业工程，依靠传统的家庭农业经营经验积累的种地把式在农村中的地位下降，说明传统的种植业经验传递有所局限，资本、技术、信息、管理四下乡促进了新型职业农民培育，带动了农业专业合作组织发展。在这样的发展形势下，如果只着眼于传统的农户承包经营，无视规模农业、标准化农业、规模经营、农业公司这类组织形式，不但耽误中国农业还孕育着新的风险，有利于外资绕开监管加速向我国农业全方位渗透。据联合国粮农组织统计，部分粮食价格已经创出新纪录。其中，2010 年玉米价格暴涨了 52%，小麦上涨了 49%，黄豆上涨了 28%。从国内市场看，中国的粮食定价权早已不是中国说了算。这种态势值得注意。

当前要关注农民农业生产组织的四种类型，以往的总结注意到组织类型之间的合作和互补，而现在我们还需要注意到农业组织类型之间的竞争关系。实行家庭承包责任制的初期，农业投入主要是农户依靠自身积累的密集性投入，依靠的是传统的种植业经验和技能。随着现代农业的兴起，农民的科技服务需求越来越依赖于公共服务和社会化服务。和农村的物的要素比较起来，更要重视对人力资本的提升和农业经营组织类型的现代化。

就四种模式的发展现状来看，农业公司正在迅速发展，成为现代农业经营的代表，虽然有学者质疑中国农业并不适宜于农业公司经营，认为农业公司经营导致土地经营规模集中，传统的农民被排挤出农业生产过程之外。

第二节　农村土地是城乡一体化协调的关键

2011 年，中央农村工作领导小组办公室在浙江省建立了农村改革试验联系点，开始了七个方面的农村改革试验，即完善现代农业经营制度、完善农业科研和技术推广体制、完善农村集体建设用地流转制度、深化农村集体产权制度改革、推进农村新社区治理机制创新、深化农村金融制度创新、推进户籍管理制度改革。农村改革试验以保障农民权益、增进农民利益为核心，以让农民平等参与工业化城市化进程和公平分享工业化城市化成果为主线，破除城乡二元结构，全面构建城乡一体化机制及制度体系。综合改革试验区的城乡一体化体制从"基本统筹"迈入了"整体协调"阶段。

其基本思路是："资源配置多向农村倾斜，实际利益多为农民考虑"。浙江义乌市以实施国际贸易综合改革试点和统筹城乡综合配套改革试点为契机，一是整体规划，确定了生产、生活、服务保障三大体系和"两转一保"的改革总目标："两转"，即"转变生产方式、转变生活方式"；"一保"，即"推进社会保障一体化"。构建城乡一体的产业发展体系，着力构建最有利于农民创业致富的小商品制造和销售产业体系。义乌市场培育了15.8万个经营主体，90%以上的农民转移到第二、三产业，农民收入的90%以上来自非农产业，形成了产品和服务专业村。2010年，义乌农民人均纯收入达到14775元，城乡居民人均储蓄存款达到11.3万元。

二是在推进农民生产方式转变的同时，积极改善农民居住条件，促进农民生活方式转变。义乌已有538个村完成村庄整治、181个村启动旧村改造，累计新建农房3.7万户，农民人均拥有住房面积达到68.8平方米。推进"农村社区化、农民市民化"，在许多经过旧村改造的城中村、城郊村，房租收入成为农民财产性收入的重要来源。

三是构建城乡一体的服务保障体系，努力实现城乡公共服务均等化。加大公共服务体制机制创新，推进公共服务向农村延伸。构建师资力量城乡均衡流动、城乡学校组团发展的新机制。投资7亿元改造镇街、农村（社区）医疗机构，将小额医疗保险基金年度最高报销比例由50%提高到60%，大额医疗保险最高报销比例由75%提高到85%。全市已有18.27万名被征地农民参加了养老保险，51.1万人参加了城乡居民医疗保险。改革农村社会管理体制，开展"网格化管理、组团式服务"。推进城乡就业服务一体化，城乡交通一体化。行政村公交班车通村率达到100%。建立了城乡公交1.5元一票制、农村支线1元一票制，方便农民出行。推进城乡供水一体化，90%以上的城乡居民喝上安全达标的饮用水。推进城乡垃圾处理一体化，村内生活垃圾无害化处理率达到98%。推进城乡生活污水治理一体化，治理村农户污水收集率在90%以上。创新农房改造模式。立足于"土地集约、收入增加、品位提升"，将全市分为"城中村、镇中村（园中村）、近郊村和远郊村"四种类型，分类指导，在改善村民居住条件的同时，还切实增加了村民的财产性收入。扩大镇街经济社会管理权限，提升镇街履职能力和综合发展能力。对列入省级试点的佛堂镇下放了185项行政服务事项，实施行政管理体制、财政体制、户籍制度、学前教育体制等四大重点改革。

浙江省湖州市吴兴区八里镇南片区作为新农村建设体制创新试验区，从实施农村土地综合整治入手，将工业平台打造、农村新社区建设和现代农业发展有机结合起来。组建新农村投资有限公司，引导资本投资现代农业，促进现代农业的转型提升。通过完善土地流转服务，推进土地股份合作制改革，探索土地流转价格形成机制，创新土地股份合作社流转和新农村投资公司流转等多种模式，加快土地流转步伐。试验区内已组建土地股份合作社5个，累计耕地流转面积1.31万亩，占总面积的64.6%。积极探索宅基地使用权资产资本化。规划将试验区现有的101个自然村，除保留2个具有一定文化底蕴和水乡特色的村落外，其他通过逐步搬迁，集中建设3个农民新社区。按照"一村一社区"、"二村一社区"两种集聚模式，启动了3个农民新社区建设，并已建成10万平方米。根据试验区土地综合整治方案，通过项目实施，农村宅基地面积可从现有的3023.5亩减少到1959.8亩，节约用地1063.7亩。量化股权，着力深化集体资产股份化改革。在尹家圩村先行开展村级集体资产股份合作制改革，把村集体经营性净资产的80%量化到所有农户，探索出一条集体经济组织转变为社区股份合作社、村民集体资产所有权分配权置换为股份合作社股权的有效途径。依托湖州农民学院，在试验区设立"农民创业大讲堂"，组织浙江大学、湖州职业技术学院的专家教授授课，对区域内的农业大户、农村创业带头人、农村妇女骨干等开展分类培训，提升了农民的技能和素质。区域内农村劳动力转移率达到 85.2%，其中农业园区吸纳劳动力占 4.1%，发展家庭工业转移劳动力占 32.4%，转移到第二、三产业就业的劳动力占 48.7%。提高农民保障水平。建立健全以社会养老保险、最低生活保障、医疗保险、征地补偿为主的"四道保障线"。

2008 年 4 月开始的浙江省嘉兴市的统筹城乡综合配套改革试点，按照先行先试、率先突破的要求，制定实施了《关于开展统筹城乡综合配套改革试点的实施意见》等一系列政策文件，创新开展以"两分两换"优化土地使用制度为核心，包括充分就业、社会保障、户籍制度、新居民服务、涉农管理、村镇建设、金融体系、公共服务、区域统筹等改革的"十改联动"，同步推进现代新市镇和城乡一体新社区的"两新"工程建设。三年来改革试点进展顺利，取得了阶段性重要成果。

围绕城乡资源优化配置，推进农村产权制度改革。在保障农民权益的前提下，把农村集体土地所有权性质、农用地的用途、农用地的量与质"三不变"作为基本前提，按照"土地节约集约有增量，农民安居乐业有保障"的要求，在全市 15 个镇（街道）开展"两分两换"试点，鼓励以承包地换股、换租、增保障，以宅基地换钱、换房、换地方。15 个试点镇（街道）共签约换房农户 23787 户，土地节约率为 58.7%。推进土地节约集约使用，推进农村土地综合整治，三年来共整理土地 4.8 万亩。加快农村集体资产产权制度改革，推进农村集体经济组织土地资产和非土地资产相分离、农村居民社会成员和经济成员身份相分离。全市已完成 250 个村的农村集体资产股份制改革，并在全省率先建立农村产权交易中心。嘉兴市成为全国 49 个创新流动人口服务管理体制试点城市之一。建立农村社会管理新模式，加强城乡一体新社区"一站式"办事大厅建设，创新"政府主导＋社区自治"相结合的新社区管理服务模式。建立和完善生态补偿机制，率先建立完整的排污权交易体系，试点开展农村面源排污权交易，创新城乡生态环境保护监管新机制，开创了环保公众参与的"嘉兴模式"。

推进城乡统筹发展，关键是让农民享受到与市民同等的公共服务。河北省遵化加大农村社会事业投入力度，城乡一体的公共服务体系日益健全。2008年以来，率先在河北省建立社会保障、救助、帮扶三大体系，率先在河北省建立失地农民养老保险制度，率先在河北省实现12年免费教育。围绕解决农民行路难、吃水难等问题，三年来投资2亿元新建、改建农村公路300多公里，农村公路通车总里程达到1080公里，实现村村通公路，92%的村庄实现街道硬化。投资1亿元实施了安全饮水攻坚行动，31万农民喝上了自来水。探索建立了失地农民养老保险和新型农民养老保险制度，农民达到退休年龄后也能像退休职工一样领取养老金。投资2000万元实施了农村敬老院整合改造工程，将原有24所整合成6所高标准敬老院，老人们可以在宽敞明亮的楼房里安享晚年。

苏州在辖区六市内取消户口城乡差异。从2011年1月1日起，《苏州市户籍居民城乡一体化户口迁移管理规定》正式实施，新规定对苏州市城乡户籍居民户口迁移政策进行了调整和放宽。其中，有苏州户口、有住房，就可在大市范围自由迁移；落户苏州，不再受购房年限、工作地域、参保关系等限制。该规定适用地域范围为苏州市区和下辖五县市的户籍居民的户口迁移，也就是现已具有苏州户口的城乡居民。类似的户口管理改革实验也在其他一些地区开展。

公共服务促进了农村社区建设。成都市提出了"全域成都"的发展概念，统筹城乡发展。对农村农民的承包土地和宅基地用现代遥感技术精确定位，形成新的"鱼鳞册"，确权发放到户。将政府土地收益的1/3返还支持农村建设，从2008年开始为每个村提供

25 万元乡村建设资金，推动农民参与乡村自治和社区项目建设，建立了土地耕保基金为失地农民提供养老保险。由于农村公共服务改善，宜居水平提高，创业和守业机遇扩大，一些在城市打拼多年的年轻人开始考虑返乡发展，在 2011 年城市农民工调查中已经出现了这样的苗头。

第四章　农村土地开发权研究

第一节　农地开发权成为农村矛盾焦点

研究农村土地开发权，首先出于对我国当前农村土地利用乱象的关切。

我国相关法律规定，属于农民集体所有的农村土地由村集体经济组织或者村民委员会经营、管理。国家实行土地用途管制制度，通过国家编制的土地利用总体规划，规定土地用途，将土地分为农用地、建设用地和未利用地。严格限制农用地转为建设用地，控制建设用地总量，对耕地实行特殊保护。国家为了公共利益的需要，可以依法对土地实行征收或者征用并给予补偿。① 但在农地利用实践中，由于缺乏对农地所有权的明晰界定，农村土地名义上归农民所有但很大程度上受国家掌控的格局延续至今。模糊的农地产权不但影响地方政府和农民双方对农村土地整备的合理投入，也导致地方政府和农民双方对农村土地权益的不同理解和各取所需，这些因素成为现行农村土地制度的重大缺陷。

第一，地方政府缺乏对于农村土地的保护动力。农业的低产出和工商业、房地产业的高产出的反差，使得许多地方政府为发展地方经济而热衷于征用农地；何况，通过招商引资、发展工商业和房地产业，可以较快地创造 GDP 政绩。由于农村土地不是国家所有，

① 《中华人民共和国土地管理法》，2004。

且监管、利用的直接责任主要在地方，因此中央政府难以遏制地方政府违法用地的势头。中国《1997～2010年土地利用总体规划》中要求2010年耕地保有量为1.28亿公顷，但规划批准实施才一年，到2000年底全国就有19个省、市、自治区的耕地少于2010年规划保有量，提前10年用完了规划指标。而且在实际操作中，低品质的耕地占补或虚假的耕地占补频繁发生。出于历史和地域原因，基本农田保护的任务大多落在经济相对落后的地区，这可能进一步拉大地区间的发展差距。

第二，围绕农地利用形成了巨大的"寻租"空间。由于农村土地的实际所有者模糊不清，且征地—补偿操作的自由裁量空间甚大，管辖农村土地的地方官员，于是有了上下其手、借机寻租的广阔空间。仅以一个省的局部数据为例①：2003年至2008年，仅江西省检察机关立案查处的涉农贪污贿赂犯罪案件就有697件867人，其中，2008年为210件268人，为5年来最多。在10种涉农犯罪领域，跟"土地城建"直接相关的约占50%，而在其余林业、水利、民政社保、交通等犯罪领域中发生的案件，也有相当一部分实际上与土地制度相关。

第三，农村土地集体所有者的越轨用地。作为农村土地的集体所有权人，承包土地的农民和集体土地所有权代理人村委会往往自认为具有对本村土地的主要处置权，因而各地农民自行扩大宅基地、违法出租农用地等事件频频发生。这类土地违法所涉土地面积不大但发生数量不少。对这类违法行为，政府的土地监察缺乏法定的强制措施，只能责令停止，希望改正。此外，随着意识到农地转作非农使用时存在着巨大的增值空间，近年来一些农民对于农地征用中服从"公共利益"和维护自身利益有了与以往不同的理解。这种理解除了可能抵制地方政府的不当农地征用外，也可能造成罔顾

---

① 江西省检察院：《"我的地盘我做主"诱发涉农腐败》，《检察日报》2009年4月8日。

公共利益的大幅度坐地起价。

于是，很大程度上靠中央行政命令方式推行的基本农田保护，一方面促成了农地资源的稀缺性与农地收益的贫瘠性二者共生的制度奇观；另一方面衍生了违法用地官员、农民赖以致富与守法经营农地的农民难以脱贫两种现象并存的严峻后果。

研究农村土地开发权，也是出于对我国城乡一体化实现路径的关切。

《中共中央关于推进农村改革发展若干重大问题的决定》为2020年的中国农村社会发展提出了下述主要目标：基本消除绝对贫困现象，农村基本生活保障、基本医疗卫生制度更加健全，农村人人享有接受良好教育的机会，城乡基本公共服务均等化明显推进等。在各级政府积极着手于实现这些具体目标的同时，学界更应该关注的，是如何"基本建立城乡经济社会发展一体化的体制机制"的根本任务。

在我们看来，一体化的城乡经济社会发展体制机制主要包含两方面内涵：①城乡经济社会发展一体化必然以经济体制的城乡统一为基础。农业经济是土地经济，其效率建立在对农村土地的合理利用基础上，就如同高效的城市经济离不开对城市土地资源的合理利用一样。除了因"公共利益"而对城乡土地应作规划利用或变更用途外，城乡土地应能在法定的土地市场上公平流转和有效利用。②依托城乡统一的经济体制构建城乡统一的社会发展体制。在农地、劳力、资本诸要素自由流动的城乡社会结构中，相应地实现对农村社区与对城市社区的国家投入与政府管理同质化，城乡居民的社会身份只因居住和从业特征而不同，城乡居民享受平等的国民待遇，城乡居民享有均等化的公共服务和社会保障。

机制是体制的表现，也是体制的功能。体制构建不合国情，机制运作必然失灵。体制构建合理合法，机制运作自然顺畅。从这个意义上看，取消农业税、发放农业补贴等惠农政策，尽管对解决当前的"三农问题"不无裨益，但由于并未触及现行经济社会体制的根本，因此对实现城乡一体化的目标只能算是治标不治本的权宜之计。

　　明确城乡经济社会发展一体化的体制机制的基本内涵，既有助于我们认识实现这一目标的难度，也有助于我们设计实现这一目标的方法。

　　正是基于这两个方面的关切，我们着手开展了这项国情研究。通过大量的文献浏览，我们了解了国家在各个时期的农村土地政策，并试图理清国家在农村土地政策形成与调整过程中的政治—经济依据。通过全面的文论回顾，我们梳理了学界在农村土地制度方面的政策主张，并力图对其中的代表性观点作出自己的判断和必要的评价。通过实地的调查走访，我们接触了各地在农村土地利用方面的政策实践，并努力对这些实践的近期与长期效果作出实事求是的评价。

　　在此基础上，结合农地利用的国内外经验，依据我国的土地政策的基本原则，我们将提出自己理想中既符合当前中国国情又符合国家长远利益，既有利于农村经济发展又有利于社会长治久安的农村土地利用政策框架。

第二节　农村开发权的界定

　　土地制度的核心，是土地利用的权属即土地产权。土地产权的性质从根本上决定了土地利用的基本方式。广义的土地产权包括土地的所有权、使用权、处分权、收益权等。狭义的土地产权仅指土地的所有权。[①] 本研究从广义上使用土地产权概念。

　　《物权法》中界定，"本法所称物权，是指权利人依法对特定的

[①]　如 1953 年颁布的《中央人民政府政务院关于国家建设征用土地办法》中的表述："凡征用之土地，产权属于国家。用地单位不需用时，应交还国家，不得转让。"见《土地法全书》，吉林教育出版社，1990，第 46 页。又如 1980 年国务院批转的《关于用侨汇购买和建设住宅的暂行办法》中的表述："……他们购买和建设的住宅，产权和使用权归己，国家依法给予保护。"见《中国城市建设与管理工作手册》，中国建筑工业出版社，1987，第 209 页。

物享有直接支配和排他的权利，包括所有权、用益物权和担保物权。"《物权法》中所谓的物包括不动产和动产，而不动产是指土地、房屋等土地固着物。由于我国的土地产权具有很大特殊性，不但所有权形式不一，而且许多城乡土地的所有权和使用权相互分离，因此物权法中涉及农村土地产权的界定着重针对土地的使用权、用益权，且将其分为"土地承包经营权"、"建设用地使用权"、"宅基地使用权"，在该法的"用益物权"部分分别进行规范。

一　土地所有权

我国的土地所有权有国家（全民）所有和集体所有两种形式。《宪法》第十条规定，城市的土地属于国家所有。农村和城市郊区的土地，除由法律规定属于国家所有的以外，属于集体所有；宅基地和自留地、自留山，也属于集体所有。《宪法》和《土地管理法》均明确界定，我国实行土地的社会主义公有制，即全民所有制和劳动群众集体所有制。本项国情研究中所针对的农村土地，专指农民集体所有的土地，不涉及对农业、农村用地中的国有农地、林地、牧场的讨论。

在近年来对农村土地集体所有制的批评中，土地集体所有的主体不确定是受人诟病之处：由于各地农村当年的合作化进程不一、开展联产承包责任制时发包主体不一，各地农村的集体土地所有者并不一致。[①] 并且随着农村经济体制改革的推进，农村集体土地所有权的行使出现权利主体上移现象。[②]《土地管理法》第十条为此

---

① 1978 年我国农村由生产小队（村民小组）核算的农村集体土地占 95.9%，由大队（村委会）核算的约占 3%，由公社（乡镇）核算的约占 1.1%。见郭书田《关于农村市场体系的思考》，《中国农村经济》，1993。

② 据第二轮土地承包期的调查，在已经延长土地承包期的 314 个村中，取消原村民小组的权限，由村委会一级实施土地分包的占 20.8%，而 1978 年时这一层级的比例仅为 2%。参见中共中央政策研究室、农业部农村固定观察点办公室《对第二轮土地承包工作的观察分析》，《经济工作者学习资料》，1997。

规定，"农民集体所有的土地依法属于村农民集体所有的，由村集体经济组织或者村民委员会经营、管理；已经分别属于村内两个以上农村集体经济组织的农民集体所有的，由村内各该农村集体经济组织或者村民小组经营、管理；已经属于乡（镇）农民集体所有的，由乡（镇）农村集体经济组织经营、管理。"① 我国《物权法》中对农村集体土地所有权的权利主体也采用类似的弹性界定。但在农村土地流转、土地确权过程中，这种或由村民小组、或由村委会、或由乡镇代行土地集体所有权的不同权利主体共存的现象，导致一些地方农村出现了集体土地利用中的代行所有权冲突。

二　农地的使用权与开发权

1. 农地使用权

农地的使用权与处分权同属农地用益权。在我国，农地的使用权就是农地的农用权，包括利用农地进行种植、养殖、放牧等形式的第一产业范畴的使用权。农地的处分权，就是依法在农用范畴内经营、处置、流转的权利。在各国的土地制度实践中，农地利用收益通常基于农用权的取得和转移。

2. 农地开发权

农地开发权（Land Development Right），指对农用土地进行非农再开发的权利。农地再开发的实质，是农地所有权人改变土地原有的农耕用途转作第二、三产业开发、建设，其目的是提高土地利用的经济或社会效益。因此，农地开发权属于一种特殊的土地所有权，非经所有权人授权，农地使用权人没有对自己所使用的农用土地进行非农再开发的权利。

土地开发权制度起源于英国。1947 年，英国通过《城乡规划法》创设土地开发权，它与土地所有权人原有的土地产权合成土地

---

① 《中华人民共和国土地管理法》，2004。

财产权的全部。该法律规定，一切私有土地未来的开发权统归国家所有，私有土地所有人或其他任何人如想变更土地的用途，在实行开发建设之前，必须向政府购买开发权。创立土地开发权制度的宗旨，在于抑制当时由工业化、城市化快速发展而造成的农地再开发中的不当暴利，实现农地涨价归公，以平衡农地开发带来的农地所有权人与全体国民的利益分配。此后，美国为了顺利实施土地利用规划，也借鉴英国土地开发权理念，实行土地开发权私人间移转和国家购买土地开发权相结合的土地制度。

第三节　国内外土地利用文献和思路

近年来关于我国农村土地制度的讨论，基本上是围绕着国家与农民间的土地权益边界究竟应如何划分而展开的。

由于我国现行农村土地制度弊端颇多，且日益成为国家与农民间、城市与农村间矛盾的焦点，因此如何寻找一种既可提高效率，又能保证公平的农村土地制度，引起包括社会学者在内的各界学者的关注。

由于各国的农村土地利用目标具有共性，均以促进农业生产效率的提高和实现农民生活水平的提升为目标，因此借鉴国外的农地利用经验和国外学者的观点，也是深入分析我国农村土地制度的政策效用的必要环节。

一　国内学者关于农村土地利用的政策主张

除去国有的农业用地外，我国的农村土地的用益属性包括以农耕用地为主体的农用地和用于解决农民自住之需的宅基地。

关于我国农村土地制度的改革方向，学界的观点与建议差异甚大。除了各派学者观点间所存在的诸多或明或暗的细节差异外，主要的政策建议有"实行农村土地私有化"、"完善农村土地集体化"、"实行农地国有—永佃制"三大类。

（一）主张实行农村土地私有化

有些学者明确主张实行农村土地私有化，经济学家胡星斗的观点是其中最有代表性的。他认为，"农村土地归农民所有，实行土地私有化，是解决'三农'问题和集权腐败的治本之策，是当前中国第三次思想解放运动的核心，是伟大的制度创新，它具有非凡的现实意义和深远的历史意义。乡村土地的民有、乡村社会的民治、乡村财富的民享，将大大地提升农村的政治文明、精神文明的高度，促进新农村建设，实现和谐社会的目标。"而实现农村土地私有化的意义，被他概括为这样八个方面：

土地私有化是解决农村土地产权不清问题的需要；

有利于有效地保护耕地、保证粮食安全；

是提高农业生产效率、促进农业可持续发展的保证；

是提高农民收入、缩小城乡差距的根本性手段；

有助于实现乡村自治、形成农村道德规范；

是产生分权与法治社会的经济基础；

是实现人格独立与公民社会的基础；

是社会和谐与稳定的基本保障。

他还断言，西方发达国家的现代化都是建立在土地私有的基础上的，而经济学理论也清楚地阐述了私有产权制度的高效率，因此，中国永远也不可能以违反现代化规律和经济学定律的方式走出"中国特色"的农村发展道路。[①]

有些经济学家虽未明确主张，但实际上认同实行农村土地私有化的政策主张。他们或是主张做实农民的土地使用权，做虚国家、集体的土地所有权，将使用权变成一种基本不受所有权限制的、可

---

① 胡星斗：《农村土地私有化：意义、问题与措施》，见"中国乡村发现"网站，http://www.zgxcfx.com/Article_ Show.asp? ArticleID = 10066，2008。

以按市场价进行交易和处置的财产权[1]；或是认为农村土地自古以来就是农民自己的，国家无权干预农民对土地的自主利用，只能从领土权意义上强调国家的土地权利。[2] 也有经济学家甚至肯定地预测：未来几年里，中国在经济领域要做的三件大事之一，就是土地的私有化。[3]

（二）主张完善农村土地集体化

针对有些学者关于实行农地私有制的主张，有的学者认为应该通过对原有的农地集体所有制的进一步完善，来实现农业的增长和农民的增收。贺雪峰通过对土地收益分配、农地征收、村社集体、农民就业、土地流转等问题的分析，指出各种形式的土地私有制主张不但缺乏可行性，并且可能导致一些严重的社会后果。他同时认为，以农村土地产权改革为核心的成都城乡一体化改革模式缺乏推广价值，只有在承认现行农村土地制度合理性的基础上，充分发挥村社组织在农村土地利用中的积极作用，才是符合当前中国国情的解决"三农"问题的理性选择。

根据自己最近10多年的农村调查的体会，贺雪峰认为给农民更大的土地权利，可能不是保护了农民利益，而是损害农民利益。给农民更大的土地权利可能并不能提高土地资源的配置效率，而会降低土地资源的配置效率。他认为，在多数农户家庭还以农地收入作为主要收入来源之一，且农民从农村转移出来还需要一个漫长过程的前提下，中国"人均一亩三分地"的小农经济，离不开村社集体的协作。如果给予农民更大的土地权利，无论是否走到土地私有这一步，都将破坏顺利进行农业生产的基础条件。在他看来，给农户更大的土地权利客观上是给了所有农户以不顾其他农户反对的能

---

① 党国英：《关于土地制度改革若干难题的讨论》，2010。
② 盛洪，在"第二届统筹城乡发展论坛"上的发言，2011。
③ 张维迎，在"中国发展高层论坛2012"年会上的发言，2012。

力。这样一来，村社集体内一家一户"不好办和办不好"的公共和公益事业，如集体灌溉、机耕道修建、植保等，都容易因人反对而无法办成。结果是，所有农户都因为更大的土地权利，而更加难以获得基本的进行农业生产的条件。[①]

温铁军指出，在关注"三农"问题的根本出路时，有不少学者试图将西方学术界的理论逻辑套用到中国，认为"土地私有化＋流转市场化必然导致农业规模经营"。但这种理论逻辑是否确实适于发展中国家中"三农"问题的解决，对此则显然缺乏经验依据。反而是几乎所有人口过亿的大型发展中国家，在继承或采行西方制度之后，普遍受制于耕者无其田和城市贫民窟化，并由此造成社会动乱。温铁军认为，不论有何种主义、制度或政府、领袖，只要发展中国家在不能对外转嫁成本的约束下加快工业化，必然导致农业资源和生产力诸要素大幅度净流出；在这个进程中，由多种复杂因素形成的"三农"困境，不可能靠某个外部引入的激进理论或政策就会迎刃而解。

温铁军自己也曾热衷于依据西方新古典和制度学派的理论分析中国的"三农"问题，认为土地产权私有化既能使农业获取良好的规模收益，又能让多余的农业劳动力和人口自然地被城市化吸纳，并因而赞同全面实行土地产权私有化。但在后来更为广泛的国内外调查和对发展中国家的比较研究中，他发现无论在国内还是在大多数发展中国家都找不到支持这个逻辑的经验依据，这才对原先的土地私有化观点"逐渐从坚信不疑到形成质疑"，并得出中国的农村土地不能实行私有化的结论。

与因土地被国有化而换来以职业保障为基础的社会保障的城市居民不同，在无偿分配给农民一块土地后，国家财政不再对农民承担社会保障的主要责任。在温铁军看来，中国的农村土地不能实行

---

① 贺雪峰：《地权的逻辑——中国农村土地制度向何处去》，中国政法大学出版社，2010。

私有化的一个重要原因，就是农民手中的土地本身承载了家庭保障的功能。在中国，因为人多地少而导致的人地关系高度紧张，使耕地承担的对农民的保障功能远远大于生产功能。农民土地一旦被私有化，无论出于什么原因而失去土地，只要国家没有能力将他们纳入社会保障体系，就将对中国整个社会制度构成非常大的压力。①

另有学者认为，保留土地私有制的历史时机已经失去，实行土地国有化的适当时机尚未到来。而在国有制和私有制这个中间地带，给集体所有制留有较广阔的余地，因此，改革和完善土地集体所有制就是唯一的出路。何况土地集体所有制本身并无固定的、无可更改的模式，而具有相当大的可塑性，它可以多种模式出现。（周诚，1989）

（三）主张实行农村土地的"国有—永佃制"

在分析农地权属安排中农民利益与国家利益间的关系的基础上，一些学者提出了农地产权制度的另一种模式——"国有—永佃制"。

早在1988年，农业经济学家安希伋就提出了"国有—永佃权制"的农地制度构想。② 社会学家陆学艺也倡导农村土地的"国有—永佃制"。他指出，曾经起到巨大作用的家庭联产承包责任制走到现在，已经越来越暴露出自身的问题，这些问题表现在：第一，产权不明晰，农民权益无法保障；第二，不利于社会稳定；第三，不能调动农民的积极性。他认为，农村农民问题的核心是土地问题，在实行社会主义市场经济的条件下要求产权明晰。要通过改革，建立起给予农民土地经营权长期保障的体制。农村土地制度要实行"国有"、"永佃"，第一是把所有权统统收归国家。要就土地的承包、转让、征占制定法规、制度，划清权责，由相应的管理机

① 温铁军：《我国为什么不能实行农村土地私有化》，《红旗文稿》2009年第2期。
② 安希伋：《我国土地制度问题——论土地国有永佃制》，《中国农村经济》1988年第11期。

构专门负责。第二是实行永佃制，或叫永包制。就是由国家确定从某一个时点开始，谁承包种的地就不再变了，这样农民也有了保护自己承包耕地的权利。[①]

经济学家董栓成认为，"三农"问题，根本上是由农村土地产权制度问题及其矛盾纠纷而引发的。他从制度经济学的视角提出：现有的农村土地产权制度已不适应农业、农民的制度需求，土地承包条件下的家庭联产责任制也开始呈现出束缚土地和劳动力合理流动的趋势，而且农村的土地产权制度结构不完善。要解决"三农"问题，最终需要进行农地产权制度的变革。他认为，目前中国农村土地改革的根本出路，在于坚持土地公有产权的前提下，对公有产权的具体实现形式进行创新。而农地产权的"国有—永佃制"，一方面能将农村土地公有制从缺乏效率的"集体所有"改变为相对有效的"国家所有"，另一方面能使获得国家农地经营委托的农民对承包的农地拥有更为稳固的租佃用益权。[②]

二　国外学者关于农村土地利用的政策主张

在国际上，农村土地权益包括使用权和开发权，而其所有权形式又分为国家所有、集体所有、私有、混合所有四种形式，因此国家与农民间的土地权益边界在国际上有着不同的划分方式。在实行农地私有制的国家里，既有英国式的农用收益归己、开发收益归公的农地权益制度，也有日本式的农用收益归己、开发（政府征用时）收益也归己的土地权益制度。在实行农地公有制的国家里，既有苏联的农地国家所有、收益集体共享的农地权益制度，也有中国式的农地集体所有、开发收益国有的农地权益制度。

---

① 　陆学艺：《社会主义新农村建设需要改革现行土地制度》，《东南学术》2007 年第 3 期。

② 　董栓成：《中国农村土地制度改革路径优化》，社会科学文献出版社，2008。

（一）主张农地产权制度应该适合各国国情

美国威斯康星大学教授吉姆·瑞岱尔曾任联合国粮农组织土地部负责人，在对诸多发展中国家的农业发展与农地产权关系的考察和分析的基础上，形成了他对农地使用权、开发权与土地利用的效益间关系的看法。

吉姆·瑞岱尔指出，全世界各地的研究都在努力寻找一种制度的安排，使农业成为一种有活力、令人向往的职业，这就需要建立一种有效的机制，而一种合理的农地产权制度被认为是至关重要的。但由于产权制度和社会演进的特点密切相关，因此并没有一个在所有国家都普遍适用的农地产权制度。而且，由于土地开发利用的不断深化，我们很难预料未来的土地制度会如何演化。

他认为，理论上说，农地产权制度及私有产权的确立，将会方便农地产权的市场交易，并因而导致农地资源从低效率的农民手中转到效率最高的农民手中。但一些发展中国家的农地产权建设经历证明，明晰的产权制度并不是提高农地利用效率的关键。说到底，"其实我们想要的不是某种产权制度本身，我们想要的是和当地经济、社会、环境相吻合的，同时稳定高产的农业部门，这才是我们的目标。我认为，对于绝大多数贫困农民来说，他们希望的是生产力和生活水平的提高，而不仅仅是一个明晰的产权制度。"

吉姆·瑞岱尔还指出土地产权不同于其他财产之处在于，即使是私有的土地产权，拥有者对于土地的拥有也不可能是完全的，而只可能有受限制的权利，这种限制既可能来自国家对公共利益的保护，也可能源于对土地的地面、地下、上空资源的不同利用方式。而这种受限制的土地权利，并不必然影响土地的有效利用，英国绝大多数的农业生产都在租用的土地上进行就是一个例证。[①]

[①] 吉姆·瑞岱尔（Jim Riddel）：《世界各国土地所有权及所有制方面存在的问题及新趋势》，天则经济研究所第416次学术报告会，2010年10月。

（二）认为农地私有化改造无助于转型国家农地效率的提升

英国利物浦大学的奈杰尔·斯万教授在介绍东欧转型国家的土地产权改革的文章中，从社会学角度分析了社会资本对东欧农民政治经济地位的影响。根据他的考察，尽管东欧各国在社会转型时十分关注公正原则，但私有化所导致的土地所有权的高度分散，使得这种所有权的价值大打折扣。在他看来，东欧转型各国农民能否获得效率和成功，并不取决于私有土地产权的获得与否，各国的社会资本起到了更大的作用。[①]

第四节　关于创设农村土地开发权的政策建议

鉴于城乡二元土地制度是城乡二元体制的主要经济基础，要实行农村土地资源的可持续的有效利用、破除城乡二元结构格局，就必须清晰界定农村土地权属，进而逐步统一我国的城乡土地制度。

一　政策要点

依据我国 1949 年以来城乡土地制度发展的制度逻辑，参照英、美等发达市场经济国家的经验，可以通过明确、创设土地开发权，厘定农村土地的产权属性与利用方式，为建立城乡统一的土地制度创造条件。该项政策应包括以下要点。

（一）通过相关法律创设土地开发权

通过对《土地管理法》、《农业法》、《农村土地承包经营法》

---

① 奈杰尔·斯万:《东欧转型国家中的土地产权改革:问题与前景》,载《农村土地制度改革:国际比较研究》,社会科学文献出版社,2009 年。

等相关法律的修订，创设土地开发权。① 通过立法，将城乡土地开发权明定为土地所有权的一个基本成分，规定国家代表全民行使对土地开发权的初始掌控。在此基础上，明确制定有关该项产权的获取、转移、用益等相关制度规定。

（二）明晰农村集体土地的权利边界

根据权利法定、农地农用的原则，从法律上明确农村集体土地权利人的所有权仅限于土地农用范围；由该所有权派生的农地使用权与处分权、收益权，均以土地农用为权利边界。非经国家特许或土地市场公开交易，不得擅自将农地用作非农用途。

（三）允许农村土地按产权性质上市交易

在此基础上，放开农村土地市场，允许集体土地所有权、使用权、农地承包经营权上市交易，以利农地资源的市场化配置和有效利用。与此同时，国家可根据土地利用总体规划，将部分农地开发权推向城乡土地市场上市交易。未经国家特许或市场交易取得土地开发权者，不得对城乡土地自行开发建设。

（四）将"耕者有其田"确定为基本国策

对于我国近代史上不懈追求，并且曾经得到制度保证的"耕者有其田"政策，建议在明确其内涵和价值的基础上，形成一套既具有明确的经济、社会目的性，又具有较强可操作性的农地制度。简单地说，就是要逐步实现：只有"耕者"才可"有其田"；只要

---

① 已有一些学者介绍和分析过土地开发权制度。尽管政策取向存在一定差异，但认为应尽快创立土地开发权制度，则是一个基本的共识。可见周诚《论我国农地自然增值公平分配的全面产权观》，载《中国地产市场》2006 年第 8 期；刘国臻：《论美国的土地发展权制度及其对我国的启示》，载《法学评论》2007 年第 3 期；刘明明：《英美土地开发权制度比较研究及借鉴》，载《河北法学》2009 年第 2 期。

"善耕者"，都可要求"有其田"。有学者因此建议实行独立于户籍管理的"注册农户"制度。①

二　政策依据

（一）遵循我国农村土地制度发展的内在逻辑

自 1949 年直至改革开放时的农村土地制度，虽然缺乏清晰的制度环节设计，但有着明确的制度取向。概括地说，就是通过实行"耕者有其田"政策，在保障农民从事农业生产的权利的同时令其承担相应的务农义务。

一方面，以"耕者有其田"政策鼓励农民从事农业生产。通过土改，国家将强行没收自地主的土地无偿均分给农民，农民获得了最基本的农业生产资料。从最初的土地私有到合作化后的土地集体所有，农民以不同形式拥有着农地这种基本的农业生产资料。

另一方面，国家对农村土地的使用有着"农地农用"的一贯限制：不但规定地下的矿产、文物资源属于国家②，而且规定农村土地的非农开发权属于国家。③ 曾经以交公粮等形式长期存在、近年开始取消的农业税，也是农民在农地利用中曾经承担的义务。④ 即使是在一定程度上允许农地非农利用的乡镇企业，其法定的主要任务也是"吸收农村剩余劳动力，提高农民收入，支援农业，推进农业和农村现代化"。而且，要求"举办乡镇企业使用农村集体所有

---

① 中国社会科学院农村发展研究所：《农村经济蓝皮书》，社会科学文献出版社，2010。

② 见《中华人民共和国矿产资源法》（1986）、《中华人民共和国文物保护法》（1982）等相关法律。

③ 见《中央人民政府政务院关于国家建设征用土地办法》（1953）、《国家建设征用土地办法》（1958）、《国务院村镇建房用地管理条例》（1982）、《中华人民共和国土地管理法》（1986）等相关法律。

④ 见《中华人民共和国农业税条例》（1958）。

的土地的，应当依照法律、法规的规定，办理有关用地批准手续和土地登记手续。"①

从 1949 年以来的农地制度走向可见，尽管从未从法律上清晰界定农地的"农用权"与"开发权"，但我国农民对农地的所有权从未超出"农地农用"的权利边界；且国家始终通过土地规划、土地征用等法律环节，实际掌握着农地开发权。

（二）参照发达市场经济国家土地利用的成功经验

创始于英国的土地开发权，其初始宗旨主要是平衡因国家的规划建设而导致的原地主土地开发暴利，实现土地资源利益的公平分享。而创立土地开发权并明确为国有之后，原地主除了可继续持有现有的所有权及使用权外，不再拥有对土地进行开发建设的权利。任何开发行为都要经过规划当局许可，并通过市场购买。

由工党政府主导制定的土地开发权国有化制度，在抑制了原地主的土地开发暴利的同时，也遭到了一些大地主的抵制。后来在保守党执政时期，通过立法修订，将原来对应于土地开发权全部收益的土地开发税全额征收，降低到只征收 60%。

中国台湾地区的平均地权政策与英国的土地开发权国有化有着类似的政策取向：1976 年颁布并于 1977 年施行的《平均地权条例》规定，"政府"按核定的土地价格征收累进地价税，如果土地增值，另行征收土地增值税，增值超过 400% 的，增值部分全部归公。②

从以上的土地立法经验可见，对农地用于非农开发征税，以实现涨价部分或全部归公，用于国民收入的二次分配，即使在实行土地私有的国家或地区，也是顺理成章的。而且，实行土地开发权制

---

① 见《中华人民共和国乡镇企业法》（1996）。
② 王松山：《三民主义土地制度之研究》，台湾正中书局，1981。

度的英国、美国、中国台湾地区等，农业发展并未因此受到丝毫影响。因此，通过明确、创立事实上一直存续的土地开发权，一方面对于以社会主义理念为立国基础的我国无疑具有积极的政治意义，另一方面对于促进国土资源的可持续利用和发展无疑也将具有明显的经济意义。

（三）满足规范农村土地管理、促进农民增收的需要

政策的制定与修订，除了应该关注政策形成的历史脉络、应该参照外部的成功经验外，更应该考虑对该项政策的现实需要。可以说，清晰界定农村土地权属，厘清国家、农民集体、农户之间的农地权利边界，也是规范农村土地管理、促进农民增收的现实需要。

市场化改革以来，随着利益主体的多元化，原有的建立在一元化体制下的土地制度开始与现实脱节。一方面，土地开发权的缺失，使国家和农民集体之间在开发权问题上的权利边界模糊不清，农地开发利用中所发生的土地增值收益无法有序流动，巨大的土地增值无法以制度化的形式进入国库用于全民福祉。另一方面，农民集体与农户在农地使用权方面的权利边界也模糊不清，农户因对承包地的使用权没有充分的把握而不能有效地利用，也不能通过规范化的市场交易进行使用权的转让。

势单力薄的小农户需要各种形式的合作，以应对农业生产中的各种需要和瞬息万变的市场变化。而明晰的土地权利能让农民有规划利用农地的充分自主权。当前我国农村中，众多农户手中的农地分散闲置现象与一些农业大户缺少足够农地的现象同时并存，一定程度上是缘于众多小农户对于土地流转的长远后果的担忧，这在客观上无疑影响了土地资源的有效配置和农村经济的规模化发展。在明确国家、农民集体、农户各自的农村土地权利边界的基础上，消除了顾虑的农民集体、个体农户不但可以选择是否自主进行种植、养殖，也可以借土地合作或土地流转谋求更高的农业收益。

除了政策已经明确的农户的土地承包经营权是可以依法流转的财产权利外，从法理上看，只要经过法定的审查程序，农村土地的集体所有权、集体使用权同样可以依法进行整体的或部分的转让。一方面，对于城市化进程中"村改居"时的整村改制而言，这种集体土地权利的整体转让具有重要的土地财产权变现意义；另一方面，对于城市化进程中农民工个人在务工地的城市融入而言，这种集体土地权利的部分转让具有可计量的个人土地资本价值。

三　预期效果

（一）促进农村土地的有效利用

在确立农地权属中属于全民所有的土地开发权后，通过明晰农村土地中剩余的所有权与使用权的权利边界，能让农户、农民集体有合理规划利用农地的充分自主权。由于对于农地的未来产出有了清晰的预期，农民将能根据自己的能力和国家的政策来作出自己的经营选择。无论是自营种植、养殖还是合股、转包，农民集体组织、农户都将会根据市场的价格信息或国家的政策扶持对自己的土地利用方式作出理性抉择。这样的农地经营机制一旦形成，不但近些年一些农村中常见的"有人地撂荒，有人闹地荒"现象可得到根本性减少，而且，高效农业、农业大户的经营发展也能克服农户土地细碎化的缺陷获得充分的农地支持。而这种状况，对于支撑我国农业的高产、稳产，无疑将起到积极作用。

针对我国的特点，允许土地经营权的流转，能在一定程度上实现土地的相对集中，实现规模经营。

（二）促进农民收入的稳定增长

通过对农地权属的清晰界定，农民实际上拥有了自己的农地财产权。根据对市场信息与国家政策的了解，农民可以对自己的承包地的利用作出相对长远的计划，决定是否添置农机具，应该学习哪些农业技术，从而通过自营种植、养殖或者合作、合股经营，获取令自己相对满意的经济收益。即使需要短期外出务工，也可以将承包地转包获取转包租金或入股农民经济合作组织以获取股份收益，不需担心自己的土地财产权受损。而这对于农民集体、对于农户的稳定增收，无疑将起到积极作用。

（三）推动中国经济可持续发展

在明确国家的土地开发权后，对于农地的开发监管有了明确的法律依据，以往因农地产权边界模糊而来的政府与农民间的矛盾将显著下降，不同权力部门间因对农地利用的不同理解而来的"扯皮"也将大为减少。国家通过土地规划对土地开发进行控制，通过土地监理对土地利用进行监督，将从制度上减少因农地权属不清而出现的违法用地现象。

国家要实现经济的可持续发展，要提升国民的福利水平，要靠各种生产要素的稳定、有效结合。土地开发权的国家掌控，土地使用权的有效运用和流转，其经济效益和社会效益远远大于、远远持久于其他各种要素利用形式。可以认为，土地开发权的国有化，从根本上保证了城乡土地资源的全民共享，做实了《中华人民共和国宪法》中关于两种公有制形式的规定。

（四）推动城乡一体化的顺利发展

实行城乡土地权属的统一界定，不但可以促进农业发展和农民增收，而且能够从根本上清除城乡二元结构的经济基础。在原有的城乡二元结构中，城市居民因其土地被国家无偿征用或低价征收，从国家获得了以"单位保障"形式出现的城市社会保障。而农村居民则因自有土地（先是私有，后是集体所有）而基本没能获得来自国家财政的社会保障。在国家创立并掌握了土地开发权之后，农民理应相应地获得来自国家财政的各种社会保障。从制度层面来看，前些年的"反哺"农业、农村，只能是解决当时十分突出的"三农"问题的一种权宜之计。只有以农村土地制度的改革为基础，实现城乡统一的土地制度，才能为实现城乡之间的社会保障均等化、公共服务均等化奠定基础，也才能促进农村经济和社会的顺利转型、发展。

第五章 组织竞争与合作：农户、合作社与农业公司

现在关于农业现代化的讨论主要在两个方面展开，一是提高农业生产的投入产出效率，实现其与市场的有效对接。这需要实现生产要素的优化配置，农业生产需要要素优化组合，意味着今天的农业生产面临的是一个开放的要素市场，外部因素又对农业生产的要素市场存在着种种限制。二是提高农作物的单产产出效率，有效提高农民的农业生产收益率。这是实现农业现代化的内容。农民选择哪一种农业生产经营的组织形式，也就决定了农民和土地的结合方式和经营土地的规模，决定了现在中国农村四种组织经营形式哪一种更适合，更可能成为务农农民的选择。在我们对苏州农村进行的调研中，有的认识得到了梳理，也有一些新发现，即我们现在通常认为，在农村农业生产中专业合作社的生产效率高，经深入分析，这不是一个简单的问题，存在着一些影响因素。

第一节 调查点的选择

调查区域的选定缘于 CCTV2《中国财经报道》2010 年 9 月 18 日以《"苏南模式"升级版试验》为题报道的在苏南地区进行的"三集中"模式的城乡一体化改革。其中介绍了常熟市古里镇田娘

农业科技有限公司①不仅在有机肥料研制、生产和应用上取得了成功，而且在当地农业经营中起到了龙头企业的作用，并提到田娘公司通过建立土地股份合作社与周边村的种粮大户开展合作，由田娘公司提供育秧、肥料、收购等服务，种粮大户通过与田娘公司合作，以比市场平均价高 0.6 元/公斤的价格将稻谷出售给合作社，每亩可增收 100～200 元。农业公司开拓了大米市场，生产的绿色大米价高且有市场需求，农民也实现了大户的规模经营，典型表述就是一个劳动力种 30 亩地忙不过来，但合作组织中的 8 个劳动力种 240 亩地井井有条，且收益高。广东、江苏、北京等地都各有农村土地股份合作的实践形式，但苏州的样本有了前期调研和成果整理，我们可以进一步作深入调研和验证。

为此，齐慧颖对苏州现代农业示范区作了农业经营组织类型及其关系的专题调查。实地调查分为两次，分别为 2010 年 12 月 13 日～20 日，2012 年 3 月 16 日～27 日。2010 年 12 月初通过 CCTV2《中国财经报道》电视台记者，得到"田娘公司"董事长的联系方式。调查对象主要为古里镇坞坵现代农业示范基地内田娘公司、与田娘公司有流转协议的三个村（康博村、坞坵村、紫霞村）、坞坵村米业专业合作社、农户以及古里镇政府人员这五类调查对象。访问对象：第一类，田娘公司董事长、总经理；第二类，坞坵村（书记、主任、分管农业副主任、会计）、康博村（主任、分管农业副主任）、紫霞村（书记）；第三类，坞坵米业专业合作社的相关负责人（书记、分管农业副主任、种植负责人）；第四类，农户，包括种粮大户与小户，种粮大户从类型上分为与田娘公司、坞坵米业专业合作社合作的与不合作的现种粮大户，在 2008 年统一流转前的与流转后的种粮大户，示范区内的大户与示范区外的大户，其中

---

① 田娘农业科技有限公司也有合作社，即田娘米业专业合作社，但当地还是习惯以"田娘公司"或者是称呼其董事长"高老板"来称呼公司，下文简称其为"田娘公司"。

大户为 10 个，小户为 4 个；第五类：政府经服中心主任、农技推广服务中心副主任、古里镇现代农业示范区管理办公室主任。

调查除通过访谈的方式获得信息外，还从古里镇经服中心、农技推广服务中心和坞垞村、田娘公司获得文献资料，主要包括古里镇统计年鉴、古里镇农业发展规划、古里镇农业具体相关政策、古里镇农业经营统计数字等；坞垞村近 3 年的村财务收支、坞垞米业专业合作社的经营数据、坞垞米业专业合作社章程等；田娘公司材料主要包括产品体系以及相关经营数据、与大户签订的种植协议，与村签订的土地流转协议、田娘米业合作社章程等。其余查阅了国家、江苏省、苏州市、常熟市农业发展的相关政策文件，部分资料来自苏州市、常熟市的政府网页，主要是有关农业补贴体系、城乡一体化发展规划类文件。农业补贴的资料已与农技推广服务中心和农户进行核对。

以"土地股份合作"为题的调查发现了 CCTV2 报道中的一些不完全之处。调查由田娘公司开始，并请田娘公司联系村干部、农户、镇干部。在开始的两天调查中，尤其是对古里镇农技推广服务中心的调查中得知，古里镇宣传中的土地股份合作社有名无实，当时宣传的有三个土地股份合作社，有两个只成立了组织机构，但并未真正以土地股份的形式运作，另外一个还只处于审批阶段。节目中提到的合作社即"田娘米业专业合作社"，其成员只包括田娘公司内部人员，种粮大户稻谷的销售对象确切地说是田娘公司而不是田娘米业专业合作社。与田娘公司同时存在的是"坞垞米业专业合作社"，同属于古里坞垞现代农业示范基地，但该合作社属于坞垞村，是另一个从事种植、收购、加工与销售的经济组织。节目的报道并没有区分米业专业合作社与土地股份合作社的概念，而是直接使用土地股份合作社的概念，强化了其在连接农业经营主体之间关系上的作用。

在调查发现古里镇土地股份合作社有名无实后，通过了解基地的农业经营方式，探究了在已实现土地规模经营的农业基地中种粮大户、田娘公司、合作社、村集体、政府这几类主要参与主体的角色及其作用。

一 苏州农村的发展水平

苏州地处江南,有发展农业的优越自然条件;经济实力雄厚、工业发达的优势一方面使苏州农村劳动力非农化程度较高,另一方面也使之具有对农业进行设施等方面投入的经济基础。城乡一体化政策将农业发展与工业化、城市化相结合,不断推进土地集中化、农地规模经营。详细地讲可归纳为如下三点。

(一) 苏州的农业基础与农业发展战略

苏州市地处长江三角洲,具有发展农业的优越自然条件,自古就有"苏湖熟,天下足"的美誉。苏州市在土地、人才、资金非农化的农业发展趋势下,选择了"特优、生态、外向"的现代农业发展道路。2006 年苏州市制定全市农业整体功能布局,通过以"园区化带动现代农业"的方式规划建立"四个百万亩"与"一个百万头"的农业产业格局,即"百万亩优势水稻、百万亩园艺(蔬菜)、百万亩生态林地、百万亩特色水产和百万头优质家畜"。

(二) 苏州市以工业为主的产业结构与就业结构

苏州市是长江三角洲的重要经济中心,是略次于上海的中国第二大工业城市,2010 年苏州市 GDP 为 9168.91 亿元,排在全国第五名[1]。苏州市乡村劳动力非农就业程度高,2006 年全国农业从业人员占农村从业人员的 72.8%[2],而同年苏州市农业从业人员仅占农村从业人员的 16.8%[3]。2010 年苏州市农民人均纯收入 14657

---

[1] 根据各城市统计局网公布的 2010 年各城市 GDP 数据,前四位是上海:16872.42 亿元;北京:13777.9 亿元;广州:10604.48 亿元;深圳:9510.91 亿元;第六位是天津:9108.83 亿元。

[2] 全国第二次农业普查全国数据,2006。

[3] 《江苏统计年鉴 2007》(电子版),2007,http://www.jssb.gov.cn/jstj/jsnj/2007/tjnj.htm。

元，比上年增加 1688 元，同比增长 13.0%，其 GDP 数值与增量均位居江苏省第一，农民人均纯收入比江苏省平均水平高 5539 元。[①]

（三）苏州市城乡一体化进程对土地集中利用的需求增加

苏州市是江苏省城乡一体化综合配套改革的试点区，也是全国城乡一体化改革四个试点城市（重庆市、成都市、苏州市和嘉兴市）之一。随着外来人口的不断增长，苏州市的城市化面临着人口膨胀和土地面积有限的矛盾。2010 年苏州市常住人口 1250 多万，苏州户籍人口与外来人口的比例接近 1∶1。外来人口数量不断增长且留苏意愿强烈，1985～1989 年、1990～1999 年和 2000～2007 年三个阶段的年均增长率分别为 15.1%、17.6% 和 35.1%[②]。一方面苏州城市居住人口增长，另一方面苏州市陆地常住人口密度超过 2000 人/平方公里，"农户分散居住较为突出，农房闲置不断增多；农业规模经营不够，土地资源没有得到充分利用，制约了城乡一体化发展"[③]，为此苏州市人民政府 2009 年制定《苏州城乡一体化发展综合配套改革三年实施计划》，以"三集中"的思路力图将城市化、工业化、农业规模经营同时整合进城乡一体化的改革中。

二　苏州常熟市古里镇的自然与经济情况

（一）古里镇的自然、经济概况

古里镇位于常熟市东郊，面积 116.67 平方公里，由原白茆镇、淼泉镇、古里镇三个镇合并而成，下辖社区 3 个、行政村 15 个。据古里镇 2010 年数据：乡镇总户数 3.29 万户，其中农业户数 2.78 万

---

① 苏州市统计局，2011。
② 谭伟良：《苏州外来人口调查报告》，http：//www. szrkx. com/cn/Report_ Particular. aspx？id = 177，2011 年 4 月 3 日。
③ 苏州市人民政府办公室《苏州城乡一体化发展综合配套改革三年实施计划》，苏办发〔2009〕46 号，2009。

户（占84.4%），户籍常住人口7.61万人，其中农业户口6.01万人。

古里镇2010年全镇实现国内生产总值（GDP）105.03亿元，其中，第一产业为1.93亿元（1.8%），第二产业为85.98亿元（81.9%），第三产业为17.12亿元（16.3%）。

古里镇是常熟市的农业大镇，耕地面积3.87万亩。古里镇建设有万亩优质粮食生产基地、生物有机肥料基地、家禽养殖基地、新龙生猪养殖基地、顺隆水产种苗培育基地和千亩绿色无公害芦笋生产基地。"白禾牌"绿色大米、"田娘牌"无公害大米、"琴剑牌"鳙鱼等农产品均具有较高的市场占有率和美誉度，全镇拥有有机农产品2种、绿色农产品3种、无公害农产品13种。①

（二）古里镇农村劳动力的就业分布

1. 古里镇劳动力就业的产业分布

农村从业劳动力只有约8.6%的人从事农业生产，72.2%的农村劳动力从事工业，19.1%的劳动力从事服务业。从事农业生产的人口为4003人，劳动力年龄多在50岁以上，老龄化现象明显②。

表5-1　古里镇从业人员（本地劳动力）分布情况

单位：人

就业行业	就业人数
农业	4003
工业	31668
工业－私营企业	20414
工业个体工业	9932
建筑业	1573
交运邮电业	1212
信息传输软件	81

---

① 整理自古里镇人民政府网和《古里镇年鉴2010》。
② 引自古里镇人民政府《常熟市古里镇现代农业发展规划（2011~2020）》，2011年11月。

就业行业	就业人数
批发零售	2539
住宿餐饮	716
金融保险业	155
房产地和社会服务	1299
卫生体育福利业	314
教育卫生文化广播	372
科学研究技术	44
镇村经济管理	380
其他劳力	1663
其中外出临工	959

数据来源：《古里镇年鉴2010》。

2. 古里镇劳动力就业的区域分布

由于古里镇的工业企业比较多，农村外出劳动力占比很少（不到从业人员的2%），当地农村劳动力以镇内就业内主，不出常熟市，多在古里镇的东南工业园区、芙蓉村等工业园区内打工。

3. 年龄与就业

由于古里镇众多企业吸收劳动力的能力强，当地人一般超过60岁还可以在企业打工。随着土地流转的推进，原来种地的农民也由打工和种地兼业的状态转变为打工或赋闲在家的状态。不同年龄段劳动力就业情况在当地统计部门中没有确切的统计数据，总体来看，除有技术的劳动力外，其他人基本是随着年龄的增长就业优势下降，以下材料是根据访谈内容整理的当地农民分年龄段打工的情况：[①]

40岁以下的劳动力：打工为主，务农的比较少；

40~50岁的劳动力：到企业或个体打工、种地；

---

① 根据对两位古里镇政府部门人员、三位村干部以及一位种粮大户的访谈内容整理。

　　　　50～60 岁的劳动力：种地；企业打工（工厂车间、清洁工、食堂做饭）、给个体打工；建筑工地打工（做小工，比如打扫房屋、做泥工）；

　　　　60～70 岁：一般不太干活，工厂一般不接收，一般当门卫、清洁工，60 岁以上尤其是一些阿姨也是农忙时的临时工。

　　随着市场化、工业化的深入，农业生产也被越来越卷入到市场中，"一切农业生产都受到消费者欲望和市场的变化所支配，像其他生产领域一样，农业也必须服从工业社会中技术和经济变化的节奏"。① 在"三集中"的城乡一体化的背景下，出于土地规模经营后农业进一步市场化的自身逻辑的要求，为解决农业生产低效率和城市化工业化所带来的人地矛盾，在政府的推动下形成"农业公司＋种粮大户"、"合作社＋种粮大户"的组织形式，"种粮大户"区别于一般研究中所指家庭经营意义上的农户。由此凸显了本文探究的核心问题：这种组织形式在平衡社会效益与经济效益要求下的发展方向。

　　苏州农业产业化的组织形式是以土地的规模经营为基础形成的。苏州推动土地规模经营是与解决农业生产效率低与城市化工业化下的人地矛盾问题相关的。苏州是江苏省城乡一体化的改革试点区，"随着工业化、城市化的加快推进，各类社会生产要素加快向优势行业、优势产业、优势区域集聚，农业赖以发展的土地、人才、资金等生产资料和生产要素加快向第二、三产业转移"，"非农化趋势明显"。因此，农业出现（1）农业经营地位下降，耕地面积下降，农业被认为是可有可无的；（2）农业基础设施投入不足和环境污染问题；（3）劳动力素质下降和家庭分散经营制约了农业的

---

① 〔法〕H. 孟德拉斯：《农民的终结》，李培林译，社会科学文献出版社，2004，第 10 页。

规模效益和生产效率①。另外，苏州城市发展面临着人地矛盾，"外来人口增多，陆地常住人口密度超过 2000 人/平方公里；土地资源紧缺，人均耕地已不到半亩地；农户分散居住较为突出，农房闲置不断增多；农业规模经营不够，土地资源没有得到充分利用，制约了城乡一体化发展。"②

因此，苏州实行了以"集中"为关键词的城乡一体化改革，推进"三集中"、③"三置换"。④ 其中"三集中"是工业企业向规划区集中；农业用地向规模经营集中，鼓励农户间规范自由流转，推动土地股份合作社建设，发展规模现代农业；农民居住向新型社区集中，换房进城进镇，或就地集中居住。具体到农业方面是以"园区化带动现代化"的方式推进，苏州市计划建设"四个百万亩"和"一个百万头"的主导产业布局——"百万亩优质水稻、百万亩园艺作物、百万亩生态林地、百万亩特色水产"和"百万头优质家畜"，并将指标分配给市、区，由市、区再将指标分解、下达到乡镇。⑤

---

① 苏州市人民政府办公室：《关于印发农业布局规划的通知》，苏府办〔2006〕168 号，2006。

② 苏州市人民政府办公室《关于城乡一体化发展综合配套改革的若干意见》，苏发〔2008〕52 号，2008。

③ "三集中"模式开始于上海郊区松江县的城市化实践，1995 年被正式提出，旨在协同推动产业集聚、人口集中和土地规模经营的一体化进程，实现农业产业化、农村工业化与农村城镇化的协调联动发展（石忆邵、杨碧霞：《上海郊区实施"三个集中"的反思及对策建议战略》，《同济大学学报（社会科学版）》2004 年第 12 期。）苏南地区对"三集中"的探索从 20 世纪 90 年代开始；2004 年 6 月，江苏省政府在向各市县发布的文件中则明确提出了"工业向开发区集中、人口向城镇集中、住宅向社区集中"方针（江苏省人民政府《江苏省人民政府关于切实加强土地集约利用工作的通知》，苏政发〔2004〕54 号，2004。）

④ "三置换"工作：集体资产所有权、分配权置换社区股份合作社股权；土地承包权、经营权通过征地换基本社会保障，或入股换股权；宅基地使用权可参照拆迁或预拆迁办法置换城镇住房，或进行货币化置换，或置换第二、三产业用房，或置换置业股份合作社股权（苏州市人民政府办公室《关于印发〈苏州城乡一体化发展综合配套改革三年实施计划〉的通知》，苏办发〔2009〕46 号），2009 年。

⑤ 苏州市人民政府办公室：《关于印发苏州市农业布局规划的通知》，苏府办〔2006〕128 号，2006。

在政府的推动下，以农业园区为载体的土地规模经营形成了种粮大户、农业公司、农村专业合作社为参与主体的组织形式，即"农业公司＋种粮大户"或"合作社＋种粮大户"的形式。根据对苏州常熟古里坞坵现代农业示范基地内农业经营主体的调查，首先分析"农业公司＋种粮大户"这种组织形式，与一般"公司＋农户"模式不同，本文分析的农业产业化组织形式是：（1）以土地规模经营为基础的，（2）这里的农户已经是"种粮大户"而非"家庭经营"的概念。通过前后两次调查发现，与田娘公司合作的种粮大户的数量以及规模并没有实现显著的增长，种粮大户的粗放经营与农业公司在市场扩张中对大米质量的高要求之间存在矛盾；同时，种粮大户通过政府补贴以及规模效应获利的方式也引起社会不公感。经过统一流转后种粮大户的土地流转期限是 5 年（2008～2013年），那么在流转期限到来时，目前的"农业公司＋种粮大户"的组织形式会如何发展，田娘公司市场扩张对大米的需求以及当地农民对更加公平参与的要求会如何得到满足，是本文要讨论的核心问题。

第二节　我国农业生产的组织类型

一　有关家庭经营主体地位的讨论[①]

家庭联产承包责任制后，农户成为农业生产经营的单位。由于农业收入的有限和农民负担的加重，在城市化的推进以及工业化对劳动力的大量需求下，农村劳动力自 20 世纪 80 年代开始逐渐形成

---

① 在学者的讨论中，家庭经营主要有两种概念，一是特指我国现行的家庭承包责任制，即将所有权归农村集体、承包经营权归家庭的双层经营体制；二是泛指以家庭劳动力为主的农业生产单位，为防止以下的文献梳理混淆，以"家庭经营"指前一个概念，行文中涉及的其他概念则以其他词指代。

民工潮，农村青壮年劳动力纷纷外出，留在农业里的劳动力数量减少且素质下降；农业经营的兼业化现象增加，不仅在农村地域内实现，而且跨越城乡、通过远距离流动实现。

家庭经营兼业化的深化及其对农业的影响，引发了 20 世纪 80 年代到 90 年代之间对农业发展是"兼业化还是专业化"的讨论，讨论的角度主要从农业发展与家庭经营兼业化对农户经营的意义两个方面展开。[①] 基于对小规模兼业经营低效率的判断，部分学者认为农业应该向农业的规模化方向发展。[②] 关于规模经营的问题学者之间也有着不同的认识，根据我国人多地少的客观现实情况，梅建明认为规模化经营的道路只能走适度规模经营的农业兼业化道路，其中应该以小规模的家庭经营兼业农户占主导地位，含小部分的适度规模经营的农业专业户。[③] 同样着眼于解决小规模的兼业经营低效率的问题，另一观点认为应该形成以适度规模的主业农户为主体的农业经营格局，塑造和发展适度规模的主业农户来提高我国农业的规模效益，促进传统农业向现代农业的转变。[④] 在发展规模经营

---

① 高强：《国内农户兼业问题研究综述与建议》，《北京市农业管理干部学院学报》2001 年第 1 期。

② 仝志辉、温铁军：《资本和部门下乡与小农户经济的组织化道路——兼对专业合作社道路提出质疑》，《开放时代》2009 年第 4 期。张新光：《研究小农经济理论的政策含义和现实关怀——回应丁长发博士的质疑》，《农业经济问题》2011 年第 1 期。梅建明：《从国内外比较看我国农户兼业化道路的选择》，《经济学动态》2003 年第 6 期；陆一香：《论兼业化农业的历史命运》，《中国农村经济》1988 年第 2 期；梁睿、咸立双：《我国农户兼业化问题探析》，《理论探讨》2004 年第 5 期。黄祖辉：《规模经营：提高农业比较效益的重要途径》，《农业技术经济》1997 年第 5 期。

③ 仝志辉、温铁军：《资本和部门下乡与小农户经济的组织化道路——兼对专业合作社道路提出质疑》，《开放时代》2009 年第 4 期。张新光：《研究小农经济理论的政策含义和现实关怀——回应丁长发博士的质疑》，《农业经济问题》2011 年第 1 期。梅建明；陆一香；梁睿、咸立双。

④ 仝志辉、温铁军：《资本和部门下乡与小农户经济的组织化道路——兼对专业合作社道路提出质疑》，《开放时代》2009 年第 4 期。张新光：《研究小农经济理论的政策含义和现实关怀——回应丁长发博士的质疑》，《农业经济问题》2011 年第 1 期。陆一香；梁睿、咸立双。

的观点中，更进一步的观点认为，实现现代农业必须要打破小农经营的格局，加快土地流转，并着力培训有知识、懂技术、会经营的职业农民。[①]

坚持家庭经营主体地位的观点主要从农业经营和我国人地关系的角度出发，从农业经营角度来看，罗必良认为家庭经营是最适合农业生产特点的生产经营形式，因为农业在本质上并不是一个具有显著规模效率的产业：（1）农业生产必须利用自然力；（2）农业的劳动计量和监督成本太大，一般不具有分工的规模效应；（3）农产品竞争接近于完全竞争，无法像工业那样扩大规模、获取垄断利润；（4）资产的专用性强；（5）市场需求弹性小，生产受自然影响有诸多不确定性，农业生产要素的流动存在困难。[②]

温铁军等则从我国的人地关系出发，认为由于就业机会有限，中国家庭经营兼业化、小规模的兼业化情况将会长期存在，因此农业的发展模式也应该从兼业化经营出发，为兼业化的小农生产方式建立综合性、多层次性的服务体系。[③] 黄宗智通过对中国食品消费结构和中国人口压力的分析认为，中国农业的未来不在于大规模节省劳动力的机械化农场，而在于资本—劳动双密集化的小规模，小规模家庭农场其实比大农场更适合中国的新时代农业，包括绿色农业，因为它需要的是频繁的、多种小量的手工劳动，不允许简单的规模经济效益，[④]

---

① 薛少仙：《实现农业现代化必须打破小农经济格局》，《中国党政干部论坛》2009 年第 7 期。

② 罗必良：《农地经营规模的效率决定》，《中国农村观察》2000 年第 5 期。

③ 仝志辉、温铁军：《资本和部门下乡与小农户经济的组织化道路——兼对专业合作社道路提出质疑》，《开放时代》2009 年第 4 期。

④ 规模经济效益，黄宗智在书中的解释："其实不仅来自'右'派的亚当·斯密传统，也来自'左'派的古典马克思政治经济学传统。它其实是中国农业集体化中的一个核心概念，在把合作社扩大到人民公社的运动中尤其显著。当时，越大越好变成了教条，工厂式的农业，配合节省劳动力的机械化，成为一种基本信念。规模效益被视作现代生产的基本特征。"见黄宗智《中国新时代小农场及其纵向一体化：龙头企业还是合作组织》，载于《中国的隐性农业革命》，法律出版社，2010，第 141 页。

更多依赖的是范围经济效益。[①] 同时，它也更适合于中国高人口压力的实际。[②]

二　农业纵向一体化组织形式

家庭联产承包责任制重新使农户成为农业生产经营的单位，调动了农村劳动力的生产积极性，从而促进了农业的发展，但因此也产生了小农户与大市场之间的矛盾。在 20 世纪 90 年代，我国农业和农村经济出现了新的矛盾和问题，主要表现为：多数农产品产量大于需求，一些低质的农产品更是出现大量积压、价格下跌、增产不增收的现象；第二，农业生产结构性矛盾突出，农产品品种不够丰富，低质产品过剩而优质产品相对不足；第三，农产品的科技含量低，加工程度不高，增值能力和出口创汇能力不强等。分散的小农生产缺少面对变动的市场的能力。[③] 20 世纪 90 年代我国提出的"农业产业化"，被认为是应对农业零散经营与市场联结的有效方式，"通过将农业生产过程的产前、产中、产后诸环节联结为一个完整的产业系统，实行种养加、供产销、农工商一体化经营"。发展至今，农业产业化的组织形式主要是以公司和合作组织为中介实现的纵向一体化，即"公司＋农户"、"农业专业合作组织＋农户"这两种主要的农业产业化组织模式。[④]

---

① 与规模经济效益逻辑不同，范围经济效益更是由单一生产单位结合两种以上相辅产品，比如，种养结合的"秸秆养殖"。黄宗智：《中国新时代小农场及其纵向一体化：龙头企业还是合作组织》，载于《中国的隐性农业革命》，法律出版社，2010，第 145 页。

② 黄宗智：《中国新时代小农场及其纵向一体化：龙头企业还是合作组织》，载于《中国的隐性农业革命》，法律出版社，2010，第 138~159 页。

③ 刘振伟、张红宇：《中国农业和农村经济结构战略性调整》，中国农业出版社，2003，第 4 页。

④ 还有市场加农户、大户带动型，由于市场运营也是公司的形式，而大户带动型是农业产业化发展的初级阶段，很有可能向公司带动型和合作组织带动型过渡（郭红东、郭占恒等：《农业产业化与农村现代化》，中国社会科学（转下页注）

(一)"公司 + 农户"

"农业产业化"是以"公司 + 农户"的形式最先被提出的。这种模式是以公司或集团企业为主导,以农产品加工、运销企业为龙头,重点围绕一种或几种产品的生产、加工、销售与生产基地和农户实行有机的联合,进行一体化经营。公司主要从事销售及加工、服务,具有较强的市场开拓能力或加工增值、技术开发能力,在发展中起着牵头的作用,因此也被称为"龙头企业"。① 山东潍坊建立的贸工农、产供销一条龙的鸡肉生产体系,揭开了我国农业产业化经营的序幕。

"公司 + 农户"这种模式从农产品领域来看是有局限性的。刘凤芹认为,农业公司的带领作用体现在特殊农产品上。一般而言,大宗粮食产品由于应用广泛、产量众多、产品差异性小等原因,销售渠道广泛,除了受市场价格影响外,不存在销售困难。但是对一些特色农产品而言就远非如此,特色农产品价格波动不仅更大而且更加依赖于销售渠道。以龙头企业作为农村经济发展动力的政策主张并不具有普遍性,至少在粮食生产基地,这种模式是难以展开的,因为它不具备合作的基础。②

"公司 + 农户"模式通常也被称为"订单农业"。对农民来讲,可以降低选择成本、销售成本、生产成本;对公司来讲,一是稳定货源,二是稳定原材料价格,三是保证品质。③ 从农业生产来讲,它有利于实现小生产与大市场的对接,有利于生产要素的流动和组合,有利于农业的规模经营和技术进步,有利于提高农业生产的组

(接上页注④)出版社,2002,第 27 页)。这里主要比较公司带动类型与合作组织两种类型的逻辑,所以只分成这两大类。

① 农业部课题组:《现代农业发展战略研究》,中国农业出版社,2008,第 322 页。

② 刘凤芹:《"公司 + 农户"模式的性质及治理关系探究》,《社会科学战线》2009年第 5 期。

③ 刘凤芹:《"公司 + 农户"模式的性质及治理关系探究》,《社会科学战线》2009年第 5 期。

织化和商品化程度①。

对"公司＋农户"模式的批评主要着眼于三个问题：（1）违约率高，（2）利益分配不公，（3）市场风险分担问题。由于双方追求利益最大化目标的不一致，在这种模式中双方都有可能违约，农户违约也会给公司造成损失，但因为农户往往处于弱势地位，所以这种模式下农户的利益容易受到侵犯成为其招致批评的主要原因。在农户与公司之间的利益分配上，农户往往只得到利润分配的一小部分②；当公司违约时，处于弱势地位的农户往往要承担风险；而企业的运营更有可能向非农业的其他更高利润的领域转移，因此造成的企业是否继续从事农业经营，或企业在其他领域经受的更大的市场风险等问题也是农户所无法控制的③。面对波动的市场供求价格，公司很可能只起到信号放大器的作用，而不是起到稳定市场的蓄水池作用④。

"公司＋农户"这种模式还有可能产生加速农民分化、资本获利等后果。李昌平认为，资本主导的农业和农村经济产业化，只会使少数人更富，多数农民快速破产⑤；而曹利群根据对资本进入养殖领域的分析指出，在农业生产经营中由于资本有机构成提高，资本投入需要增加，而单个农户却缺乏必要的资本，从事经营的领域逐步收窄，大量资本趁机"下乡"，资本获得收入的比重逐步上升。大多数规模养殖的是资本主导企业形式的养殖。真正农户主导的、家庭形式的所谓散养户占的比重逐步降低，农户逐步被迫退出畜牧

---

① 牟大鹏、姚毓春、刘凌波：《"公司＋基地＋农户"的农业生产经营模式探析》，《经济纵横》2005 年第 9 期。

② 任玉岭：《农民入股办合作组织应成为国家战略》，《中国经济周刊》2010 年第41 期。

③ 杜吟棠：《"公司＋农户"模式初探——兼论其合理性与局限性》，《中国农村观察》2002 年第 1 期。

④ 杜吟棠：《"公司＋农户"模式初探——兼论其合理性与局限性》，《中国农村观察》2002 年第 1 期。

⑤ 李昌平：《指望资本家救小农是靠不住的》，《南方周末》2008 年 3 月 6 日 C19版。

业经营。①

由于"公司＋农户"模式存在的问题，实践中产生了"公司＋中介组织（中介人）＋农户"的模式，实践中出现的中介组织包括合作社或大户。周立群、曹利群根据莱阳的实践指出，在这种组织形式中，农户家庭分工生产农副产品，龙头企业分工加工和销售农副产品，合作社或大户充当中介，为农户提供产前和产中的某些服务（农用物资采购、技术服务等），也为龙头企业提供服务（收购和粗加工）；② 或起到农产品种植的管理作用，从而减少企业的种植过程监管成本。在张曙光总结的农业经营组织形式中，"神农河谷公司将甜高粱的田间管理委托给村委会全权代管，村委会安排专人，从播种、定苗、锄草、灌溉、中耕、施肥、收获等环节组织本村农机、人力进行田间作业，村民在自己的原承包的土地上从事播种、定苗、锄草、灌溉、中耕、施肥、收获等项目的劳动，公司负责发放各个项目的劳务费"。③ 合作社或大户集中收购和简单粗加工以后，降低了公司与农户之间的交易成本，产品质量和产品价格更加稳定，节约了公司的签约、执行、监督的成本。

合作社或大户的介入可以起到维护双方关系的作用，并体现出农业生产的进一步分工。但周立群、曹利群基于莱阳的分析认为，中介的加入只是缓解了"公司＋农户"模式中存在的利益不一致问题，并没有根本解决问题：第一，合作社和大户不能制约龙头企业的压级收购行为；第二，由于合作社和大户的资产数量有限，当合作社或大户违约时因没有资产或资产有限而难以承担法律义务，龙

① 曹利群：《合作增收：打开农民增收新思路》，《中国社会科学报》2010年7月15日。
② 周立群、曹利群：《农村经济组织形态的演变与创新——山东省莱阳市农业产业化调查报告》，《经济研究》2001第1期。
③ 张曙光：《博弈：地权的细分、实施和保护》，社会科学文献出版社，2011，第155页。

头企业不能在事后制约它们的机会主义行为。①

（二）"农业专业合作组织 + 农户"

与"公司 + 农户"模式中双方利益最大化目标的不一致不同，农业专业合作组织更代表了农民自身的组织性。这种模式因其代表农民自身组织性，往往得到政府的支持。农业专业合作组织与农业科研、教学单位和专业部门有着广泛的联系和合作关系，② 所以可以解决生产资料购买、信息技术等方面的问题。③ 但合作组织的总体发展赶不上形势的需要，其开展经营服务的能力不足，其服务供给不能适应成员增长的服务需求，④ 在组织农户销售、开展农产品加工、提高农业收益方面显得力量不足。⑤

对合作社能否实现弱势农户受益，张晓山从合作社本身的运营逻辑出发，认为"如果能促进农民专业合作社的发展和加强它们在市场竞争中的地位，社员显然就应具有较高的专业化程度和较大的种植、养殖或营销规模……但就专业农户组成的单个合作社而言，又必须具有高度的同质性才有生命力，在这样的合作社中大户领办和在合作社中占据主导地位也就成为一种必然的趋势，但这就必然排斥农村中相对弱势的小规模兼业农户"。⑥ 全志辉、温铁军与他持类似的观

---

① 周立群、曹利群：《农村经济组织形态的演变与创新——山东省莱阳市农业产业化调查报告》，《经济研究》2001 年第 1 期。

② 农业部课题组：《现代农业发展战略研究》，中国农业出版社，2008，第 324 页。

③ 温铁军：《合作社实践中形成的三个基本经验》，《人民论坛》2006 年第 17 期；王栋、曹利群：《引入和利用资本：对农民专业合作社发展方向的探讨》，《中国行政管理》2008 年第 9 期。

④ 农业部课题组：《现代农业发展战略研究》，中国农业出版社，2008，第 324 页。

⑤ 王栋、曹利群：《引入和利用资本：对农民专业合作社发展方向的探讨》，《中国行政管理》2008 年第 9 期。

⑥ 张晓山：《农民专业合作社的发展趋势探析》，http：//www. caein. com/index. asp？xAction = xReadNews&NewsID = 52735，2010 年 3 月 22 日。

点论，从专业合作社运营的外部因素来分析，合作社运作的方式往往是资本和部门下乡，但这种方式使专业合作社容易发展成"大农吃小农"的合作社，在受益群体上不能覆盖广大的小农。[1]

第三节 古里坞圫现代农业示范基地的形成

一 政府规划中现代农业示范基地的多重意义

苏州市推行的城乡一体化是以土地资源的集中与重新分配使用为核心特点的，农业规模经营尤其是以园区形式实现的农地规模经营被认为是保护耕地、提高农业经营效率、向现代农业发展的有效措施，同时也有助于城乡一体化的推进。

（一）以园区的形式保护耕地

"随着城市化的发展，耕地进一步缩减是一个不可逆转的事实"[2]，2010 年苏州市人均土地面积不足半亩，苏州市耕地面积在1999～2008 年的 10 年间由 456.3 万亩减少到 346.7 万亩。

表 5-2 苏州市耕地面积减少情况

单位：万亩

年份	1999	2000	2001	2002	2003	2004	2005	2006	2007	2008
耕地面积	456.3	453	447.7	432.2	421.6	386.3	371.7	359.5	352.1	346.7

资料来源：苏州市物价局工农产品成本调查队，2010。

为此，苏州采取将 5 类农业主导产业面积纳入规划的方式来保

---

[1] 仝志辉、温铁军：《资本和部门下乡与小农户经济的组织化道路——兼对专业合作社道路提出质疑》，《开放时代》2009 年第 4 期。

[2] 苏州市人民政府办公室：《关于印发苏州市农业布局规划的通知》，苏府办〔2006〕128 号。

障耕地面积。"为保护农业发展阵地，苏州从保障农业的长远可持续发展的高度出发，以空间规模适度、区域相对连片为原则，及时编制了以'百万亩优质水稻、百万亩园艺作物、百万亩生态林地、百万亩特色水产'为主要内容的'四个百万亩'农业布局规划。"①在农业园的规模上，苏州市政府的文件中强调了对大规模农业园的追求，"分析这几年中各级各类农业园区被征占用的原因，主要是现在的园区规模偏小，布局分散，主体不明，机制不活。因此，要狠抓规划，根据不同区域的优势和特色，合理布局，做大农业园区"②。冀图扩大农业园区的规模、完善经营机制解决农业园区土地被征用的问题。

2006 年苏州市政府颁布《苏州市农业布局规划》，将 5 大农业主导产业的布局规划分解到 5 市 3 区，种植结构上涵盖水稻、蔬菜、水产等。截至 2010 年 12 月，苏州市已建成和正在建设 30 个市级现代农业园区，95 个县（市、区）和镇级示范区，其中万亩示范区 18 个、千亩示范区 70 个，基本完成了 2007 年制定的"百万亩规模化示范区"的建设规划。

（二）发展现代农业，实现农业高效益

在 2006 年的《苏州市农业布局规划》中，苏州总结了农业发展面临的问题：农业发展所需的资金、土地、人力随着工业化、城市化向非农领域转移；农业基础性投入不足；环境污染突出；农业生产劳动力素质下降；农业经营受到分散经营体制的制约；农业发展处于国内、国际两个竞争激烈的市场中。

面对农业经营中存在的这些问题，苏州市确立了以"特优、生态、外向"为标志的现代农业道路，"技术"与"资金"是苏州市

---

① 苏州市人民政府办公室：《关于印发苏州市农业布局规划的通知》，苏府办〔2006〕128 号。

② 苏州市人民政府办公室：《关于印发苏州市农业布局规划的通知》，苏府办〔2006〕128 号。

确定的推理现代农业发展的两个关键因素，并最终指向解决农业效益提升的问题。技术可以提升农产品质量、解决环境污染、形成品牌效益，基础设施是现代农业的基础，农业效益的实现需要市场运作能力强的经济组织起到联结市场的作用。而农业园区可以集聚"技术"与"资金"这两方面的资源。第一，农业园区是"农业科学实验的主阵地、科技服务的主平台"，它可以联合政府的农业技术部门、农业技术研究机构，培训农业人才，保护开发优质农产品品牌，加快农业先进技术的传播。第二，在基础设施投入上，实现土地集中的农业园区为农田的基础设施投入准备了便利的条件，包括复垦、田地规格化、沟渠、水电、道路等。除基础设施外，设施农业方面的投入，如蔬菜大棚、防虫网大棚以及三品认证及基地改造投入等"建设的资金、技术等各类资源，特别是农业资源开发项目，要根据苏州特点，有针对性地争取立项，在实施建设中要全部纳入农业园区之中"。第三，农业园区可以作为"招商引资的主战场、对外宣传的主窗口"，发挥"引进国际资本、国内工商资本、民间资本"的作用。

农业园区被认为是集聚农业技术与资本的有效载体，在土地集中的基础上便于基础设施、机械、技术、资本因素的投入，从而产生农业生产的规模效应；除农业生产的作用外，生态农业的发展方向还使农业园区具有"丰富和增强城市功能，提升城市形象"的作用。

（三）协助推进城乡一体化进程

农业规模化经营、工业园区化经营、农民向新型社区的集中是一套综合的措施，农业的规模化经营是与另外两项相互促进的。苏州市的城乡改革要求"深化户籍制度改革，积极引导农民进入城镇就业、创业和定居，减少农民、致富农民"。与之相应，农业园区化的建设"鼓励将土地向种田能手手中流转"，减少农业园中从事农业的农民数量，农民不必在田与居住地之间往返，这也为农民向新型社区集中，或就地集中创造了条件。

农业规模化经营尤其是农业园区的建设在发展农业、农村，农民增收以及促进城乡一体化的背景下开展。《苏州市常熟现代农业示范区（古里镇坞坵区）建设规划》前言中把建设示范基地的目的概括如下，"抓好现代农业建设，特别是规模化示范区建设，推进农业的经营规模化、生产标准化和产品优质化，有利于提高农业水利化、机械化和信息化水平，有利于提高土地产出率、资源利用率和农业劳动生产率。因此，发展现代农业，转变农业增长方式，可促进我市农业又好又快发展，达到农业增效、农民增收的目标。"[①]

二　政府主导下的土地集中

根据苏州市总体规划，常熟市的现代农业规模化示范区规划面积为 32.7 万亩，其中水稻种植面积为 21.67 万亩，常熟市将水稻种植面积陆续分解给支塘、古里、尚湖、辛庄、虞山、梅李、海虞等镇，计划 2008 ~ 2011 年建成相对连片的、规划面积 20 万亩的水稻种植产业化基地。[②]

根据苏州市现代农业建设规划的要求和区域产业的发展现状，常熟市古里镇 2008 年制定《苏州市常熟（古里镇坞坵）现代农业示范区建设规划》，现代农业示范区规划区域面积 3 万亩，形成"一点一村四区"的规划结构，是集种植（水稻）、养殖（水产）、果蔬、休闲于一体的现代农业示范区（参见图 5 - 1）。[③]

"一点"：主要指在康博村建设一个新农村示范点，新村规模为

①　《苏州市常熟现代农业示范区（古里镇坞坵区）建设规划》，2008 年。
②　常熟市人民政府：《关于深化农村综合改革推进水稻产业化发展的实施意见》，2008 年 10 月。
③　常熟市古里镇人民政府：《苏州市常熟（古里坞坵）现代农业示范区总结材料》，2010 年。

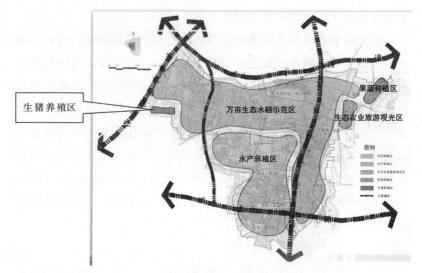

生猪养殖区

果蔬种植区

万亩生态水稻示范区

生态农业旅游观光区

水产养殖区

图 5-1 古里镇现代农业示范基地规划

资料来源：古里镇人民政府农业技术推广服务中心。

400 多户村民。

"一村"：主要指李市村建设的古村落保护村庄。

"四区"：万亩优质水稻示范区，万亩水产养殖示范区，万头生猪养殖区，农民集中居住区。

由"一点一村四区"的规划结构可以看出古里镇规划建设的现代农业示范区是有关农民从业与生活方面的综合规划，其中在"四区"的规划中除了水稻种植外，还有水产养殖与生猪养殖、生态农业旅游观光区和果蔬种植区。下文只讨论农业园区中水稻种植基地部分。

（一）政府统一制定的流转政策

常熟市主要采取提高流转租金、限定流转期限、限定流转对象、限定流转后大户面积四项措施推动土地集中流转。

2008 年古里镇从坞坵村试点开始土地统一流转，在土地统一流转之前，当地也存在种粮大户，规模一般是 30～50 亩，流转的方式有村民之间的自由流转，也有大户通过村委会流转。种粮大户有本村、外村的，也有外镇的，但外省人较少。2008 年，常熟市规定，"实行有组织、有计划、有条件、有标准的统一、成片流转，不搞自由流转和分散流转"①。因此，自 2008 年之后，土地基本通过村委会流转，农户间流转较少。

土地流转租金的水平与流转期限。依据国家水稻托底收购价和农本支出确定土地流转费，2009 年土地流转费指导价每亩 600 元，以后随国家水稻托底收购价变化，参照农本支出及各级政府的惠农政策等因素的变化，及时调整土地流转费。2008 年土地统一流转之前，古里镇土地流转租金一般是 200～300 元/亩·年，2009 年由常熟市统一调整为 600 元/亩·年，2010 增长到 700 元/亩·年，2011 年保持同样水平。调整后由政府补贴将土地流转费提高为原水平的 2 倍左右，常熟市统一制定了流转费的底线与变动原则，流转期限暂定为 5 年。

鉴于目前水稻生产效益比较低，同时又要考虑生态保护调节等因素，市财政对水稻产业化基地内流出的粮田，且实行规模化生产的，给予村每亩 200 元的生态保护调节补助，镇财政同时配套每亩 100 元，时间暂定为 5 年。②

高租金的限制条件。2009 年流转出土地的农户获得每年 600 元/亩的土地租金，相比原来每年 200～300 元/亩的水平提高了 1 倍多。现在土地流转的费用来自两个部分，一是来自经营土地的种粮大户或农业公司，二是来自政府市镇两级补贴。古里镇大户的土地流转租金 3 年来一般为每年 400 元/亩，其中坞圻村种粮大户为 450 元/亩，按 600 元/亩的流转费算，由政府补贴的部分分别为 200 元/亩和 150 元/亩。政府流转补贴不支持自由流转、分散流转，

① 常熟市人民政府：《关于深化农村综合改革推进水稻产业化发展的实施意见》，2008 年 10 月。
② 常熟市人民政府：《关于深化农村综合改革推进水稻产业化发展的实施意见》，2008 年 10 月。

同时限定了土地经营面积、经营内容、大户来源等。

补助的规模起点为村土地全部流转或流转规模 1000 亩以上，且基地内户承包经营 100 亩以上，对基地外自由流转、分散流转的不予补贴。

对 2008 年 9 月以前流转种植水稻的粮田，凡是常熟籍承包经营户、手续齐全、合同有效的，①承包经营面积 100 亩以上，原流转费低于每亩 300 元，承包经营户在补足 300 元/亩不足部分后，仍低于市定标准的，由村与流出土地农户商定流转费，用市镇两级的补助资金补足不足部分并重新签订合同；②承包经营面积低于 100 亩的，经所在村统一指导，增加承包经营面积达百亩以上，验收通过后同样享受补助，低于 100 亩的不予补助；③农户与承包经营户签订弃地协议的，按原合同执行，不予补助；④非常熟籍人员承包经营水稻的不予补助，承包经营期内转包或变相转包、改种其他作物的，取消相关补助。

流转土地用于发展水产、瓜果等高效农业的，不予补助。①

2009 年大户承担租金水平大户的规模规定平均是 100 亩，常熟市里的政策是平均政策超过 100 亩，才能享受补贴，不能规划太小，不然达到规模经营的效果。暂时没有规模上限，最大的大户 600 亩，我们镇里最大的，400 多有一个，400 亩以上的不超过 5 个。大多数的人是 100 亩到 200 亩。②

（二）农户的流转类型

政府以补贴的形式提高土地租金，目的之一是为了顺利推动土地从分散的农户手中流转出来，"保障流出土地承包经营权农民经济收益的稳定性"，政府将土地租金由原来的 200～300 元/亩提高

---

① 常熟市人民政府：《关于深化农村综合改革推进水稻产业化发展的实施意见》，2008 年 10 月。

② 古里镇农技服务中心王主任，2011 年 12 月 17 日。

到 600 元/亩之后，农户的流转意愿也增强了。

工业提供的就业机会以及比农业高的比较收入是推动土地流转的产业基础（农民就业产业结构可参见表 5 - 1）。

"我们这一块的村民，现在转型了，不是以种地为主的了。一般的老百姓有了稳定的收入，在企业里上班，企业的收入会是收入的主要来源。都在企业里上班，地是不种的，租出去是不在意（租金的水平）。比如在公司里做副总，公司这一块收入几十万，地里的收入你给我多少，不在意。但是一般的农民比较在意，因为他赚得比较少，比如说一家 5 口，按 1.5 亩/人，7、8 亩地，按 600 元/亩（统一流转后 2009 年的土地租金水平）的话，就有几千块。但要是上班的话，可能是 5 万～6 万，这样的话，种地的收入就显得不多。"①

具体到农户则因自身条件不同（主要是家庭劳动力数量及素质）而产生对土地的不同目标追求，主要有三种流转类型：①完全将承包地流转；②只留下约口粮田数量的土地，户均 1～2 亩；③完全没有流转，户均 5～15 亩。

第一种：完全将承包地流转的情况，如平时工作太忙无暇照顾土地、农业外收入与农业收入比有绝对优势的、家庭劳动力身体不好不能种地等。

第二种：在 3 种类型中，只留下约口粮田数量土地的农户所占比例最多，平时工作，晚上或休息时间打理一下，主要为自己家里种粮食。一些打工的 40～60 岁劳动力或者是家庭劳动力数量不够以及身体不太好的，也会把一部分土地流转出去，只保留一些口粮田自己种种。

第三种：完全没有流转的情况，多为身体条件尚可的农户，他们在企业工作缺少优势，且一些临时工作缺少稳定性，或不愿在工厂工作，所以他们较为看重土地的收入，除了种田供给自己粮食

---

① 康博村村主任，2010 年 12 月 14 日。

外，还希望能够卖一部分粮食。

除了需要土地流转之外，为建设现代农业示范基地，保证基地内的标准化种植，部分小户还需要调地。但实际上只有部分农民愿意调地，原因如下：第一，农民认为这块地就是自己的，对具体某块土地存在认同感，因而不愿意去种别的地；第二，调到的地往往与家里距离较远，不方便。除此之外，农户土地流转与调地的情况还和村干部做工作情况相关。坞坵村原九大队有1组和2组，村主任是2组的，"天天来家里做工作，说流转吧，流转吧，所以就给个面子吧，大部分都流转了，而且调的情况也比较多"。① 因此在示范基地内，小户与大户耕种的土地并不是完全分开的，而是"这是大户，挨着的是小户，旁边又是大户，因此也会有吵架的事"。②

（三）种粮大户的产生

政府提高租金的流转政策刺激了农户的流转意愿，村干部挨家挨户上门发动农户，再由村民小组长上门签订统一格式的土地流转协议。村在完成土地流转后对流转土地按区域进行统一整合和划片后，再出租给种粮大户或公司、合作社，而流出承包经营权的农户不直接与流入大户或农业公司签协议。政府发放流转补贴也是基于保证水稻粮食产量的考虑，由于水稻不像蔬菜、瓜果可以获得更高的收益，对种粮大户的补贴可以鼓励大户种植水稻并"确保水稻产业化基地建设的永久性"。

1. 种粮大户的竞标条件

常熟市对种粮大户的竞标条件进行了统一规定，"鼓励、支持年龄轻、有一定文化、有一定专业技术、有一定资本的常熟籍种田大户、农机大户承包耕种，户均承包经营面积必须在100亩以上，

---

① 摘自坞坵村小户陆明远，2012年3月24日。
② 摘自坞坵村小户陆明远，2012年3月24日。

承包经营期一轮 5 年"。① 在此基础上，古里镇细化了农户参与竞标的条件——"三有一无"：有资金自筹能力，有水稻种植经验，有社会良好信誉，在村里无欠款记录。

参与竞标的大户要有一定的种植经验，但种植经验并不是一个具有实际约束力的条件，40～60 岁的农民几乎都是有水稻种植经验的（参见表 5-3）。

表 5-3　2010 年坞圻村种田大户（水稻）的年龄情况

年龄段（岁）	大户数量（个）	来　源
40～44	2	本村
45～49	5	本村
50～54	4	本村
55～59	11	本村
60～64	1	本村

注：不包括流转坞圻村 1480 亩土地的田娘公司。

这些大户一半以上是有经验的，以前就是大户，以前是 30～50 亩，以前的流转也是通过村里。这种规模在现在不算是大户了，外乡的也有，但是不多，不超过常熟市的。隔壁的乡镇也有可能来参加招投标，村里会控制，优先本村村民。②

在古里镇规定的 4 项条件中，对参与竞标的农户具有实质性约束是"资金自筹能力"。以 100 亩的种植规模而言，2009 年开始流转土地，参与竞标的大户首先需要交足 600 元/亩的土地流转费，即 6 万元，由政府补贴的部分在 2010 年才会返还；除此之外经营土地还需要每亩约 1000 元的投入——总共约 16 万元左右，虽然并不要求参与竞标时就拿出来，但是 10 多万元对当地的农民来讲也

① 常熟市人民政府：《关于深化农村综合改革推进水稻产业化发展的实施意见》，2008 年 10 月。
② 古里镇农技推广服务中心王主任，2010 年 12 月 17 日。

不是小数目。

> 大户的投入，种 100 多亩，第一年起码要 10 万。第一年要一亩交足 600，不是交 400，第二年开始返还 200（政府补贴），这样比较有保证一点。招投标要拿现金的或存折的，押金押到村里，至少要存在银行里的，或打到镇里的账上，要兑现的。10 万多对当地的农民来说，也不算很容易的，借钱的情况也有，所以当时，尤其是坞圩村 2008 年的时候，这个情况（借钱）还是比较多的，特别是搞 200 多亩的，交 12 万，平时还有投入，而且平常种的时候也是要投入成本的，（和交给村里的加起来）最起码在 20 万块，这个不少的。现在很多的农资公司基本上是不欠账的，化肥、农药，关系好一点的还好，市里的农资公司是有政策的，不能欠账，原来规模小，现在规模大了，欠了钱了农资公司也不好周转。①

除了资金对农户的约束外，农户参与竞标还有一个条件，就是要将自己的承包地全部流转出来。按村民和村干部的讲法是：不放手自己的承包地，再去种别人的地（赚钱），这个是不行的。在村干部发动宣传工作的时候，村里并没有完全对村民讲 600 元/亩的流转费中有 150 的部分是由市镇两级来补贴的，所以有部分农户在计算时，认为在当时的粮价下，一亩 600 元的流转费是挣不到钱的，所以他们没有参加大户的竞标。现在的小户陆明远有过 9 年的种粮大户的经验，曾去苏州包地 300 亩 6 年，还有另外一名村民当时也一同去苏州；回来后陆明远在村里又做了 3 年种粮大户，包地 70 亩，而另一名村民则去承包了鱼塘；在 2008 年土地统一流转的时候，陆明远没有参加竞标，基于粮食价格（当时粮价 1 元/斤，2011 年增长到 1.5 元/斤）不变的考虑，土地流转费由 100 元增加到 600 元，且这 600 元都由自己承担，因此他认为是赚不到钱的，

---

① 古里镇农技推广服务中心王主任，2010 年 12 月 17 日。

所以留了1.4亩的地自己种；承包鱼塘的村民也是觉得种地没有鱼塘收入高，因而没有参加种粮大户的竞标。

2. 抓阄的抽取方式

以100亩为平均底线的标准和以上的条件规定虽然限定了大户的数量，但是实际中还是有多于规定数量的农民来参与竞标，因此采用了抓阄的方式来决定哪些农户成为种粮大户。抓阄一般是两轮，第1轮是抽出哪些农户成为种粮大户，第2轮是抽取每个大户种哪块地，中标后村民与村委会签订5年期限的流转合同。

坞圻村在2008年10月稻子秋收时开始土地流转，是古里镇开始统一流转的第一个村，当时有60多个人报名竞标17个种粮大户的名额，村里将流转出来的土地进行土地整理，划片、编号。

> 由村里把地分块，选地不是由种粮大户来选的，由村里分块、标号，来抽，质量都差不多，没有一等地、二等地（土地质量）的差别，差距有一点，但是不大。村里进行土地整理工作后，再交给种粮大户。抽签决定谁是种粮大户，再抽签决定种哪一块。[1]

表5-4　2008年坞圻村土地中标情况

单位：亩

中标地块	面积	中标地块	面积	中标地块	面积	中标地块	面积
1	126	6	110	11	100	16	100
2	107	7	105	12	99	17	96
3	116	8	111	13	95		
4	98	9	115	14	119		
5	116	10	110	15	93		

数据来源：坞圻村。

---

[1]　种粮大户唐建国，2010年12月14日。

按照常熟市有关补贴的政策规定以及对规模经营的追求，村一级竞标产生出的大户最低种地面积 100 亩。实际上基地内有超过 100 亩、200 亩规模的，也有 30 ~ 50 亩规模的大户。抓阄的规则简单明了，抓不到的人就没有资格成为种粮大户。但抓阄的这种方式其实也是对有限的资源的一种分配方式，在规则上是公平的，但实际上这种方式限制了一部分人成为大户。在康博村，2010 年由大户种的 300 亩耕地中，最大的大户耕种面积是 110 亩，剩下的都在 30 ~ 50 亩的规模。

> 在抓阄的时候，有的农户是让人也帮着抓的，合同是两个人签的，但地是一个人种，所以会有 200 亩的、300 亩的大户。我们一开始明白反对这种做法，但后来，这个事也不好上纲上线，就默认了。①
>
> 年龄大的，也想种地，实际上我（康博村）的大户，都是小（不到 100 亩）的，就田娘公司 1000 多亩，最大。今年村里的一个（种粮大户）最大的 110 亩，剩下的（种粮大户是）30、40 或 50 亩。村里的年龄大的，你不让他种啊，他跟你吵啊：我要工作。我们今年就是要这么搞，要叫他们合并，实际上这 6、7 个人合作，加起来就几百亩，就这么个意思，然后你们再分散自己种。假设我一共包了 200 亩地（超过 100 亩的规模，可以享受市政两级的财政补贴），分了 5 个人种，就这么个道理。但是流转费还是一样要付的，40 亩的就是 40 亩的，每人付（由种粮大户担负每亩 400 元的流转费，40 亩的就是 1.6 万元）。所以我村的（种粮大户）是 6、7 个人。②

康博村下一步计划将小规模大户合并，大户名义上的数量可以减少到 1 个或 2 个，从而达到常熟市种粮大户平均至少 100 亩的规

---

① 古里镇农技服务中心王主任，2011 年 4 月 4 日。
② 康博村副村主任，2010 年 12 月 20 日。

模要求，得到市镇的流转补贴，但实际上，康博村种粮大户数量并不会减少，在实际种植和向村里上交流转费的时候是每个人负责自己的 30~50 亩面积。

坞坵现代农业示范基地的土地流转与大户的产生，虽然也有一些来自基层的变通性做法，但主要还是在政府的推动下，尤其是土地租金与流转期限的规定下形成的土地集中。古里镇于 2008 年 10 月开始在坞坵村试点土地统一流转，到 2011 年底，古里镇水稻流转面积 31054 亩，流转率为 80.4%，由 148 个种粮大户（全镇农业户数 2.78 万）和 10 个村办农场来经营。

三　古里坞坵现代农业示范基地内农业的主要经营主体

表 5-5 显示了在政府的统一推动下坞坵现代农业示范基地内各村农用地流转后经营主体的数量与规模情况。农业的经营主体包括小户、规模经营大户、村办农场，政府统计中出于部门工作（统计需要市镇两级流转补贴的大户数量）的需要将其列入大户中。由于本文着重讨论农业产业化的组织形式（种粮大户已在上文讲到），这里主要介绍基地内起到产业化带动作用的坞坵米业专业合作社和田娘公司。

表 5-5　2012 年初古里镇坞坵现代农业示范区农用地经营主体情况

单位：户，亩，个

	个　数	经营面积	村/农场名字	数量/村户数	面积
小　户	694	2017.68	紫芙社区	306/1315	1258.18
			坞坵村	342/1286	546.01
			康博村	46/415	213.49
规模经营大户	121	7522.76	紫芙社区	22/1315	589.94
			坞坵村	79/1286	4484.57
			康博村	20/415	2448.25

	个　数	经营面积	村/农场名字	数量/村户数	面积
			紫芙农场	1	100.85
村办农场	3	680.87	坞坵米业专业合作社	1	500
			康博农场	1	80.02

注：在种粮大户、村办农场和小户这三类经营主体中，古里镇没有针对水稻的小户数量及规模的确切数字，这里的农用地包括水稻、水产、果蔬、禽畜养殖，由于这三个村是以水稻种植为主，所以这里有关农用地经营主体数量和规模的数字可作为经营主体数量参考。

数据来源：古里镇经济服务中心。

（一）坞坵米业专业合作社：基地窗口＋增加村级收入

古里镇坞坵现代农业示范基地水稻区域于 2008～2010 年间建成，规划区域面积 1.5 万亩，水稻种植区以坞坵村、紫芙社区上塘片和康博村为核心基地，水稻种植面积约 1 万亩。政府累计投入各项资金达 6000 多万元，[①] 在坞坵村原有的优质稻谷示范基地及土地统一流转的基础上，加入康博村、紫芙村上塘片而成。

> 我们（村）在常熟这边是农业大村，2002 年就开始建（现代）农业基地，（政府对我们村）形成定位，没有并镇、还是白茆镇的时候就定位在坞坵发展农业，我们的农业面积可能在苏州这个地方规模还是比较大，连片的。[②]

古里镇规划依托已有的"白禾""田娘"两个大米品牌，在水稻种植示范区内以"品种优良化、生产标准化、操作机械化、服务专业化、经营规模化"的产业化市场运作模式，进行绿色、有机优质水稻开发和技术创新。"白禾"品牌即坞坵村米业专业合作社的品牌，原为镇属品牌，在建立基地时由镇将

---

① 古里镇人民政府：《苏州市常熟（古里坞坵）现代农业示范区总结材料》，2010年 7 月 8 日。
② 坞坵村党委书记严雪军，2012 年 3 月 22 日。

合作社转由村经营，且将白禾品牌转由坞坵村管理。

政府以前注册一个白禾牌的大米，以前不是我村的，刚开始创建品牌是镇里的，我（坞坵村）呢是粮食基地，镇里考虑到坞坵村有这个面积，考虑把这个品牌还给我了，（是还给是送给？）送给我们，因为镇里是集体的，我们也是集体的。镇里的领导关心我们，换句话说，由我村管理这个品牌，按领导这个说法，第一负责坞坵现在窗口，对外是古里镇的农业窗口；第二经营好这个品牌，增加村里的收益。现在效益不是很大，规模不是很大，但也会给村里带来收益。①

坞坵村水稻种植连片面积大是发展农业以及在坞坵村建立基地的自然优势，古里镇将原"绿禾米业专业合作社"（"绿禾"意为发展绿色农业之意，后改为"白禾"）转由坞坵村经营有镇政府出于基地窗口作用的考虑，并为了加强宣传，由镇里提议将合作社改名为"坞坵米业专业合作社"，坞坵村后注册的品牌也用村名"坞坵"。坞坵米业专业合作社于2008年重新工商注册，更换法人为现坞坵村书记严雪军，合作社成员为村书记及坞坵村18名种粮大户。主要经营优质大米种植、收购、加工、销售；目前经营500亩村办农场并以"订单农业"的方式与种粮大户展开合作。经过3年的运营，坞坵米业专业合作社也实现了销售规模的增长，进入"良性循环"。目前经营大米品种以苏香粳为主，大米主要供集团客户的福利性消费，2011年销售量约为270吨。

（二）田娘公司：有机肥＋多种农产品经营

"田娘"品牌是田娘农业科技有限公司的农产品品牌，以"田娘"为名，公司董事长高健浩解释其意，"大地是人类的母亲，而有机肥料就是大地的母亲"，田娘公司是在农村精英高健浩的带领

---

① 坞坵村党委书记严雪军，2012年3月22日。

下从有机肥料生产拓展到多种优质农产品经营的农业公司。

江苏田娘公司成立于 2002 年底，成立时的公司名称为常熟市常禾生物有机肥料有限公司。法人代表高健浩，注册地址为常熟市古里镇白茆，注册资金 50 万元，员工约 10 人。

2004 年公司与山西永济共和生物技术有限公司、北京中联投投资有限公司合作，并完成股份变更及名称变更，公司名称由常熟市常禾生物有机肥料有限公司变更为常熟市共和生物技术开发有限公司，变更后法人仍为高健浩，注册地址为常熟市古里镇白茆，注册资金 50 万元，员工约为 35 人，设生产、销售、管理三个部门。

2006 年 7 月 1 日，公司与山西永济共和生物技术有限公司、北京中联投投资有限公司结束合作，完成股份变更，成为高健浩一人独资公司。从常熟市共和生物技术开发有限公司变更为江苏田娘公司，注册资金增加到 1000 万元，股东增加到高健浩、高美真、高梅琴、高喜刚、金欧阳 5 人，高健浩任法人代表，并推选王强任董事会监事。此时公司员工增加到 60 人左右，设生产、销售、行政、质技、后勤、农业开发部 6 个部门。①

田娘公司成立的背景是当时农村养殖业造成的环境污染。"当时常熟古里养殖业比较发达，但普遍的模式是种养分离，粪便基本是堆在露天或倾倒到河里，造成污染"。② 面对这种情况，在当地农委、科协的牵头下成立了常熟市常禾生物有机肥料有限公司。田娘公司由经营有机肥料发展到同时经营多种农产品的过程，可举公司发展中三次重大事件来简要说明：（1）成立之初：有机肥料开工生产困难。（2）有机肥料生产问题解决后，市场不认可，有机肥料销路打不开。（3）2008 年大雪对田娘公司的重创。

在成立之初公司负责人并非现任董事长高健浩，由于资金短缺，成立之初的公司并未进行真正的有机肥料生产，面临未开工即

---

① 根据公司网页介绍整理。
② 田娘公司总经理王强，2010 年 12 月 14 日。

要倒闭的境况。高健浩时任白茆镇建设管理所所长，正值退居二线之际，按一般惯例可以到工业开发区任一个轻闲的职务，选择接手管理有机肥料公司，很大程度上源于有过种植、积肥经验的高健浩对化肥使用的担忧和对有机肥料的认同。

高健浩，1946 年生人，古里镇白茆芙蓉村人。担任过白茆公社七大队农科队农技员、积肥员，负责从城里（苏州、上海）公共厕所淘粪回农村；与水稻专家陈永康学习水稻种植和育种，曾培育出水稻高产新品种，在苏州地区推广种植 60 万亩。20 世纪 90 年代初与 17 位村民到昆山包地 4800 亩。他还曾任白茆乡芙蓉村党支部副书记、合作社社长、白茆镇芙蓉村党支部书记、波司登集团公司副总经理、白茆镇建设管理所所长，现任江苏田娘公司党支部书记、董事长。[①]

高健浩接手管理后，除自己的储蓄外，还向自己的亲人借钱，并通过房子抵押从银行贷款，共筹集到 50 万元，解决了公司最初运营的资金问题，与科研机构合作后成功生产出有机肥料。

迈出了有机肥料生产的第一步，第二个问题接踵而来，即销售。农户对化肥使用形成了依赖，并且认为田娘公司生产的有机肥料与农家肥是一个概念，认为出钱购买有机肥料是一件匪夷所思而又要搭人情的事情。高健浩尝试过"免费试用法""半送半买法"等推销方式，但并未有效打开有机肥料销售市场。2003 年，高健浩决定亲自试用有机肥于水稻种植中，先在康博村租了 580 亩地。

> 公司一开始推出肥料的时候，没有人认可，所以自己种。起步是 6 年前的事情了，到老百姓家里是一家一户问，你们是不是不种（地）了，我们来给你们种，那个时候是因为肥料卖不掉，我们要养活工人，也是肥料卖不掉走的路。[②]

---

① 根据访谈内容与公司宣传资料整理。
② 田娘公司董事长高健浩，2010 年 12 月 17 日。

除租地种植水稻施用有机肥外，田娘公司后来又与茶叶生产经营商展开合作，以出厂价提供有机肥料。高健浩说："我们卖肥料，我们有好的肥料给你，（我们）供应的肥料是出厂价，他们供应我们的茶叶也是出厂价，由我们来包装。"① 当时公司大米以高于市场价0.5元/斤左右的水平销售，高健浩也因此发现了经营优质大米的商机，在发现商机后，公司扩大种植面积，同时农户也因看到实际效益而开始与田娘公司合作。

公司在有机肥料生产的基础上开始了水稻种植、加工与销售业务，大米销售由2005年170吨增加至2011年2500吨。然而，危机却悄然而至，2008年江苏遇到罕见暴雪，大雪将田娘公司的厂房压塌，价值100多万元的有机肥料毁掉、厂房也需要重新修建。2009年初，高健浩贷款（家人的四套房子作为抵押）300多万元，重新建起了厂房。

渡过这三次主要的危机后，2009年田娘公司出现转机，目前田娘公司发展为集有机肥料生产和农产品种植、加工、销售于一体的农业公司。农产品也在大米的基础上增加了茶叶、食用菌、土豆、蔬菜。2008年统一流转前田娘公司流转租赁土地约为2500亩，2008年10月古里镇推进土地统一流转，田娘公司与康博村、紫霞村、坞圻村在原流转基础上重新签订流转合同，流转面积达到6800亩。

表5-6　田娘公司生产情况

年　份	2004	2005	2006	2007	2008	2009	2010	2011
肥料（万吨）	0.4	0.8	1.2	1.8	2.13	2.83	3.5	3.8
大米（吨）	—	170	420	600	800	1200	1800	2500
蔬菜（亩）	500	500	—	—	—	120	720	720
茶叶（亩）	—	—	—	—	—	100	100	500
土豆（亩）	—	—	—	—	—	—	600	600

① 田娘公司董事长高健浩，2010年12月17日。

（三）以农户为基础的农业经营主体关系概况

依托坞垃米业专业合作社与田娘公司，基地内形成"农业公司 +
种粮大户"、"合作社 + 种粮大户"的产业化组织形式（见图 5 - 2）。

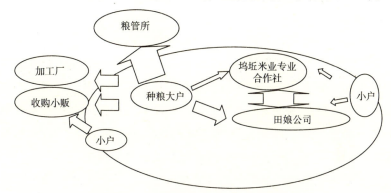

图 5 - 2　示范基地内农户大米销售对象

田娘公司以订单农业方式与种粮大户展开合作，公司以加价方
式收购大户种植的符合公司标准的稻谷，公司收购特定的几个水稻
品种且要求一部分合作的大户施用公司生产的有机肥料，同时遵守
相关的其他种植要求。与田娘公司合作的大户数量约为 40 ~ 50 个
（见表 5 - 7），且种粮大户除将粮食销售给田娘公司外，还可以销
售给坞垃米业专业合作社、粮管所、收购小贩以及加工厂。

表 5 - 7　田娘公司与坞垃米业专业合作社基本情况

	田娘公司
大米品牌、品种 大米品种	田娘：苏香粳、银玉 2084、南粳 46、常优 5 号、 宝农、鸭血糯，ALLU 等
种植面积	5500 亩
销售大米量	2500 吨
合作社	田娘米业专业合作社
联系农户数量	40 ~ 50 个，约 2700 ~ 3000 亩

第四节　公司和种粮大户的竞争与制约

一　田娘公司的大米产业链分工

田娘公司与大户发展合作式种植，平均以高于国家粮食最低价10%~30%的水平收购稻谷，但田娘公司近3年来合作大户数量与面积并无明显增长，且合作数量没有增长并不源于田娘公司市场占有量有限，那么为什么加价收购行为并没有完全吸引大户呢？在解释这一问题之前，需要先介绍目前田娘公司与种粮大户的合作模式，介绍双方签订的书面种植协议以及实际种植情况。

在田娘公司与种粮大户签订的种植协议中，规定了田娘公司提供产前、产中与产后服务，即产前的种子、肥料，产中的技术指导，产后的加工、包装，最后以品牌化的运作方式实现大米附加值的实现。

①产前服务，公司主要是以成本价格为大户提供优质种子、有机肥。例如："负责提供优质水稻品种给乙方，并负责提供田娘牌有机肥料等各类适宜的生产资料；负责根据农户的需要，统一采购所需的各类优质生产资料，体现批量团购的效应。"①

此份种粮协议中对产前服务的规定主要在于提供水稻品种、有机肥料以及团购优质生产资料。在团购方面，由于当地农资体系相对完备，农户购买种子、化肥以及农药等农资一般到相应的农资公司购买即可。田娘公司主要负责提供种子和由公司生产的有机肥料，在大户交售稻谷时扣除领用的种子、有机肥料的费用，均按成本价扣除。

田娘公司与种粮大户合作种植的标志性更多体现在施用有机肥

---

① 《江苏田娘农业科技有限公司合作种植优质粮协议》。

料，2011 年与田娘公司合作的有约 30 个大户，1976 亩的面积种植施用有机肥料的水稻。田娘公司平均合作大户数量为 40～50 个，面积 2700～3000 亩，施用有机肥的合作面积占到 2/3，而在古里镇全部 148 个种粮大户（2011 年 12 月数据）、25049 亩中占 1/10（减去田娘公司种植面积 6800 亩）。

②产中服务，技术培训与指导。公司每年对种粮大户在水稻生长的不同时期开展 4～5 次的培训。"负责优质水稻生产的技术指导，并根据当地的土壤、大气、水质特点及水稻品种特性，制定出优质稻米标准化生产的技术规程，不定期组织乙方进行业务知识、技能培训，并为乙方提供技术答疑、解难服务。"①

③产后服务。主要是收购、加工，烘干是田娘公司目前正在试推广的一项与大户之间的业务。"甲方负责按照高于本年度国家最低保护价 10%～30% 的价格回收乙方生产的符合质量标准的优质稻谷。具体回收的品种名称、价格上浮标准、粮食质量验收标准等根据实际情况，由甲方在农户交售粮食前统一发文说明。"②

在田娘公司的大米等级划分中，一般分为优质大米、无公害大米、绿色大米和有机大米、网栽有机大米这五类大米。其中与大户合作的大米主要为优质大米（约占合作亩数的 30%）、无公害大米（约占合作亩数的 60%～70%）这两类，技术等级更高的绿色大米较少，而后两类大米目前还没有与大户进行合作种植。

田娘公司针对不同品种、不同等级（使用有机肥等级高于不使用有机肥）制定 5 等级收购价，大户将稻谷交由田娘公司进行等级检测确定所属价格。一般来说，大户的等级水平居于中间，多属于第 3 级。

在产业服务项目上，田娘公司是将自身定位于龙头企业的角色，即不仅承担上述产前、产中与产后服务，还突出调整农业种植

①　《江苏田娘农业科技有限公司合作种植优质粮协议》。

②　《江苏田娘农业科技有限公司合作种植优质粮协议》。

结构的职责。"负责农业产业结构调整的探索和试验工作，推进稻麦轮作向稻豆轮作的方式转变，带领农户提高单产和单位面积效益。"①

除上述田娘公司与种粮大户在协议中所列服务外，田娘公司还承担由农技推广服务部门委托的服务，比如向基地主要道路两边的大户提供机插秧服务，由具有人力与技术资源的田娘公司提供育秧、插秧服务，并由农技推广服务中心结算费用。

以上所列为田娘公司目前对种粮大户提供的服务，高健浩在谈到产业分工的思路时说："我们的最终目的，是做给老百姓看，领着老百姓干，是他们的后备力量。我们要做的是产前服务——种子、肥料，产业服务——烘干、销售，技术培训也有我们的。都是你的，都不是你的，都不是我的，要都有我的份"②。可以看到，其设定的目标是基于农业分工而形成的农业种植体系，而不是追求种植规模的扩张，这其中有什么原因呢？

二 田娘公司种植规模扩张的限制

田娘公司种植规模从起初的 500 亩一度增加到 6800 亩，但其下一步的发展规划不是以追求种植规模扩大为宗旨的，其原因主要有两点：（1）规模扩大种植风险以及管理成本也会增加；（2）土地所有权归属农村集体，经营权属农民。田娘公司在主观意愿以及客观外部条件两方面都不存在追求种植规模继续扩张的条件。

规模扩大而种植风险增加的主要原因在于机械体系以及农忙时人工不够，容易造成抢收不及时，影响稻麦正常的种植或在天气变动时未能抢收成功而造成损失，其细节的解释可以参见下一节有关

---

① 《江苏田娘农业科技有限公司合作种植优质粮协议》。
② 田娘公司高健浩，2010 年 12 月 17 日。

大户种植逻辑部分；另外，与目前的规模经营不匹配的机械体系、劳动力市场也会造成经营的粗放性和管理成本的增加。

> 现在我们还有一个风险，茬口越来越晚，就是种植期，要是冷空气一来，就不生长了。这个规模大对茬口会有影响，这是一部分，还有一个是气候的原因。现在我们这里不可能花太多的精力在这上面，请人也请不了，请机械也不好请。
>
> 我们这个产量也不是很高，管理这个也有漏洞，大户的200~300亩，那个产量也不高。100亩的也是蛮多的。
>
> 粮食烘干、插秧，力所能及，全程的做不到，原来也考虑到成立农机合作社，但是公司这样做越来越大，还是有限制的。①

田娘公司种植面积减少很大程度上缘于政府征地，因而其种植面积减少幅度大且不可控。田娘公司种植面积最多时达到6800亩，主要来自康博村、坞坎村、紫霞村，2008年三个村与田娘公司签订流转协议，分别为1558亩、2300亩、2500亩。后来坞坎村陆续两次有2000亩转为建设性用地，因现1000亩尚未开发，所以仍种植坞坎村农地1500亩。另外，紫霞村发展村办农场，其中230亩土地也还回了紫霞村。

来自农村且具有农村工作经验的高健浩有着强烈的社会责任感，关注农民利益，认识到经营权或种植权利关系到普通农户能否更多地参加到农业产业化的组织形式中的问题，认为"龙头企业要带着老百姓致富，这个要搞清楚"，而不是集中更大规模的地只由公司来种。

> （种地）可以赚钱了，（地）给他们，如果农民想种，可以让农民来种。亏本我们来弄。都要自愿，真正的土地是老百

姓的，不是公司的，我们是用土地来做试验。让农户来相信你这个企业，这个才是龙头企业。不能太快，太快了要出事，老百姓不好弄。①

基于对农业经营自身规律以及土地经营权所涉及的社会后果的认识，田娘公司确立了建立产业化服务体系的努力目标，在分工的基础上与更多的农户或合作社合作。

6800是我们的示范基地，试验田。6800亩是我们的上限，顶多经营这么多。下一步是要以肥料、技术与更多的农户、基地合作。因为种地这个事情还是很麻烦的，公司不能事事都做。品牌由公司来做，种植由大户（完成），推行标准、控制质量——这个是公司的，各取所长，各有分工。②

田娘公司希望将种植环节交给更多的大户或合作社来完成，在介绍田娘公司提供的产业服务中可以看到，目前农户与田娘公司合作种植的水稻等级处于较低的层级，且与田娘公司合作的大户数量与规模在三年中并未有明显的增长，那么这其中的原因是什么呢？刘凤芹总结"公司＋农户"中存在的三个问题主要是"违约率高、利益分配不公以及市场风险对农户的转嫁"，这三点在田娘公司与种粮大户的合作中是否存在，如果有，是如何体现的呢？在下一节中，本文将从主要种粮大户的经营行为及逻辑出发，分析导致田娘公司加价收购何以不能完全吸引农户的原因。

三　公司加价收购难以吸引种粮大户

2007年，田娘公司在政府的推动下建立了田娘米业专业合作

---

① 田娘公司董事长高健浩，2010年12月18日。
② 田娘公司总经理王强，2010年12月13日。

社，但实际上这个专业合作社的 9 位成员均是田娘公司的内部骨干，包括董事长高健浩与总经理，但并不包括与之合作的种粮食大户，也不包括流出土地的农户。对公司和种粮大户之间的关系，高健浩以"利益吸引，关系松散"来概括。关系松散主要指农户销售稻谷时的情况，在实际中即使签订了协议也很难对种粮大户有实际的约束力，田娘公司看来是准备接受种粮大户可能出现的违约行为的。为什么田娘公司不以更紧密的关系维护与种粮大户之间的合作呢？

田娘公司的加价方式并没有完全吸引大户，原因在于大户的经营行为与逻辑与田娘公司不同，这缘于以下四点：（1）目前种粮大户的长期的粗放式经营习惯；（2）与目前规模经营不匹配的机械服务体系以及人工体系；（3）政策的短期性造成大户的投机性短期经营行为；（4）田娘公司面临的市场竞争。具体来讲，基地内的种粮大户的目标是收入提高，"以量取胜为主，辅之以质取胜"，因此要求水稻产量高、价格高、人工省、平衡风险。

（一）水稻选种

水稻品种差异导致的水稻成熟期、产量、种植方便性、销售价格四个方面的不同是种粮大户在选择品种时关注的主要因素，一般来讲，优质稻产量低，而品质低的稻谷往往产量高。大户是在风险可控的条件下同时种 2~3 个品种，追求利润的最大化。

1. 错开成熟期

水稻成熟及收割时间不仅与水稻自身相关，而且也关系到小麦的成熟及收割时间，水稻种得好并不一定能收得好，所以大户在选择水稻品种时，首先要考虑成熟期是否安排得过来。（1）水稻生长需要一定的温度，成熟期太晚，温度降低水稻会停止生长，未成熟的稻谷有可能只灌浆到一半。（2）集中收割有可能遇到不能马上请到联合收割机或人工的情况，尤其是在遇到大风雨的天气时。（3）错开成熟期，可以将先收下来的稻谷在马路上晾晒，这样可以减少卖给粮管所或田娘公司的损失（都会因含水分而多扣稻谷的斤数）。天气好的话，收起先晾晒的便于晒后收起来的。（4）对小麦种植的影响。小麦成熟期推后会在小麦收割时（5月底6月初）遇上更多下雨的天气，影响小麦收割。

目前种粮大户规模多在100～200亩之间，秋收时一台收割机依据机器及机械操作人员熟练程度不同每天收割水稻亩数在40～70亩，100亩水稻秋收最快可以2天完成。水稻收割加上晾晒的时间，100亩一般会在7天左右完成。另外种粮大户种植面积大，集中收割肯定会出现请工/收割机难、晾晒条件不足的情况，所以，有的水稻品种虽然产量高，但成熟期晚，具有一定的收割风险，种粮大户也需要同时种成熟期早的品种，大户一般会选择2～3个水稻成熟期不同品种，以免秋收时间集中造成来不及秋收。

> 如果成熟晚的话，一般11月15日之后，不管长得好不好，西北风都要来了，11月20号以后，最高温度摄氏20度了，不生长了。上面70%是饱满的，下面的没有饱满呢。正常情况下大米是70%的出米率，那个是60%～65%的出米率。而且因为轻，割下来的时候也容易浪费。[①]

2. 种植起来简单方便的稻种更会被选择

好种不好种的问题，主要呈现为种植过程是否简单和稻谷是否需要晾晒。举例来说，水稻品种苏香粳1号是一种优质稻谷，产量低（亩产平均850～1000斤；一般品种可达到1000～1200斤/亩），坞垃米业专业合作社和田娘公司都以高于市场约10%的价格水平收购这个品种的稻谷，但苏香粳1号在种植过程中容易得病，需要精心照看；而且苏香粳1号如果经烘干机烘干是会影响口感的，所以需要天然晾晒。在种粮大户看来，种植过程和晾晒比较麻烦，且如出于天气原因不能晾晒则只能低价卖给粮管

---

① 种粮大户徐建华，2012年3月24日。

所。所以，种粮大户出于操作方便以及风险控制的考虑，会选择种植过程简单的品种。

3. 产量高的品种会被选中

种粮大户在比较产量后，会倾向选择产量高的，但很少只选择一个产量最高的来种，成熟期、好种与否的因素也要被考虑进来。银玉2084是在当地比较大众化的米，口感比苏香粳差但基本被当地人接受，种粮大户一般会选择银玉2084，因为这个品种产量相对高且成熟期相比其他品种早，再搭配另外一个错开成熟期的产量高或产量低的但卖给田娘公司价格高的品种。

表 5-8　种粮大户主要种植水稻品种

单位：斤

水稻品种	成熟期（与银玉2084对比）	亩产量	
苏香粳1号	晚5~7天	850~1000	合作社、田娘公司收购
宝农34	晚3~5天	850~950	田娘公司收购
南粳46	晚5~7天	1000~1200	田娘公司收购
银玉2084		1100~1200	田娘公司收购
嘉33	晚5~7天	1000~1200	—
甬优8号	晚5~7天	1200~1400	—
常优5号	晚5~7天	1100~1300	田娘公司收购

种粮大户水稻品种的分配可以通过表5-9的两个例子来说明。

表 5-9　两个种粮大户的水稻品种分配

单位：斤/亩

	水稻品种1	水稻品种2	水稻品种3
大户1 101亩	银玉2084 1000~1200 54	嘉33 1000~1200 41	苏香粳1号 850~1000 6
大户2 230亩	银玉2084 1000~1200 55	苏香粳1号 850~1000 55	常优5号 1100~1300 120

以上所举的两个大户，大户 1 选择了银玉 2084 和嘉 33 两个品种，其中嘉 33 的成熟期要晚于银玉 20845～7 天；而大户 2，银玉 2084 与苏香粳 1 号、常优 5 号成熟期错开 5～7 天，且可以看到，以产量最高的常优 5 号为面积最多。

"作为我们大户来说，肯定是产量越高越好的。"种粮大户王建明说。[①]

> 村里的价格每年都要比国家的粮食价格高 2 毛的。因为（苏香粳 1 号）这个产量低。（平均亩产）差 150～200 斤，不然的话这个品种没有人种。[②]

> 经营规模扩大了，但没有足够的晒稻谷的地方，在收割期临时工也比较难请。因此，这十几个大户一般会种 2～3 个品种，大户也会根据市场的行情来选择种一些品种的，不同品种的水稻错开收割期，一般在马路上轮流翻晒，可以解决稻谷晾晒地方少的问题，另一方面也可以缓解收割时期对临时工需求的紧张问题。大户种 2～3 个品种还有另外一个原因，因为坞坵米业专业合作社的水稻品种与田娘公司的不同，而且田娘公司对大户种植的技术水平要求相对较高，虽然完全按照田娘公司的要求收入会高一些，但这些大户并不是只种单一品种卖给田娘公司，将不同品种的稻谷分别卖给田娘公司和坞坵米业专业合作社，这样做可以分散大户经营的风险。[③]

4. 价格因素

稻谷价值的实现通常与国库（粮管所）、田娘公司、坞坵米业专业合作社、小贩/加工厂这四类销售渠道相关（见表 5 - 10）。

---

① 种粮大户王建明，2012 年 3 月 23 日。
② 种粮大户徐建华，2012 年 3 月 24 日。
③ 农技推广服务中心王主任，2010 年 4 月 4 日。

表 5 - 10　稻谷的主要销售渠道

收购主体	收购稻谷等级与收购量	收购价格
粮管所	一般不区分稻谷品种等级，每年可大量收购（粳）稻谷	不同品种稻谷基本价格相同；直接销售要根据水分、杂质情况扣，一般 100 斤扣 20 斤，自己晒少损失一些；近几年粮库增加对大户的补贴额度
田娘公司	收购优质稻为主，据市场大米种类销量调整来年收购稻米的品种及数量；稻谷经公司等级检测合格后收购；对符合要求的稻谷有足够的收购量	根据稻谷等级确定价格，一般高于国库价格 5% ~ 10%
坞坵米业专业合作社	收购优质稻，需要等级检测，合格则收购；收购量少	价格一般与田娘公司持平
小贩/加工厂	收购优质稻多，不需要等级检测；但小贩与加工厂收购量每年不确定，受市场影响大	银玉 2084 与田娘公司价格持平，更好的优质稻（苏香粳 1 号、宝农）价格低于田娘

比较粮管所和田娘公司/坞坵米业专业合作社，虽然田娘公司或坞坵米业专业合作社通过比国库更高的价格来吸引与种粮大户的合作，但因自然因素导致的风险是需要大户自身来承担的，因此，决定与田娘公司或坞坵米业专业合作社合作的大户一般会分配 1/3 ~ 1/2 的面积来种优质稻，从而得到比种普通稻高一些的收入，而很少以全部的面积种植优质稻。

一位种了 50 亩苏香粳的种粮大户，与村里合作社协议将秋收的苏香粳卖给村里，但也另外和田娘公司签订合同，用田娘公司的富硒肥料，种了 54 亩的富硒 2084。

有天气原因，万一苏香粳不好，这个没有办法的是吧，所以就（另种了 2084）两个品种的。富硒 2084 去年卖粮库的，本来是卖给田娘的，来不及的，我没有地方晒。我就卖粮库了。粮库的价格是 1.54 元/斤。[①]

这位大户如果按卖给田娘的中间等级的富硒 2084 的价格 1.66 元/斤来计算，卖给国库比按原计划卖给田娘公司的损失为 (1.66 − 1.54) ＊1100 斤 ＊54 亩 ＝7128 元，再加上以 100 斤扣 20 斤的水平来计算，损失更多。

目前大户主要是以国库销售为主，国库销售的主要特点是直接、量大，最重要的是不区分品种等级的价格统一，所以，大户往往会将产量高的品种（往往品质较低的稻谷）销往国库。如果有天气和晾晒场地的条件，大户会选择自己晾晒后再将稻谷卖给国库，这样可以减少卖给国库的扣点损失，但实际上由于目前大户种植规模较大，受天气影响以及接下来种小麦的时间要求，有一部分是来不及晒的。像上面的大户虽然种了优质大米也因为没有时间晒而卖给国库。

而田娘公司/坞垃米业专业合作社并不承担由自然原因给大户带来的风险，与国库相比，以质定价的规则也更容易被认为是不标准的，甚至是不公平的。"田娘他的要求有的严，有的不严的，说老实话。你去问，一般的大户都不卖给田娘的。"[②] 因此，国库未据质定价的价格体系成为大户最后的保护伞，可以使大户在种植规模扩大，不能卖给田娘公司/坞垃米业专业合作社的情况下损失最小化，这无形中鼓励了大户种植更多产量高而品质低的大米。

5. 政策因素

受到政策影响，进行水稻选种的主要是基地主要道路两旁的种粮大户——主要道路 100～200 米范围内的种植有三统一，"统一品种、统一化肥、统一农药"，在种植开始时由农技服务中心委托田

---

① 种粮大户张炳文，2012 年 3 月 24 日。
② 种粮大户苏培良，2012 年 3 月 26 日。

娘公司对优质稻或产量高的稻子进行统一机插秧。推广的高产水稻品种首先需要种在农业示范区主要道路的两边，这是种要求同时也是一种优先的权利。

> 另外的品种叫甬优8号，60亩吧，是产量高的，最后卖给了国家粮库。甬优8号，产量高，去年最好的有达到1400~1500斤了。这个品种是由农服中心免费提供的，产量高，在市场上也买不到的，不能当年自己留种的，留种率低的，所以每年都要新的种子。[①]

> 甬优8号、常优5号这两个都是杂交水稻，属于正在本地推广的品种，因为是新品种且种子贵，目前还不能全面推广。示范区是丰产方嘛，主要种要主要道路两边，也方便参观。[②]

与大户选择品种的复杂性相比，目前小户对水稻品种的选择相对简单。只流转一部分土地的小户，种植是为了满足自家人的口粮需求，由于这部分农户主要属于兼业经营，也会考虑种植的方便性，所以综合来看，基本选择口感适中、种植相对简单、产量高的银玉2084。完全没有流转土地的农户，他们为自家种口粮和依靠种地增加家庭收入，由于亩数少，考虑错开成熟期规避风险的情况比种粮大户少，且种太多品种不方便联合收割机收割，像甬优8号、常优5号这两个产量更高的品种由于目前只对基地尤其是道路两边的大户提供，故小户目前基本上以口感和产量适中的银玉2084为主。

一些在基地主要道路两边的小户种植的水稻品种也受政策影响，甚至有的农户都不知道自己地里的水稻品种是什么。

> 我的那个品种苏香粳也不是，2084也不是，来个啥就是

① 种粮大户王建明，2012年3月23日。
② 农技推广服务中心王主任，2012年3月26日。

啊个。大户要产量高一点的，好吃不好吃不管的，只要挣更多的钱算了，我的这个品种是不好吃的。不是自己搞的我怎么晓得啊，田娘公司来搞个什么就是什么。[①]

综合种粮大户选种的逻辑，可以看到，大户对水稻产量的考虑是优先于水稻销售时价格的考虑的，田娘公司或合作社给出的高于市场价的部分只是大户在分配种植品种时的第二考虑，产量和国家粮管所的销售渠道对大户的稻谷收益来说是一种保障，这不仅是因为品种产量高销售量多，也出于经营 100 亩以上的大户对自己种植风险、销售风险的总体考虑。

小户在满足基本口粮需求之后开始追求在土地上的收入，由于面积和政策的原因这类小户在品种选择上相对单一。

（二）肥料与技术推广

1. 有机肥料推广困难

在水稻的生长期内，一般需施肥 4~5 次。种粮大户可以和田娘公司在播种水稻前签订合同，按田娘公司的要求施用田娘公司生产的有机肥，在稻谷收购时田娘公司以高于国家最低保护价10%~30% 的水平回收质量符合标准的优质稻谷。对大户来说，在田娘农司生产的有机肥与化肥之间，大户更倾向选择化肥，主要原因为：①施用有机肥需要人工多，一般有机肥施用量较多，一般底肥需要碳氨 100 斤/亩，用一般的有机肥要用 300~400 斤/亩，费人工；②有机肥基本作为底肥使用，施底肥正值水稻种植的农忙时，请工往往不太好请；③施用有机肥生出的草一般除草剂不能完全除去，需要人工去拔掉。另一方面施用有机肥也不如化肥干净。因此，当地大户一般不施用有机肥，更愿意使用化肥。

除考虑人工与施肥方便性外，有机肥的效果也是大户考虑的因

---

① 小户顾祖祖，2012 年 3 月 24 日。

素。在种粮大户看来，田娘公司生产的有机肥是没有什么效果的，即对产量的增加是没有什么效果的。

"施有机肥看不出来效果的。用了有机肥要量大，一般的话，200 斤、100 斤看不出来效果的。"① 而田娘公司的解释是"有机肥不是增产的肥料，如果完全依靠有机肥料有可能会减产，如果应用好的话会增产"，"有机肥料是改善土壤质量的，这是一个缓慢性的过程，长期用可以减少化肥的施用"。种粮大户自身对利润的追求以及只有 5 年的流转期限也是种粮大户衡量产量优于改善土壤的原因。因此，在田娘公司董事长高健浩看来，目前种粮大户是通过掠夺土地资源的方式获利，"农民种地的化肥利用量越来越高，而利用的效率却越来越低。用化肥、农药——产量提高——土壤质量下降，产量提高有限——提高化肥和农药用量"，形成恶性循环。

种粮大户不接受有机肥的又一个原因是对有机肥以及对田娘公司的不信任。在种粮大户看来，田娘公司对外宣传是不用农药、不用化肥，但他们通过所见所闻了解到田娘公司实际上仍然在用化肥、农药，因此，种粮大户认为田娘公司是名不副实的。

> 你没有到田间去看，上网的（田娘公司的网栽大米），不用药的，其实都用的，我们在这里我们知道，他吹牛的，肯定用农药的，就是弄个网，上面来看着就是好的，用农药、化肥也用的，那个有机肥，不如猪粪好。他（田娘公司生产的）那个拿过来，没有用，猪粪更好。我们这里一般到那个养殖大户那里搞的，因为这个没有发热的。用了猪粪，也用化肥的，少用一点。那个有机肥效果不明显，我们这里都不用有机肥。我

---

① 原种粮大户陆建康，2012 年 3 月 18 日。

没有用过有机肥。都不用。①

实际上，农户将田娘公司对外宣传的有机标准简单地理解成田娘公司所有种植的大米都是有机大米，都是按照有机大米的要求来种植的。

> 用了有机肥料也不能严格称得上有机大米，有机大米的要求是：不用人工合成的化学成分，基地土壤要认证，水、空气也要认证。公司有1300亩（基地）是无公害认证的——使用有机肥料结合化肥，可以用低毒的农药；5000亩是绿色认证，以有机肥料为主；500亩是有机认证，只能用有机肥，农药只能用一些矿物源的。②

2. 进口复合肥与国产复合肥

在对待进口复合肥与国产复合肥的问题上，种粮大户的计算有些不尽一致，且并未达成统一的施用方式。选择国产复合肥的大户会从节省肥料费用支出方面考虑；而考虑进口复合肥的大户则从节省人工和对稻谷的影响考虑。

> 国产的（复合肥）质量差一点，进口的用50斤，国产的要用100斤。我的水稻和麦子都是用进口的。（进口复合肥）省人工，效果肯定也好一点。进口的200元/100斤，国产的155元/100斤。国产的不标准，进口的肯定比较好。国产的复合肥磷、钾、氮，有的氮多、钾少，国产的肯定不标准，进口的肯定标准。好多年，这个效果是明显……我进口的只要45斤复合肥的，我的肥料钱花得稍多一点，但是人工少了啊，他要叫5个，我只要3个。质量是肯定是更好的，这样就比较放心了。稻子灌浆时期到成熟期，那个差别就出来了，饱满、光

---

① 原种粮大户陆建康，2012年3月18日。
② 田娘公司总经理王强，2010年12月13日。

度、亮度好。别的收到 1000 斤/亩，我能收到 1050，就是这个标准，多 50 斤这个是要有的。①

3. 大户之间参差不齐

比较大户后会发现，大户之间对待肥料的态度可以分为三类，第 1 类是对肥料施肥时期与使用量、施肥种类有清晰认知的；第 2 类属于中间层，从接触的大户来说，这种类型的大户是较多的；而第 3 类的大户，即可以说是较为粗心的大户。以下以种粮大户徐建户（见表 5 - 11）和袁福兴（见表 5 - 12）为例。

表 5 - 11　水稻生长周期施肥情况

施肥阶段	施肥种类	施肥时间	施肥量
基肥（富硒 2084）	有机肥		每亩约 50 公斤/亩，6%～8% 含氮量高的； 用有机肥就不用化肥了
断奶肥	尿素	7 月 1 号，机插后秧 10 天左右	5～7 公斤/亩
长粗肥	尿素	7 月 15 日	7～10 公斤/亩
孕穗肥	一般用复合肥	8 月 1～5 号	水稻用国产复合肥 25 公斤/亩；进口复合肥 20 公斤/亩 水稻地有水，化肥可以迅速溶化，可用国产；小麦地干，进口复合肥溶化性比国产好，浪费少

表 5 - 12　水稻生长周期施肥情况

施肥阶段	施肥种类	施肥量
基肥	碳氨	100 斤/亩
断奶肥	尿素	25 斤/亩
长粗肥	尿素、复合肥	尿素 20 斤/亩；复合肥 70 斤/亩
孕穗肥	尿素	20～25 斤/亩

---

① 种粮大户苏培良，2012 年 3 月 26 日。

（水稻）我用化肥，即复合肥、尿素，其他的不用的。一年的话追肥三次。复合肥是底肥，50～60斤/亩，一亩水稻（化肥用量）120斤/亩，尿素、复合肥，两样，各60斤。人工费达到多少我也没有算过。我不记的，我自家不记账的。[①]

从以上对比来看，第一位种粮大户是施用有机肥的大户，这位大户能清晰说出施肥的时间以及用量的区间，施肥时对天气的要求等。但这位大户有着特殊的身份，他是田娘公司的农技员，他施用肥料的方法是从田娘公司学来的。利用田娘的想法是"宣传技术的农技员，免费宣传给其他大户"。

第二位大户对肥料的用法代表了大多数大户的情况，他们对肥料使用的知识有从技术培训课上听来的，这些技术培训课有镇里组织的也有田娘公司组织的，但具体施用的时候还是以自己的经验为主。

不要听他们（讲座）说的，我自己有眼光，我种了好些年田，我自己说得出来。用多少，我心里有数。前年我听很多，去年没有去。培训的也有帮助的。别人要考虑成本，还是国产（复合肥）用得多。最后还是要算产量。[②]

调查的另一位大户的种植规模是650亩（外镇500亩，本村150亩），他在使用肥料时较为粗放，对每种肥料的作用以及施用的周期并不能清楚讲出来。据认识的人讲，这位大户是位极粗心的人，请来了人工，自己也不会看着，就走了，去玩了。

在与农户（种粮大户、小户）讨论施肥时，他们普遍认为在化肥的施用上，小户与大户没有什么区别，与上述分类中的第二类与第三类是相似的。化肥的量少与干净适合了小户兼业的经营方式，

---

① 种粮大户顾小龙，2012年3月22日。
② 种粮大户苏培良，2012年3月26日。

只一会就撒完了；小户（满足自家口粮与增加家庭收入的两类）也同样习惯依靠化肥来提高亩产，只满足自家吃的小户在施用肥料的用量上可能会较为随意一点，"因为自家吃的话也不计算产量的"。[①]

（三）机械服务体系与请工

规模经营也推动了农业机械的推广，减少了种地的人工，但在水稻的生长过程中仍然需要人工。由于人工费用的上涨及农忙时人工难以请到，规模扩大了的大户出现以机械代替人工、粗放经营的趋势。以下是当地请工/机械的主要情况（见表5-13）。

表5-13　请工情况

	大户请工费（100亩的规模，完全请工的情况）	小户情况
补匀	（1~3工）/亩*60元*100亩=6000~18000元 主要针对机插秧 直播一般不需要，根据情况可能有0.5~1工/亩的请工情况	一般不请工，下班后自己做，可以做得细一点
撒肥	3~4工/100亩*120元=360~480元 3~4工/100亩*150元*3次=1350~1800元	一般不请工
打药	8工/100亩*60元*10次=4800元	一般不请工
收割	收割机：（60~80元）/亩*100亩=6000~8000元 6人*200元*3天=3600	自己收割浪费小于收割机（80~100）元/亩
晒	7工/天*60元*4天=1680元	一般不请工
总计费用	（23790-38360）/100=240~380元	80~100元

（补匀和拔草）机插秧每亩地（根据插秧的水平），1.5~3工/亩的情况都可能有。估计1.5工是100元，也包括中饭、

---

① 小户顾小弟，2012年3月18日。

点心、烟。

（施肥）水稻一年 4 次肥。每次 3 工/100 亩·天。基肥：100~150 元/工，老的是 100 块，强壮点的 150 元，120 元/工是平均下来的价格。60~70 岁之间，不是那么强壮，可以做的，他们不能扛（东西）不能担，再叫两个强壮的。夏天的断奶肥、长粗肥、孕穗肥的时候一般都要 150 元/工的，因为天气比较热，老一点的不能下田的。60、70 岁的不能下田，我也不要叫他搞的，中暑了可不行。

（打农药）一年 8~10 次打药。每次 8 工/100 亩·天。一套机器，前面掌握用量以及方向的工作比较重要，一般是自家人，请工不太放心。一套机器 8 个人，家里两个人，再请 6 个，女的是 50 元/天，男的 60 元/天，男同志的工作量稍大些。

（收割）一般大户收割机 65~70 元/亩，小户 80~100 元/亩，收割机更愿意收大户。收割机 50~80 亩/天，一般请 1 台收割机，100 亩 2~3 天时间最快。因天气原因抢收，可以涨到 100~200 元/亩。雇佣抬米人 200 元/工，抬米人 8~10 工/天，根据收割机进程而定。[①]

近几年人工费用上涨，人工费用根据劳动强度与农忙时节有调整，但农忙时有请工难的情况。农忙时请的人工在当地一般称为"临时工"，一般是 60 岁以上甚至 70 岁的"老太婆"；劳动强度大的时候需要请年轻一些的，50 岁左右的临时工。近 3 年，年龄大的临时工从 30~40 元/天涨到现在 50~60 元/天；稍年轻一些的临时工从原来的 60、80、120 元/天不等涨到现在的 150、200 元/天。

1. 种粮大户请工的趋势

第一，由规模经营导致请工难、请工费用高而出现省略的方

---

① 种粮大户徐建华，2012 年 3 月 25 日。

法。在补匀的阶段，需要根据机插秧的情况请工或直播出苗的情况进行补匀，但因人工较难请，所以大户目前比较倾向请人工少的直播方式，或以直播的方式播种但省去补匀的这一阶段。前文提到的一位种粮大户，因施基肥时请人困难而没有施基肥；另外一位大户因请不到临时工帮忙晒稻谷直接将稻谷卖到粮管所①。

第二，除省略外，大户也倾向用机械或农药来替代人工。喷除草剂可以去除水稻生长的大部草，节省人工，所以目前大户都是会用除草剂的。

2. 适合的机械化服务体系并未建立，大户经营呈现粗放特征

因未建立适合的机械化服务体系而造成的粗放经营主要体现在插秧、收割和晾晒这三个与机械相关的环节。

目前古里镇水稻种植方式包括直播和机插秧两类，直播的方式是将种子和农药浸泡后，由人洒在田里，较方便、省时间。机插秧水稻扎根深、不容易倒伏，产量相对高，但同时：（1）目前受机械数量及水平限制机插主要在示范区主要道路两边。（2）机插秧需要补匀的工作量大，农忙时请工不便，大户面积增加后也倾向直播方式。（3）请的机插秧不如自己插秧细心，因为就给这么多工资，前面开着走了，也不看后面。

种粮大户一般有中型拖拉机、打药水的直播机、打药水的小型喷雾机，但很少有大户有收割稻谷或小麦的联合收割机。目前秋收时节大户主要依靠来自外地的联合收割机队，其中存在的问题主要有两个：（1）外地收割机不能完全保证及时收割。2011 年小麦成熟期推后，外地收割机按往年时间来古里镇时未能收割，但在本地小麦需要收割的时候收割机队从古里镇走了，回到连云港收割去了。本地没有足够的收割机，不能及时抢收，小麦收割又遇到接连

---

① 将刚收下的稻谷卖到粮管所，粮管所据水分、杂质情况要对稻谷扣一部分重量，这其中包括了粮管所的管理费用，平均每 100 斤扣 20 斤；大户自己晾的话，不需要承担粮管所的管理费用，每 100 斤只扣 10 斤左右。

下雨的天气，导致很多大户未能及时收割小麦，烂在田里。（2）收割水平有高有低。根据收割机操作人员水平的不同，稻谷或麦子在收割时，也会有不同程度的浪费。

收割之后的晾晒。大户为了减少卖给粮管所的损失，需要将收下来的稻谷晾晒。但由于大户规模增大，有的大户缺少足够的晾晒场地；因天气变化缺少足够的晾晒时间；请工困难也使大户不能全部晾晒。因晾晒的客观条件所限，大户虽然知道卖给粮管所要多损失一些，还是得卖给粮管所。

种粮大户在机械化使用方面的低效率主要表现在两个方面：首先大户规模增长，而需要的配套体系（大户需要足够的晾晒场地、存储仓库、烘干机、收割机）并没有随之建立，大户个人并不可能建立全套的配套体系，比如晾晒场地以及存储仓库。种粮大户不购买联合收割机主要不是因为缺少购买能力，而是在目前 5 年流转期限内，大户并不能保证自己 5 年后是否还能继续使用，如果不能那就只能浪费了。而田娘公司董事长高健浩认为机械并不应该由每个种粮大户自己来提供，这样即使政府贴足够的钱来让每个大户购买，从资金角度来讲也增加了政府的支出，另外，也不能保证目前种粮大户对机械的操作水平，所以在他看来，机械更应该由某一组织统一提供、统一协调使用，这样可以集中财力购买；机械的使用则应该是专业人士，经过培训的、技术水平高的人员，而不应该是每一个种粮大户自己，目前的种粮大户年龄多在50～60 岁之间，掌握机械操作技术存在一定的困难。

其次是目前的机械化，尤其是收割时的机械服务是由市场提供的，目前还没有有效的评估体系约束，所以请工工作的质量往往不如自己，这种情况下，大户的经营方式在精细方面不如小户，容易造成浪费。

自己工作比较不怕麻烦，别人来帮忙插秧就随便一点，比方说田娘公司叫我去插秧，反正我是打工的，150 元一天，8

点上班，4 点下班，不管你后面好与不好，反正我钞票拿走了。大户都是请工的多。插秧机一个是太贵，有小秧的时候麻烦得不得了，现在一般都直播。①

四　大户经营逻辑与田娘公司的冲突

（一）种粮大户水稻种植特征总结

目前规模化的种植推进了机械化的应用，规模化的方式改变了"黑头发在厂里，白头发在田里"所描述的由农业收益低带来的家庭粗放式经营的情况，但种粮大户的经营模式也存在着粗放特征。

种粮大户面临的外部市场环境：粮食价格上升，粮管所的巨量收购能力，未匹配的机械化服务体系，人工难请及人工费用上涨；政策环境：政策对流转费的补贴，5 年的土地流转期限。

种粮大户经营目的：种粮大户不是传统的小农，其种植的目的显然并不是自给自足，根据市场需求安排种植，种粮大户是以追求利润为主要目标的。规模增大、不匹配的农业生产服务体系让大户要考虑风险的规避。

粗放的经营特征：在品种选择、肥料施用方面的态度与行为，大户更像是规模扩大了的小户，他们施用肥料的目的在于增产、节省人工，在计算产量与人工成本后决定选择肥料的种类与施用的数量；由于流转期限的短暂性，他们和小农一样，甚至比小农更依赖化肥对产量的提高。

——良好的市场与政策环境及规模效应，使种粮大户依靠产量的提高可以取得高收入，因此大户缺少精耕细作的动力。

——流转期限短暂，大户没有足够的动力对土地进行更加集约的经营，比如使用田娘公司的有机肥料改良土壤，而是更依赖化肥

①　原种粮大户陆明远，2012 年 3 月 24 日。

对产量的提高。

——人工费用上涨以及机械体系的不匹配导致大户减少投入时考虑的是减少人工，在某些水稻种植的环节（比如收割、补匀）上集约性比小户还低。

（二）公司与种粮大户的投入产出比较

种粮大户由于规模明显高于小户，因此田娘公司与种粮大户的合作也可免去与小户打交道所需要的更多的技术指导与监管、检测等等相关的人力成本、时间成本。比如同样是技术指导，对目前一位种粮大户的，对小户则有可能是 10 位。与大户的合作对田娘公司来说更省成本，更有效率。

种粮大户规模的增加，可以使田娘公司花费更少的人力与时间来获得公司所需品质的稻谷，目前"农业公司 + 种粮大户"的订单农业方式中田娘公司的农业技术要求到达一部分种粮大户，种粮大户稻谷的销售也有了一定的保障。然而，目前户均 100 亩的规模也在某种程度上阻碍了大户与田娘公司中进一步的合作，无论是在数量还是在田娘公司要求的品质上。

在已有粮管所对水稻的收购要求下，种粮大户可以以追求水稻产量为获取利润。田娘公司的施用有机肥为主要要求的种植标准可以给种粮大户带来更高的价格水平，但水稻的特性（品质好往往产量低、目前与田娘公司合作的主要水稻品种除 2084 外成熟期晚）降低了大户可获取利润的空间，且种植田娘公司需要的优级稻谷有机肥的施用以及可能的晾晒需求增加了对人工的需要，在目前的机械化体系以及农忙时的市场的人工不足以匹配户均 100 亩的大户规模的条件下，种植更多施用有机肥的水稻增加了大户的风险。

政府的补贴以及户均 100 亩的规模已经构成种粮大户取得高收入的主要原因，因此由田娘公司给出的加价收购不足以刺激户均 100 亩的大户以增加风险的方式增加收入，因此有的大户干脆不与田娘公司合作，只种产量高的稻谷卖到粮管所，虽可能会少挣钱，但省事而更有保证；而与田娘合作的大户则会在可控风险的前提下安排1/3~1/2的面积参与与田娘公司的合作。在田娘公司这一方，无公害认证、绿色认证、有机认证三个等级的稻谷，收购大户的是以等级最低的，无公害标准为最多的。

> 对（大户）他们的要求很低，无公害的标准是很容易达到的，这个是按照优质大米来折算，顶多是按照无公害大米来算。①

所以，田娘公司的王经理认为"（在农业公司＋种粮大户中）直接和老百姓对接（种植知识）还是不行的，好多农业知识不知怎么才能让真正种地的老百姓接受。"

第五节 土地规模经营存在的社会不平衡

第四节分析了在目前的市场、政策条件下，种粮大户的水稻经营行为与逻辑，讨论了以规模经营为基础的种粮大户对水稻种植行为以及与田娘公司合作行为的影响。这一节则讨论目前的土地规模经营，包括"农业公司＋种粮大户"这种组织形式的社会意义。

一 种粮大户群体形成的少数人获益

（一）政府补贴对种粮大户高收入的支持

表5-14是在分析种粮大户种植行为材料的基础上总结出的种粮大户的投入与产出。

---

① 田娘公司总经理王强，2010年12月13日。

表 5 - 14 种粮食大户与小户成本对比

单位：元/亩

	大户成本	小户成本
人工成本	300	基本以家里的劳动力为主，不计成本
化肥	230	小户与大户化肥用量差不多 大户购买量多，平均便宜 1 ~ 2 元/包，100亩规模便宜 200 ~ 400 元，便宜 2 ~ 4 元/亩
农药	120 ~ 130	大户因大机器存在浪费，小户因面积小存在浪费，比较下来基本差不多
水电费	70	70
机耕费	95	95
联合收割机	60 ~ 80	80 ~ 100
流转费	450	无
成本总计	水稻成本 1200 ~ 1300 元/亩，亩均收益 1600 ~ 1700 元，纯收益亩均 400 ~ 500 元	水稻成本 600 元/亩，亩均收入 1600 ~ 1700 元，亩均纯收入 1000 ~ 1100 元
小麦净收益	亩均 400 ~ 500 元	亩均 400 ~ 500 元

比较种粮大户与小户，种粮大户具有更高的投入，主要是人工支出和流转费，种粮大户的水稻种植并未带来产量的增加，在这里以相同的亩均收益计算，得出大户的亩产效益是低于小户的。因此，单从亩均收入来看，大户并没有小户高，大户需要承担约 300 元/亩的人工支出与 450 元/亩（坞坵村）的流转费，而流转土地农户的土地流转费 2011 年增长为 700 元/亩，农户的土地流转费用减去 450 元/亩来自种粮大户的费用外，其中市镇两级的补贴由 150 元增加至 250 元①，在

① 实际上来自市镇两级对流转的补贴 2009 年为 300 元/亩，2010 年开始增长为 400 元/亩，常熟市制定了最低的土地流转费用，2009 年为 600 元/亩，2010 年为 700 元/亩。坞坵村的种粮大户承担 450 元/亩没有变化，加上来自两级政府的补贴共达 850 元/亩，余出的 150 元，村书记的解释为由于流转给农户是按流转出的面积算的，但由于要在田间修路及进行其他基础设施建设，基地整理后农田面积缩小了，这部分多出来的钱需要平衡前后土地面积变化的差额以及用于农业设施的维护。古里镇其他村由于没有坞坵村建基地的情况，大户上交 400 元/亩。

其他农户看来，政府的高额补贴支撑了大户的高收入，这成为农户间不公平感的来源。

表 5 - 15 大户与小户享有补贴比较（2011 年）

单位：元/亩，斤，吨

	大户	小户	水　平	补贴方式
国家级补贴				
种粮直补	有	有	20	直补到卡
农资补贴	有	有	81.5	直补到卡
良种补贴	有	有	水稻一般 8 斤/10 元	以补贴后价格销售
农机购置补贴	有	有		以补贴后价格销售
政策性农业保险	有	有	水稻保险费 500 元/亩 麦子保险费 400 元/亩	由村里统计上报申请
苏州市补贴				
水稻价外补贴	卖给粮管所才能享有		0.1	大户以补贴后价格销售
常熟市补贴				
流转补贴	有	无	250 元/亩	交补贴后流转费
秸秆还田补贴	有	有	水稻 10 元/亩 麦子 15 元/亩	夏收、秋收后在村里登记发放
其他				
临时性补贴	有	无	不定	
卖到粮管所的运输费用补贴	卖给粮管所才能享有		20	

从补贴类别来看，第一类是大户与小户都能享受到的，种粮直补、农资补贴、秸秆还田补贴、政策性农业保险这四种补贴是相同的，但大户具有小户所没有的规模效应。

第二类是面向所有农户，但实际上以大户为主。农机购置补贴、水稻价外补贴，大户比小户有能力、有需求购买拖拉机、打药植保机；水稻的价外补贴、粮管所运输费用补贴是需要农户将粮食卖到粮管所，但目前粮管所主要面向大户，小户一般会将家里剩余的卖给小贩，所以这两个补贴是不享受的。

第三类是只有种粮食大户或部分种粮大户享有的，土地流转补贴和临时性补贴。临时性补贴比如在2011年，国家有一项关于抗旱的项目，当时在古里镇地区是谈不到干旱问题的，但是出于经费要花掉的需要，就给大户们补贴了。

上面就是说，农户旱了，你想你怎么知道这块田是旱的？中央的政策是一刀切，应该说北方还好一点，我们这一块，不缺水的，我们这里没有水了，还有哪里有？但是钱到了，得花了呀。农户买水泵要补贴多少，但是我们这里没有人买这个，今年市里有这个政策，说农户打水的，沟渠啊，一开始是打不起来的，沟是有洞，打不起来水的，打起来就跑掉了，只有下雨了，把那个洞给堵好了。小麦怎么打，这个钱得花掉啊，不花不行的，所以后来就给大户补贴了，给他们打卡上了。①

良种补贴，在坞垱农业示范区内的种粮大户，尤其是重要道路两边100～200米范围内的大户，可以种到产量高但种子价格高的品种。

因为机插秧这个是有好处的，扎根深、成熟期早、产量高，但是需要的人工多，而且目前插秧的机器没有那么多，插秧水平也参差不齐；甬优8号这个是新品种，杂交水稻，但是这个品种是新推广的，还在试验中，所以目前机插秧还有这个品种，只在主要道路两边，要丰产方嘛。②

目前仍在种地的小户中，流转一部分剩余粮田、面积1～2

---

① 古里镇农技服务中心王主任，2012年3月19日。
② 古里镇农技服务中心王主任，2012年3月19日。

亩（如果一天三顿饭都在家里吃人均 3 分地差不多）的小户在种植目的上是"自己家里吃吃"，不是通过种粮来提高家庭的货币收入；另一类指耕种自己家全部承包地的农户，他们希望通过种地增加家庭货币收入，种植面积在 5~10 亩。在他们那里，更强烈感受到一种不公平感，在他们看来，统一流转后大户的规模以及大户所享受到的补贴政策是小户所没有的，所以小户想通过自己的种地来赚钱是"没有资格"的了。[①]

（为扶持）大户，政府实际上一亩地拿出 350 块，农民流出一亩地得 700 块了，大户只要 350，政府是亏本的，我们自己种一亩地没有（补贴）的，自己种政府是不贴。这个吃亏得不得了。到时候国家贴钞票吧，自己种的不讨好了（以后集体种的你也种不到了）。不要种了，自己种吃亏种个啥呀。小户嘛，要是想自己种多赚点钱是没有资格的。[②]

（二）农民收入总体增加但不公平感增强

有 2005 年之前，也有种粮大户在本村、外村甚至外市去包地，但由于国家粮食价格低，他们基本是不赚钱的，甚至是亏本的。2004 年之后国家及江苏对农业的补贴力度不断增大，2006 年取消农业税后，种地开始由亏本成为赚钱的事情。

一位 2001~2005 年去苏州包地 300 亩的种粮大户，水稻产量 1200 斤/亩，水稻价格是 0.5~0.6 元/斤，另外负责村里要求的流转费 150 元/亩，农业税 60 元/亩，无国家种粮补贴。2006~2008 年回坞垆村种 70 亩，水稻产量 1200 斤/亩，粮食价格上涨到 1.2 元~1.3 元/斤，上交村里 100 元/亩，种粮补贴 120 多/亩。用他的话说，"3 年一直是交 100 元/亩的，加上国家种粮补贴，120 多吧，

---

① 小户顾祖祖，2012 年 3 月 26 日。
② 小户顾祖祖，2012 年 3 月 26 日。

我还赚了。"①

在 2006 年之前，由于种地不赚钱，农户流转土地有的是不收取流转费的；2008 年土地统一流转之前，当时水稻种粮大户交给农户的流转费在 100~300 元/亩之间；2008 年统一流转之后，农户的流转费用为 2009 年 600 元/亩，2010、2011 年 700 元/亩。

流转土地农户收益的增加源自两个部分，一是种粮大户负担的流转费比统一流转前提高，目前坞坵村种粮大户负责 450 元/亩的流转费用，其余部分来自市镇两级政府的补贴，来自市镇两级的补贴包含着可增不可减的原则。

> 如果粮食价格跌下来了，土地的流转租金不变（较上一年）。如果粮食价格涨，土地的流转租金也要跟着涨，由常熟市根据当年的粮食价格、物价等因素进行统一调整。②

目前种粮大户收入的提高主要来自国家粮食价格、补贴水平的提高，以及规模增大基础上的规模效应。更加具有资本实力的农户更有机会成为种粮大户，在 5 年的流转期限内，种粮大户因享有越来越好的市场环境、越来越多的扶持政策，是区别于小户的获利者，耕种 100 亩的种粮大户，目前平均年纯收入可达到 8 万~9 万。在工厂里打工的农民收入人均在 1 万~2 万，夫妻两个人年收入 2 万~4 万。

粮食价格的连年提高带来的销售环境的改善以及政府对种粮大户的补贴，导致种粮大户与打工农民之间形成了显著收入差距，这也刺激了农户对种地的需求。在此次调查中接触到的 45~65 岁的农户，他们普遍表达了成为种粮大户的愿望。前文提到的没有参加这一轮竞标的原种粮大户陆明远表示要留着自己的机械参加下一轮的竞标。

---

① 原种粮大户陆明远，2012 年 3 月 18 日。
② 种粮大户徐建华，2010 年 12 月 14 日。

二　单一的土地流转费用

有关"公司＋农户"的研究提出在利益分配上，公司往往占有利润的大部分，而合作的农户则只能占一小部分。在现在"农业公司＋种粮大户"的合作形式中，也存在着这样的利益分配不公的问题，就这个问题本文将从田娘公司与种粮大户的利益分配，田娘公司或种粮大户对流转土地农户的利益分配两方面来讨论。

表5－16是田娘公司产品的等级与价格体系，田娘公司与大户的利益分配可以从目前田娘公司销售最好的3.6元/斤的大米来分析。

表5－16　田娘公司大米等级与市场价格

单位：元/斤

产品类型	价格标准
优质大米	3.0
优质大米	3.0
绿色无公害大米	2.8，3.6； 3.98；4.6
有机大米	6.8；7.5；12
网栽有机大米	32

3.6元是田娘公司大米在市场上的售价，0.65是从稻谷到大米的出米率。

- 一般大米加工厂稻谷变成大米：1.52/0.65＝2.34元，售价在此基础上加几分钱；

- 田娘公司加价稻谷变成大米：1.67/0.65＝2.56元；

- 经过田娘公司包装、运输、超市等环节增加的成本：加上0.1包装，0.05运费，利息、管理费0.1角，再加上超市还扣点什么的，就要接近3块钱了；

- 田娘大米销售价 3.6 元/斤，利润 = 3.6 – 3 = 0.6 元/斤，折合稻谷每斤利润：0.6 * 0.65 = 0.39 元/斤（稻谷）；
- 大户利润（宝农）：300 ～ 400 元/900 = 0.33 ～ 0.44（稻谷）。

> 大米不是暴利商品的，有个几毛的就非常非常大了，像传统的加工厂，可能也就是几分钱的空间。我们就能达到几毛钱，对大米来说已经不容易了。7 块多的米，这个空间就大了，可能要几块钱，所以我们要积极地发展。[①]

从田娘公司本身的经营来看，其经营大米利润远大于一般大米加工厂的利润，与大户相比，中等价格大米获得的每斤稻谷的利润空间居大户获利的平均水平。田娘大米利润空间随着大米等级的提升而增加，7 块多的有机大米有几块钱的利润空间，但目前有机大米基本都是由田娘公司自己种植的，大户以优质大米和无公害为主。

对流转土地的农户来讲，他们得到的是每年 700 元/亩的土地流转费，田娘公司和种粮大户一样，在流转期限内交给村里 450 元的流转费。表 5 – 16 表明，田娘公司的网栽大米可以以 32 元/斤的价格销售，约是 3.0 元/斤的大米价格的 10 倍，但田娘公司租种农地费用并未因种植水稻的等级区别而有所区别。

第六节 土地规模经营组织形式的发展方向

田娘公司与种粮大户形成的"农业公司＋种粮大户"的组织形式中，大户的经营方式与田娘公司对稻谷数量与质量的要求存在矛盾；另外，这种组织形式也因规模集中带来了少数人获益的社会后

---

① 田娘公司总经理，2012 年 3 月 27 日。

果。2010 年田娘公司向常熟市政府提交了《关于农业产业化经营
和合作社互助经营模式的设想》，提出"农业公司＋合作社＋职业
农民"的组织形式。其中：农业公司定位于产业链两端，保持并加
强农业公司在产业化中的主导地位；合作社则起到保证农业公司种
植标准执行、解决收益的更平均分配的问题；职业农民则更像是农
业工人，依靠劳动取得收入。那么这种组织形式中的三个主体各自
具有什么资源优势以及资源需求，从而有意愿参与田娘公司提出的
这种组织形式中呢？

一　田娘公司的主导作用

高健浩从平衡经济效益和社会效益来理解更合理的农业组织形
式的建构，应该是"分配公平的、机械化的、提高附加值的"。
"既要有老百姓的收入，又要有村里的收入，因此也会有企业的收
入。"在其提出的"农业公司＋合作社＋职业农民"的组织中，田
娘公司定位在产业链的两端，种植交给大户或合作社来完成，前端
的任务是"实现优质品种的选育、标准化体系的建立和投入品的统
一供应"；末端的任务是"负责产品的仓储、加工、物流、销售推
广及技术创新。只有树立具有影响力的品牌，建立稳定的市场通
路，才能提升产品的附加值，为产业链的各个环节提供增值"[①]。

田娘公司认为自身已有的技术、品牌基础可以完成种粮大户、
一般合作社所不能完成的提高附加值的任务。田娘公司的技术、品
牌优势既是其自身实力所致，同时也有政府调控的因素。由于市场
附加值的实现附着于产品销售，所以这里以田娘公司的产品体系为
切入口讨论田娘公司的主导作用，总而言之即：提高农产品的品质
以及建立更加多元的产品体系，即发展高效农业以及调整种植
结构。

---

① 田娘公司：《关于农业产业化经营和合作社互助经营模式的设想》，2012。

1. 提升产品品质，实现按质论价

田娘公司在销售之初是以集团客户的福利消费为主的，目前的销售渠道为以超市销售为主的多元销售渠道，公司大米产量也由起初的 2005 年 170 吨增长到 2011 年 2500 吨。技术实力与品牌基础是其市场不断增长的原因，也是其能够在产业链中起主导作用的原因，其技术是以公司生产的有机肥料和配方大米为代表的。

表 5 – 17 田娘公司销售渠道（2012）

单位:%

	渠道数量	销　量
集团消费		25 ~ 30
超市销售	常客隆超市 100 多家；苏州园 7 家；上海城市超市 17 家；上海其他超市 40 家	30
直销店	田娘农场专卖店 7 家	40
网上销售	淘宝，中邮快购，移动商城，公司销售官网	3 ~ 5

来源：田娘公司。

将大米分层次（参见表 5 – 17 列出的大米价格等级）迎合了市场的不同消费层次的需求。在田娘公司看来，这区别于粮管所、大米加工厂的"大米就是大米"的销售模式。

粮管所的大米出来还是大米，没有大米 1 号、大米 2 号、大米 3 号这样的。本地 2.1 元/斤的米应该说是价格最低的了，怎么说呢，这个米有的时候也能买到好吃的，参差不齐的，因为在这个体系里，大米就是大米，不存在等级之分的。你看牛奶，小的时候只知道有甜牛奶、纯牛奶，你看现在多少品种出来了，其他农产品也在向这个方向发展。人们的需求层次出来了。[1]

---

[1] 田娘公司总经理王强，2012 年 3 月 27 日。

除细分产品外，田娘公司强调了大米的功能性与生产的标准化，将大米的营养、口感、口味等指标量化，提出配方大米的概念，在产品系列上有"田娘无公害配方大米""田娘富硒大米"，并计划下一步开发有关"高钙""淀粉"含量指标相关的产品。田娘根据不同米种、米类的食味特性和营养特性，将大米食味品质、营养元素量化、标准化和优化，致力开发不同食味特点及营养功效的系列优质大米产品。

> 因为没有一种大米是十分十美的，目前是以配方大米为主的，我们以后也将根据不同的需求往这个方向发展，你比如说高钙大米、富硒大米、低淀粉大米这些带有功能性的（大米）。[①]

表 5 - 18　田娘公司配方大米主要品种

水稻品种	大米主要特点
苏香粳 1 号	口感好，但品种在退化，且不是所有的都香，收上的 20%～30% 是香的
宝农 34	口感比苏香粳略差
南粳 46	品质好，但外观不好
银玉 2084	唯一的缺点是不带香
常优 5 号	外观好，细长，像东北米，品质比不过宝农和南粳 46
ALLU	介于粳米和糯米之间，是一种软米，对米质调节作用明显

田娘公司的配方大米已经申请专利，这在田娘公司高健浩看来，是真真正正地在用科学做农业，是能够稳定并拓展市场的原因，是公司相对其他竞争者的核心优势。

> 品牌（化经营）是可以细化（与粮管所相比）的，这个才叫品牌；（大米）要细分出来一些指标，水分、亮度、光泽这些。隔行如隔山，隔山就看不见，看不见就搞不好。有一些

---

① 田娘公司总经理王强，2012 年 3 月 27 日。

房地产公司也想要进入，但这个难度是挺大的。①

（公司的大米）价格变化，不受大宗市场的影响，在常熟没有竞争对手，在苏州地区有竞争对手，但是目前（田娘）公司是领先的，在常客隆（超市）有 100 多个分店，销量是第一。与学校合作，实现产品深加工，有特色，所以目前还是居于市场前列。②

2. 发展多种农产品经营，调整种植结构

田娘公司是在养殖业造成的环境污染的背景下，由政府相关部门牵头成立的。目前田娘公司生产的有机肥产量逐年增加。最能代表田娘公司在生态方面的成就的是，2009 年田娘公司获得中国绿色发展高层论坛颁布的"中国绿色责任贡献奖"。经过 10 年的发展，2011 年，田娘公司的有机肥料从 2003 年的 800 吨增加到 2011 年的 3.8 万吨，田娘公司已成为全国同行中规模最大的企业。

田娘公司以有机肥为基础发展多种农产品经营，它试验的"水稻 + 土豆"、"水稻 + 蔬菜"种植模式，与"水稻 + 小麦"相比，收益更高。

现在大户是 800 元/亩，以后要赚到 8000 元/亩，这个是他们（大户）做不到的，我们是要做到的。当然这里面有很多的文章做了。种蔬菜，高档的蔬菜，粮和菜结合起来，有利于保护土地，（收益）提高 10 倍吧。③

另外，"水稻 + 土豆"、"水稻 + 蔬菜"的种植模式也可以吸纳更多的劳动力，让农民有充分的就业机会，在田娘公司的带领下提高收入，从而维持社会的稳定。

---

① 田娘公司董事长高健浩，2012 年 3 月 27 日。
② 田娘公司总经理王强，2010 年 12 月 14 日。
③ 田娘公司高健浩，2012 年 3 月 27 日。

农民不能闲起来，农民不能没有事做，这个不好；一定要公平，农民不能对企业有意见，企业在扩大，企业有好的，有坏的；为什么讲土地？只要有土地，老百姓就有办法了，有事干了。这个土地，只要是勤劳的人可以多挣钱……挣300元一亩，可以3000元一亩，也可以10000~20000元一亩，这就看你怎么样去做；只要没有灾害，天气可以，一亩地就可以挣300块钱。只有懒人，没有懒田。把农民组织起来，向这个方面走。①

在谈到农业发展思路时，高健浩坚持公司是按着政府的思路，"龙头企业要按着政府的思路走，我们龙头企业代表政府，是领路人的作用，服务周边的农民""什么事政府不提倡，不好办"。田娘公司以有机肥料为基础发展的大米与多种农产品经营符合了政府的高效、生态农业的发展规划，政府无论是从支持田娘公司发展还是从协调全镇农业发展的角度来看，都不希望每个村各自都申请品牌，以致相互竞争的局面。

镇里也考虑了，镇里已经有几个农业品牌了，包括田娘、白禾呀。村办农场，再每个村都创一个品牌，这个也没必要，所以镇里要求整合全镇的品牌资源。②

二　村的合作意愿：成为田娘公司标准的执行者？

田娘公司将种植环节交给大户或合作社，是在种植规模不能增大但市场扩张要求下的必然选择，但田娘公司希望是保证质量、数量且减少起码不能增加合作所需的人力、时间成本的。目前"农

---

① 田娘公司高健浩，2012年3月27日。
② 古里镇农业技术服务中心王主任，2011年4月4日。

业公司＋种粮大户"的形式中：（1）田娘公司目前只能吸引少部分种粮大户以及种粮大户部分面积的合作；（2）对大户的技术要求很难达到理想效果，"直接和大户对接。技术还是存在问题"，很难对众多的大户进行统一的、标准化的要求。因此，合作社被田娘认为是可以作为中介来联结农业公司与职业农民的。周立群、曹利群在分析莱阳地区的实践时，提到了已产生作用的"龙头企业＋合作社/大户＋农户"的模式，张曙光对北京于家务村的实践也总结出了"龙头企业＋合作社＋农户"的模式。后者是在统一流转基础上形成的组织形式，引进神农河谷公司，农户在原承包地上劳作，由龙头企业来发放报酬。从中可以看到，合作社有了执行龙头企业标准的功能，而这也使得农业公司可以扩充所需的货源。

田娘公司设想的合作社包括农机合作社和土地股份合作社，田娘公司提交常熟市政府的文件中提出，"通过土地股份合作社，可以实现适度的规模化种植，实现品种、投入品、种植技术的统一，实现标准化的管理，可以更好地落实农业主管部门的技术指导，更好地普及和推广农业科技，更好推进农业的可持续发展。""通过建立农机服务合作社或组织，可以提供从育秧、机插秧到植保、收割等一条龙的农机服务，实现机械化的生产，提高农业生产效率。"① 总体思路是想通过农机服务社提供规模经营所需的机械服务，化解目前市场上机械的不稳定（操作水平高低不等以及机械供给不稳定）、人工不够带来的经营风险；通过土地股份合作实现对职业农民的标准化管理，以期达到田娘公司的"农业工业化标准种植"的要求；另外，在高健浩的设想中，还可以在土地股份合作社解决收益分配的问题，实现目前种植组织形式中没有实现的二次分配。

---

① 田娘公司：《关于农业产业化经营和合作社互助经营模式的设想》，2012。

目前古里镇已有村办农场①参与水稻的种植、销售甚至加工，以获取利润。至于是否所有的村办农场都有意愿组建村办农场经营水稻，他们是否需要与田娘公司合作，在调查中得知一般企业少、村级收入少的村有建立村办农场的动力。目前当地村集体的收入主要来自集体厂房的租赁收入，一般村的年可支配收入在 50 万 ~ 60 万元，好一点的达 200 万、300 万元，依靠厂房收入虽然稳定，但数量有限。

> 如果村里投入 1000 万元建设标准厂房，按照 8% 的年收益率，收租金要 12 年收回成本，每年收 80 万元，不仅收入有限而且房屋也会折旧。

> 村集体经济增长了，可以（承担）合作医疗、劳动力优先就业等。从苏州地区来讲，要提高农民收益，首先要发展村集体经济，那么你什么事情都好办。村里第一是组织建设，第二是经济，但是实际上是经济为第一。②

农业经营一方面由于其"当年投入当年产出，不能像厂房分期收回"③，另一方面经营高效农业作物也能够带来更高的经营效益。

> 小麦的话最多 150 元/亩，种土豆一亩地可以 1500 元/亩，理论上 1500 元/亩，土壤、气候、水分，这三要素是不是完全符合，所以实际上是要打折扣的。就是说，如果有 500 亩年收

---

① 村办农场是集体性质的目前古里镇除田娘的米业专业合作社外有 4 个水稻的专业合作社，都是在村办农场的基础上建立的，属于村集体经营的性质。另外，古里镇还有 6 个村办农场并未建立专业合作社。这 10 个村办农场中有 5 个建立了土地股份合作社，但通过镇农技推广服务中心以及经服中心的介绍了解到，这几个土地股份合作社尚没有运作，与流转土地的农户只以常熟市统一的流转费形式收取土地租金，并没有以二次分红的形式参与利益分配。基于古里镇村的组织情况，在这使用村办农场的概念。
② 对紫霞村村支书的访谈，2010 年 12 月 14 日下午。
③ 对紫霞村村支书的访谈，2010 年 12 月 14 日下午。

了，我也有得赚。种土豆还可以改善土壤，土豆的杆翻在地里，成为一等肥，3 年之后，这样的话水稻就可以省 200 元（每亩的肥料投入）。①

村对增加村级收入的追求促使其推动土地流转，加入到农业经营中，而政府出于增加村级收入的考虑也是鼓励村建设村办农场的。

> 由村里经营土地和由公司来经营土地，对于政府来讲，村里经营的话对提高村级收入比较明显。像老高这样对农户的收益比较明显，他经营比较好；对农户来讲，增益方面，从增效返还来说更加直接一点。由村里经营会更注重村里公共服务，比如村里的公路建设等方面。②

增加村级财力。鼓励贫困村、偏远村充分利用各项扶持政策，抓住建设水稻产业化基地的机遇，利用集聚的土地资源创办集体农场，通过集体经营增加村级财力收入。③

村办农场可以销售稻谷或大米，如坞垯米业专业合作社（村办农场 500 亩）拥有自主品牌"白禾"、"坞垯"，加工村办农场种植或收购的本村以及外村大户的稻谷，出售大米；与之形成对比，古里镇最大的村办农场下甲村（面积 2139 亩），没有品牌，只能销售稻谷给粮管所从而获得利润。有否品牌成为村办农场是否能够参与更长的产业链、获得更多利润的关键要素。

> 首先必须得种优质的稻谷，口感好的，种的时候保证几个统一，比如统一品种、统一施肥、统一用药等；技术的话镇里有技术员指导；第二得有硬件设施，有存储和加工的设施，能

---

① 对紫霞村村支书的访谈，2010 年 12 月 14 日下午。
② 古里镇农技推广服务中心王主任，2010 年 12 月 17 日。
③ 《关于深化农村综合改革推进水稻产业化发展的实施意见》。

烘干，有地方存，加工然后包装；第三得打品牌，要不市场不
认可你的，不被认可到时候卖不到好价格，好的产品也卖不到
好价格。在这三个中，前两个是容易做到的，因为只要有政
策，村里有积极性，就可以的。但第三个不太好做。田娘的话
这都十多年了，被市场认可了，打个品牌不是容易的，不是短
时间能做得来的。[①]

2010 年古里镇有 3 个村办农场，2011 年底年古里镇村办农场
已经增加到 10 个。最早（2008 年）建立村办农场的坞坵村现有
500 亩村办农场，虽然其盈利增长，但销售渠道仍以集团客户的福
利性消费为主，并没有进入超市，坞坵米业专业合作社愿意下一步
扩大规模，但合作社面临着规模扩张需要与之相匹配的大米数量、
财力、仓储、设备等问题。

> 我只是一个设想，我想和常客隆合作一下，量的话要是
> 大，我也不太敢，量大的话有风险的。一下子扩张之后，他的
> 管理一下子跟不上，他的运输，储存万一有什么的话。数量
> 嘛，包括存储、加工、资本这一系列的问题，假如进入了超
> 市，你肯定要保证供应，你一定要保证量，你一定就得有仓
> 库，就肯定要有一个产业链。资本这方面，你假如现在是 100
> 万斤，假如要做 1000 万斤的话，你就得有 1000 万斤的库存资
> 本，合作社肯定没有这个财力。我呢，设想明年可能要尝试
> 一下。[②]

村办农场的经营还有自身的特点，即集体性质所具有的管理方
式的问题，目前古里镇村办农场的模式一般是村里的一把手，即村
书记作决策，由原村委里的二线或退休村干部管理。但在田娘公司

---

① 古里镇经服中心周主任，2012 年 3 月 20 日。
② 坞坵村书记严雪军，2012 年 3 月 22 日。

看来，合作社的经营最好是脱离村独立经营。

> 这个合作社一定要企业化运作，如果这个要让村里来做，就很难搞，因为他们是当官的，这个是经营的，应该这个合作社在村里是自主经营的。①

但对村书记来说，除考虑经济利益外还需要考虑其他的因素。坞坵严书记承认了"企业化经营模式"的效率，但同时觉得作为村干部需要对村政治与村经济发展同时负责，所以在管理模式上，尤其是选择人上觉得不是很容易。

> 我个人认为，现在我这个经营方式呢，是村委会人员兼职的。如果专门有人，怎么约束，这个有没有问题，我不敢保证。说实话，我是村书记，我是对村里负责，假如聘用的人拍拍屁股溜走了，我怎么办？我现在是，我下面的人，我约束他，我现在村委会聘用一个经理，专门管理合作社的销售，这个人你怎么管，怎么约束，这个不是我能够说清楚的问题。因为我个人觉得这个模式是有风险的。说得难听一点，你既然坐到书记这个位置，你不可能不负责任的。在生产经营中一定要负责的，换句话说，政治利益、经济利益哪个重要？引入企业管理的模式呢，合作社就是一个企业单位，只是有免税的条文，但是现在合作社的管理就是一个企业的模式了。我的单独管理、单独注册、单独法人注册。你用现代企业的理念经营的方向是正确的，但是哪个人去经营，哪个机构去经营，这个不是我能够回答的。②

与企业化的经营模式相比，严书记认为更有可能延续目前的经营模式，并在缓慢中发展。

---

① 田娘公司总经理，2012 年 3 月 27 日。
② 坞坵村书记严雪军，2012 年 3 月 22 日。

接下来的打算，也在商谈，我的所有的成员都要我销售，我没有那个能力，（包括）中间环节、设备、资金，但是我的合作社的思路可能要稳妥地增加一些销量，到 5 年到期后，大户到期后，常熟的政策，鼓励村办农场，聘用人管理，发给工资的，考核、奖励这两部分。我村里经营的就是这个模式，考核奖励＋基本工资。①

坞坵村在已有品牌的基础上采取缓慢开拓市场的方法，而紫霞村由于没有品牌，在发展村办农场时则决定利用田娘公司的品牌优势，紫霞村书记表示，"种出来的东西我要打上田娘的品牌"。

三　职业农民

职业农民是田娘公司基于"农业工业化标准种植"而提出的，让农民以农业工人的角色而不是独立经营的农户角色参与进来。大户轮流或者缩小种植规模虽然有助于让其他人有机会参与农业生产中来，但对要求稻谷数量与质量的农业公司来说是不经济的。将农民转为职业农民参与进来，更符合田娘公司平衡经济效益与社会效益的考虑。

在目前设想的公司架构中，职业农民主要分为专业性的和负责作物日常综合管理两类。农机合作社需要配置专人管理、操作机械，以提高机械使用的专门化、标准化程度。公司提供管理、培训和相应的信息服务。

已有的研究讨论了农业不能完全按照工业进行标准化重要的原因在于农业生产相关影响因素过多而相互作用复杂，难以对某一工作加以量化。田娘公司显然也意识到了这个问题，因而在种植环节中除了进行分工尤其机械化服务分工外，设立对水稻专门的日常管

---

① 坞坵村书记严雪军，2012 年 3 月 22 日。

理人员（人均 50 亩），以解决目前由规模过大导致的粗放经营和吸纳劳动力能力过少的问题。

> 人均 50 亩就可以了，"龙头企业 + 合作社 + 职业农民"的模式，实际上看看望望水稻什么时候该需要什么，其他的由合作社来管理。我给你工资，你给我照看照看。①

在这个体系里没有种粮大户，因此没有种粮大户与普通农民的收入差距过大的情况；职业农民依靠劳动取得收入；流转土地的农民的收益会随着公司向高效益种植结构调整以及品牌化运作而在土地股份合作社中有二次分配的收益。

> 这种模式也是有标准的，根据标准，要拿多少钱；跟产量有连带关系，不是你搞到一亩地多少，而是你搞到一斤粮成本是多少；你一亩地，干好了，1000 斤稻子要拿出去；分配的比例，就按着实际的操作来进行，建立了这个理念之后，合作社赚了钱之后，要保证农民的基本（收益）后，才有钱来保证这个合作社。②

田娘公司提出"农业公司 + 合作社 + 职业农民"的组织形式，基于其技术与品牌的优势可以更好地实现大米的销售，其以有机肥料为基础的农产品体系经营也符合政府发展高效、生态农业，提高农民收入的农业发展规划，具有在产业组织形式中起主导作用的条件。

在品牌化、发展优质农产品的要求下，目前规模经营的种粮大户在数量与质量上并不能完全满足田娘公司的需求，田娘公司在组织结构的设想中要破除目前以"大户"（户均 100 亩）为主的状态，田娘公司并没有主张缩小大户的规模，缩小大户的经营规模至

---

① 田娘公司董事长高健浩，2012 年 3 月 27 日。
② 田娘公司高健浩，2012 年 3 月 27 日。

与普通打工者相当的水平虽然是有助于社会公平感的增强，但同时也会带来公司管理成本的增加。田娘公司希望由合作社＋职业农民实现公司的种植要求，这是田娘公司在稻谷品质要求下对种植可控性的制度构想。

村里是如何考虑与田娘公司的合作的呢？发展村办农场，可以提高村级收入，在目前村级收入有限的情况下，村具有发展村办农场的动力，但村办农场的运营缺少资本、技术、品牌以及相应的人员，尤其品牌成为其是否能获得稻谷加工后利润的关键因素；另外，政府基于对农业总体的协调，要求整合镇内的品牌资源而不鼓励出现个个村办农场都申请品牌的情况。在这些条件下，村里发展村办农场，尤其是在不具备品牌的情况下，与田娘公司合作成为其可取的选择。

高健浩对组织的理解是只有在"（1＋1）＞2"的情况下，主体之间才有可能联结起来，1＋1不仅是经济利益的联结，还是社会利益的分配。在原来土地家庭经营的基础上形成目前的土地规模经营，农民，包括流转出土地的农户也获得了比自己经营更高的收入，但同时也造成了社会的不公平感，消除这种不公平感是田娘公司在考虑组织形式转变中不得不考虑的问题。缩小劳动力负责单位面积、调整农业种植结构以吸引更多的劳动力出于田娘公司基于平衡经济效益与社会效益的考虑。

第七节　小结

在常熟推动的土地统一规模经营的方式下，农业公司、合作社、种粮大户在农业生产中的作用增强，种地的农户分化为三种类型，第一种是流转部分土地，种植口粮田，以满足自家粮食需求为种植目的；第二种是不流转土地，经营5～10亩土地的农户，在满足自家吃外还希望通过种地挣钱；第三种是能够抓到闸子的种粮大户。

一 农用地流转中的利益平衡

目前的土地规模经营是在政府的统一推动下形成的，限定流转租金、流转期限、流转面积、种植内容、租种主体等，经过统一流转，并投入资金进行基地建设，通过政策、资金的投入，实现了政府推动下的集中土地到"种田能手"手上的土地规模经营目标（种粮大户户均 100 亩），改变了坞圩村村书记概述的"白头发在田里、黑头发在厂里"的土地农业经营状况。为发展生态、高效农业，田娘公司在基地内是被政府鼓励的（比如有机肥免增值税，自产自销农产品免增值税），它也与大户开展合作种植。

由政府推动形成的种粮大户，以及在此基础上形成的"农业公司＋种粮大户"的组织形式在实践的 3 年中产生了制度设想外的后果——由土地规模经营带来的种种问题。首先规模增大提高了大户经营的风险，而不相匹配的机械化服务体系以及农业雇佣劳动力的供给匮乏和劳务工资波动也增加了大户的经营风险。在政府补贴、良好的粮食价格环境下，大户目前的规模可以给其带来高收入，而不必追求精耕细作，而目前的人工费用上涨，人工难请也是大户不愿意精耕细作的原因，大户因此在经营上采用了粗放的经营方式。在古里白茆区域中，也存在着几个小规模大户在一个符合政策流转政策大户名下经营的情况，这是农民对这种体制的一种适应。5 年的流转期限以及大户带来的少数人获益的社会后果使得大户很有可能在下一轮重新竞标，在理论上也可以缩小大户经营面积到社会能接受的程度。在统一流转后的 3 年中，政府也开始意识到适度规模经营的概念，反思了一味追求规模增大的做法给水稻种植以及利益分配带来的问题。

种粮大户可享受市镇两级的流转补贴，近 3 年国家补贴体系以及粮价上涨为种粮大户的经营提供了良好的外部条件。但种粮大户在经营的本质上更接近于小户，追求提高产量、节省人工，他们倾向于选择使用化肥以及种植产量高而口感不好的稻谷；他们对待新品种、有机肥的态度始终基于对收入的风险控制与成本节省的计算之上，大户并不会去思考可持续发展的种植，尤其是在 5 年短暂政策期内，在规模增大的基础上，种粮大户其实获得了补贴、粮价上涨的规模效应，但并不是亩均效益的增加，以一家两个劳动力计算，100 亩的规模纯收入 8 万 ~ 9 万，而一个双双打工家庭的收入是 1 万 + 1.5 万 = 2.5 万，他们获得了比打工高 2 ~ 3 倍的收入。

在农产品产业化的过程中，往往是需要种植优质品种的，对比坞垱米业专业合作社与田娘农业公司，可以发现，它们的不同在于田娘公司更为细化的产品划分与更为迎合当下消费观念的产品定位；在管理上，坞垱米业专业合作社缺少合适的激励措施；而在市场的扩张中，坞垱米业专业合作社目前已经实现良性循环，可以有利润并且自购收割机并上交村集体部分利润，但坞垱米业专业合作社的财力、人力也有限，因为目前它的主要管理人员是兼职的，且以村委决定为主要依据。

2008 开始的农业规模化经营，已经反映出种粮大户因规模增长而出现的粗糙经营与应对风险的能力低的情况。反思之后，农业公司更倾向于选择"龙头企业 + 合作社 + 职业农民"的组织体系，因为农业公司自身在这段时间里面临着因种植面积扩张、粗放经营而风险上升的问题，所以，它们也更希望将种植的事情交给合作社或者农户来做，而以自身的技术、设备、市场等优势建立产前、产中、产后的服务体系；由合作社来解决种植标准的统一问题，由合作社来解决机械使用问题，由合作社来管理职业农民；职业农民应该是职工的身份，在将农业生产程序化、标准化以后，职业农民在种植体系中或负责日常照看，或负责机械操作，或负责农药喷洒，将每一工作专业化，而不是培育单个全才种粮大户，在这个体系中依靠劳动来取得收入。在这个体系中，龙头企业为核心，负责把握农业发展方向、调整农业种植结构、提高亩均收益并提高亩均容纳劳动力数量。

政府是在目前土地规模的基础上只以重新竞标的方式以新大户取代旧大户？还是缩小规模、缩小收入差距？本文集中调查的地区是古里镇白茆区，那里的农民是以打工为主的，而在原古里镇古里区域的农民则是以做小企业主为主的，古里的平均收入水平高于白茆，这也使得古里种粮大户少于白茆，反而是白茆区的农民去古里区当种粮大户。因此，合适的方式是政府通过政策的调控以使农民之间的收入差距不要过大。

田娘公司以品牌化的方式经营优质大米，其发展符合政府关于生态高效农业的发展规划，受到政府的鼓励与支持，但田娘公司也因政府目前的土地规模经营政策在与大户的合作中受到限制。田娘公司认识到龙头企业的发展需要政府政策的引导，但同时也认为政府并不真正了解农业经营，尤其是现代农业的发展方向。基于当地政府在农业发展中政策制定的重要性，田娘公司提出的农业组织形式的实现仍需借助政府的政策，也因此田娘公司向常熟市提交了关于农业组织的构想的文件；而田娘公司在农业经营中也因自身的实力成为农业经营中的专家，也是政府在作决策时需要考虑的对象。可以看到，田娘公司提出的组织形式是在平衡公司利润、村的收入、农民的收益以及政府的效益。由目前的"农业公司 + 种粮大户"转向"农业公司 + 合作社 + 职业农民"，从水稻种植来看，是向着基于明确分工的更标准化、更机械化转变；从利益分配来看是，向着更平均的方式，包括劳动参与分配、以土地入股的二次分红的分配形式转变。

二 大米的品牌化经营开拓了市场

上文对坞垱米业专业合作社进行了简单的介绍，并没有专门将其与田娘公司对比。坞垱米业专业合作社、田娘公司的大米品牌化经营都是以经营优质大米为基础的，技术对产品价值的贡献在田娘的配方大米这里体现得更加充分，对于市场上大米没有细分的环境来说，田娘公司的独特之处在于以一些指标将大米量化，并在生产中要求标准化、统一，这看起来更符合现代的消费观念，就像是牛奶中细分出纯牛奶、甜牛奶、高钙牛奶、脱脂牛奶一样。也许有些人会想，大米需要搞出这些名堂来吗？原来是鱼米之乡，现在仍然是鱼米之乡，只不过种地的人由每家每户转变为以大户为主，更多的人不种地了，不了解大米了，于是在古里镇那里送礼时，有主家回送大米、年节福利发大米的新习俗。时下健康饮食观念流行，但更多人的需要到市场上购买大米而不是自己种植大米，要通过品牌宣传去了解、接触某种大米，这就是田娘品牌发展为知名大米品牌（在常熟）的背景。

大米的品牌化经营实现了大米按质论价，与大米加工厂相比，田娘公司的大米经营获利倍增。紧接着产品消费层级的细分，消费者的消费层次也体现出来了。

第六章 区域实验类型

第一节 成都的城乡一体化与土地利用

成都的统筹城乡实践开始于 2003 年，通过统筹规划城市与农村，引领城乡之间经济发展与社会建设、基础设施与产业布局、人与自然的协调发展。

2007 年，成都市获批成为全国首个统筹城乡综合配套改革试验区。以此为契机，成都市着力改革城乡规划管理体制：将城市规划管理局调整为城乡规划管理局，将原成都市建设行政管理部门负责的村镇规划管理职能划转市规划局，在区域中心镇设置规划管理所，在乡镇配置乡村规划师；并设置成都市规划执法监督局以及市政府派驻区（市）县城乡规划督察专员，负责全市城乡规划督察管理工作。覆盖城乡的规划体系和"统一规划、属地管理、分级审查、强化监督"的城乡规划管理体系基本形成。到 2010 年，成都已经基本形成比较完备的与统筹城乡发展相适应的城乡规划法规与标准规范体系。

一 优化配置城乡土地资源

近年来，成都市率先开展农村产权制度改革，对农村土地和房屋确权颁证，赋予其资本属性，在"三农"领域真正完善市场经济体制，助推农村市场化发展进程，加快城乡生产要素自由流动。

2008 年初，成都市启动以"还权赋能"为核心的农村产权制度改革，指向了统筹城乡改革的核心——农村财产权，开始为农村土地资源的资本化运作打基础。

围绕建立"归属清晰、权责明确、保护严格、流转顺畅"的现代农村产权制度，成都市经城乡规划管理部门的实测，陆续对全市域农村土地和房屋"确权颁证"，进一步明晰了承包地、宅基地以及集体建设用地的权属。农民持证行权的制度化，既保障了农民权益，又促进了城乡土地资源的自由流动。

以对全市农村土地的"确权颁证"为基础，成都市创新耕地保护机制，设立了耕地保护基金。每年成都市县两级财政从土地出让收益中拿出 26 亿元，按基本农田每年每亩 400 元、一般耕地每年每亩 300 元的标准，向农民发放耕地保护金，并与农民养老保险相结合。耕地保护基金的设立与对承担耕地保护责任农民的依法补偿，有效地调动了农民保护耕地的积极性，也为许多农民提供了获得良好农民社会保障的机会。

在基本完成农村土地确权的同时，成都市搭建了农村产权交易平台，以促进生产要素在城乡之间的自由流动和优化配置。

2008 年 10 月，成都农村产权交易所依托原成都联合产权交易所成立，成为全国首家农村产权综合性市场平台。此举为通过建立城乡统一的建设用地市场，以制度化方式转让农村集体建设用地使用权创造了条件。

二　土地资本化的好处

成都在 2007 年首次提出"农村集体土地资本化"，鼓励农民以土地承包经营权入股，组建农村土地股份合作社，以期通过土地流转达到集中经营的目的。实践证明，土地股份化的好处十分明显。如在 2006 年就开始推行土地股份化经营的温江区，有的村整个村都进行了股份化。而邛崃市汤营社区 2005 年 2/3 的土地都已经入股。土地股份化的大致做法是对集体资产进行估值，对集体土地进行量化，设立土地股和资产股。土地股是按照当年入股时每个村民小组的人均土地面积计算，也就是以组为单位，按人头平摊土地，然后以平摊的土地面积入股。资产股就是计算集体资产的价值，然后以村为单位按人头平摊。由土地流转形成的收益，按土地股来分；而由资产运作产生的收益，或者股份合作社下成立劳务合作社扣除工资之后的利润按照人口分红。

农民以土地承包经营权入股，承包地的所有权仍在集体。因此，土地股的基础是农地使用权，而不是所有权。将源自村集体的土地承包使用权变成股份，由土地股份合作社集中经营，所形成的激励机制和规模效应，既优于公社化时期的经营模式，也胜过单打独斗的联产承包经营模式。

股权证是农民土地入股后获得的凭证，也是农民作为股东每年领取分红的依据，而分红的多少则与当地的经济发展水平密切相关。如地处成都近郊的温江区，农民大概每年每亩可以领取1800元的分红；而远郊区的邛崃市则少得多，汤营社区近几年来农民的分红，大致在每亩500～800元左右。

三 因地制宜的土地确权

成都农地确权中非常重要的一环，就是给每个农户颁发土地承包经营权证。对于已经实施农地股份化、农民握有股权证的地区，本来不必再发承包经营权证，因为这些地区家庭承包经营的模式已经改变，土地集中到集体经济组织统一经营了。但在土地确权的推进中，耕地保护基金的发放被与承包经营权证的颁发捆在一起，因此那些已经实施股权化的地区也颁发了承包经营权证。由于村集体原有耕地台账与村集体实际耕地数量往往存在差异，而耕地保护基金要求按实测耕地面积发放，因此承包经营权证是以"网格化"确权的方法，将实测的土地面积按人头均分后确权颁证。

这样一来，农民手里就有两个证：一个是根据股份化时的台账面积确定的自家的土地股权证，一个是根据确权时实测面积以"网格法"方式确定的承包经营权证。股权证是集体经济组织颁发的，而承包经营权证是农业主管部门颁发的。股权证上的面积，有些村组会根据新增人口和迁出人口调整，而承包经营权证则遵循承包经营权"长久不变"的原则。两个证尽管都是基于承包经营权的，但颁发机构不同，证上的确权土地面积不同，一旦以后发生贷款、抵押、担保、再流转，究竟应以哪个证为准来处理由此产生的纠纷矛盾，可能会成为一个问题。

在已经实施土地股份化集中经营的地区，原来每户农民田块之间的界限早已不存在，沟渠、路埂也已经根据新的需要重新布局，而农民外出务工也非常普遍。在这样的农村地区推动农地确权，的确是个不小的难题。基层农村的"网格法"确权，是在实际测绘的基础上，把土地像画网格似的按照集体经济组织成员的人数进行均分，每个人分得一个"格子"，其大小注明在承包经营权证书上。这种情况下，承包经营权证上的面积和周边的界限与实际耕种的面积、地块虽然对应不上，但保证了农民对土地权益的公平获得和有效利用。

用网格法确权成本很小，不用划出实际邻地边界，不用丈量每块土地的面积，也几乎没有引起确权纠纷。这种近于虚拟化的土地确权，使每个农户与名下农地之间只剩下处分权、收益权的关联，而不再有直接的使用权关联。这种确权发证措施，给土地流转和土地入股等土地利用方式提供了便利，同时也给撤股单干造成了困难。客观上来看，网格法确权对于农村土地的有效利用是有积极作用的。

第二节　大竹农民的农地意识

大竹县位于四川东部、达州南部，现辖 50 个乡（镇）、577 个村。面积 2076 平方公里，其中耕地面积 93.14 万亩；全县总人口 103 万人，其中农业人口 92 万人。

2011 年 5 月，课题组在四川达州进行了关于农民土地利用的小规模问卷调查。根据研究设计，调查在经济发展水平较高、居中、较低的三个乡镇进行，每个乡镇计划调查 100 人，共计发放问卷 300 份。问卷回收 260 份，剔除缺失项较多的、明显有不真实的部分问卷，共录入有效问卷 228 份，问卷的有效回收率为 76%。出于调查执行中的实际需要，问卷调查最终是在四个乡镇完成的。鉴于这次调查只是用作对农民土地利用意识的了解，本次问卷调查并非严格意义上的定量研究，而更接近于一次浅表层次的结构性访谈。

一 样本概况

1. 受访者性别结构

受访者中年龄最小的为 17 岁，最大的为 75 岁，平均年龄 40.2 岁。全部 228 名成功受访者中，男性为 129 人，占比 56.6%；女性为 99 人，占比 43.4%。

2. 受访者学历结构

表 6 - 1　受访者学历结构

单位：%

		频　次	百分比	有效百分比	累积百分比
有效	不识字	14	6.1	6.5	6.5
	小学	57	25.0	26.3	32.7
	初中/技校	107	46.9	49.3	82.0
	高中/中专	37	16.2	17.1	99.1
	大专及以上	2	.9	.9	100.0
	合　计	217	95.2	100.0	
缺失	系统	11	4.8		
合　计		228	100.0		

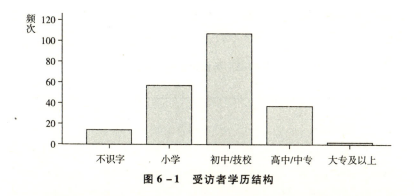

图 6 - 1　受访者学历结构

由表（表 6 - 1、图 6 - 1）中数据可见，除了少数未填答学历者外，受访者中有初中/技校学历者相对最多，占比 46.9%；其次是小学学历者，占比 25.0%；高中/中专学历者位居第三，占比 16.2%。

3. 受访者或配偶是否村两委成员

表 6 - 2　受访者或配偶是否村干部

单位:%

		频 次	百分比	有效百分比	累积百分比
有效	是	45	19.7	20.2	20.2
	不是	178	78.1	79.8	100.0
	合计	223	97.8	100.0	
缺失	系统	5	2.2		
合　计		228	100.0		

受访者中（见表 6 - 2），有 45 位是村两委干部，占全部受访者的 19.7%。由于这一比例明显高于村干部在全体村民中的实际比重，因此或许会对填答选项的选择产生一些影响。为此，后文对有些题目的数据，依据是否村干部进行了交叉分析。

二　对承包地所有权的认识

为了解农民关于自己承包地的产权意识，问卷中询问了"您认为农户手中的承包地，土地所有权根本上是属于谁的?"实际填答数据如下（见表6-3、图6-2）：

表6-3 承包地权属认知

单位:%

		频次	百分比	有效百分比	累积百分比
有效	国家的	103	45.2	45.6	45.6
	村集体的	27	11.8	11.9	57.5
	农民自己的	54	23.7	23.9	81.4
	说不清楚	42	18.4	18.6	100.0
	合 计	226	99.1	100.0	
缺失	系统	2	0.9		
合 计		228	100.0		

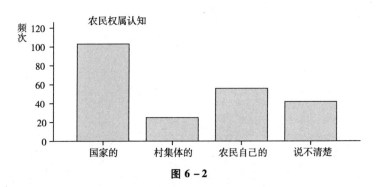

图6-2

表中数据显示，认为承包地的所有权是"国家的"相对最多，占比45.2%；认为承包地的所有权是"农民自己的"位居其次，占比23.7%；回答"说不清楚"的位居第三，占比18.4%；认为承包地的所有权是"村集体的"仅居第四，占比11.8%。在《宪法》《土地管理法》《农业法》《农村土地承包经营法》等法律中早已明确的"农民集体所有"，在问卷调查中却没有得到多数农民的确认，这是十分值得关注的。类似的数据也曾出现在四川师范大学经济与管理学院学生的一项农村土地问题调查中：在回答"集体土地所有权究竟是谁的?"这一问题时，受访农民中有57.40%的认为是"国家的",有 12. 78% 的认为是"集体的",有 19. 73% 的认为是"农民自己的",另有 10. 09% 的回答"不清楚"。[1]

为了解是否存在对农地权属认知的结构性差异,又对所获数据做了进一步的交叉分析(见表 6-4、表 6-5)。

表 6-4 案例处理摘要

单位:%

	案 例					
	有效的		缺 失		合 计	
	N	百分比	N	百分比	N	百分比
学历 * 农地权属认知	215	94. 3	13	5. 7	228	100. 0
是否村干部 * 农地权属认知	221	96. 9	7	3. 1	228	100. 0

表 6-5 交叉表

单位:%

			农地权属认知				合 计
			国家的	村集体的	农民自己的	说不清楚	
学历	不识字	计数	5	2	5	2	14
			35. 7	14. 3	35. 7	14. 3	100. 0
	小学	计数	31	11	9	6	57
			54. 4	19. 3	15. 8	10. 5	100. 0
	初中/技校	计数	42	10	27	27	106
			39. 6	9. 4	25. 5	25. 5	100. 0
	高中/中专	计数	17	4	11	4	36
			47. 2	11. 1	30. 6	11. 1	100. 0
	大专及以上	计数	2	0	0	0	2
			100. 0	0. 0	0. 0	0. 0	100. 0

---

[1] 吴苏川等:《统筹城乡进程中农村集体土地承包经营权流转调查——以成都地区为例》,第十一届"挑战杯"国赛论文,http://www.tiaozhanbei.net/project/15442,2009 年。

		农地权属认知				合　计
		国家的	村集体的	农民自己的	说不清楚	
合　计	计数	97	27	52	39	215
		45.1	11.6	25.1	18.1	100.0

从表6-5中的数据可见，认为承包地所有权是"国家的"，以"大专及以上"学历组和"小学"学历组相对比例较高，分别占比100%、54.4%；认为是"农民自己的"，以"不识字"组和"高中/中专"学历组相对比例较高，分别占比35.7%、30.6%；认为属于"村集体的"，以"小学"学历组相对比例稍高，占比19.3%；表示"说不清"的，则以"初中/技校"学历组相对比例较高，占比25.5%。由于"大专及以上"学历组人数过少，且该组填答数据与学历间关系呈散点状分布，无法通过卡方检验（见表6-7），可见学历高低与对承包地权属的认知间不存在规律性的关系。

表6-6　交叉表

单位:%

			农地权属认知				合　计
			国家的	村集体的	农民自己的	说不清楚	
是否村干部	是	计数	22	17	1	5	45
			48.9	37.8	2.2	11.1	100.0
	不是	计数	78	10	52	36	176
			44.3	5.7	29.5	20.5	100.0
合　计		计数	100	27	53	41	221
			45.2	12.2	24.0	18.6	100.0

表 6 - 7 卡方检验

	值	df	渐进 Sig.（双侧）
Pearson 卡方	43.226	3	0.000
似然比	42.075	3	0.000
线性和线性组合	6.476	1	0.011
有效案例中的 N	221		

a. 0 单元格（.0%）的期望计数少于 5。最小期望计数为 5.50。

对受访者"是否村干部"这一变量与农地权属认知变量的交叉分析表明（见表 6 - 6），受访者是否村干部，会影响到其对农地权属的认知：受访的 45 名村干部中，有 22 人（占比 48.9%）认为承包地的所有权是"国家的"；有 17 人（占比 37.8%）认为承包地是"村集体的"；有 5 人表示"说不清楚"（占比 11.1%）；只有 1 人（占比 2.2%）认为是"农民自己的"。与此相比，未担任村干部的农民受访者中，认为承包地的所有权是"国家的"占比 45.2%，在此项认知上比例低于村干部组；认为承包地的所有权是"村集体的"占比仅 11.8%，在此项认知上的比例大大低于村干部组；认为所有权是"农民自己的"占比 23.7%，在此项认知上的比例大大高于村干部组；而表示"说不清楚"者的比例，也高于做同样表示的村干部组。大致来看，受访的村干部中较多地倾向于认为，承包地的所有权或是"国家的"，或是"村集体的"；而受访的普通农民中较多地倾向于认为，承包地的所有权或是"国家的"，或是"农民自己的"。卡方检验显示（见表 6 - 7），$\chi^2 = 43.226$，在 0.001 水平上显著。这表明，受访者中村干部与普通农民之间在对承包地所有权问题的认知上存在着统计意义上的差异。

三 对土地流转政策的了解

自 1993 年开始第二轮土地承包以来，国家出台了相关文件和法律，允许和鼓励农民将自己的承包地以转包、入股、租赁等形式流转。时至今日，当地农民对国家有关土地流转的政策是否有了较好的了解呢？以下数据是"对国家有关农村土地承包权转让的相关法律和政策有多大程度的了解？"这一问题的回答（见表 6-8、图 6-3）。

表 6-8　对土地流转政策的了解程度

		频次	百分比	有效百分比	累积百分比
	完全了解	23	10.1	10.3	10.3
	比较了解	80	35.1	35.9	46.2
有　效	不太了解	100	43.9	44.8	91.0
	很不了解	20	8.8	9.0	100.0
	合　　计	223	97.8	100.0	
缺　失	系统	5	2.2		
合　　计		228	100.0		

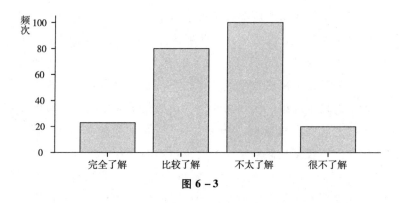

图 6-3

表 6-8 中数据显示，对土地流转政策表示"完全了解"的受访者占 10.1%；表示"比较了解"的受访者占 35.1%；表示"不太了解"的受访者占 43.9%；表示"很不了解"的受访者占 8.8%。

为了解是否存在对土地流转政策了解程度的结构性差异，又对所获数据做了进一步的交叉分析（见表 6-9、表 6-10）。

表 6 – 9 案例处理摘要

单位:%

	案　例					
	有 效 的		缺　失		合　计	
	N	百分比	N	百分比	N	百分比
学历 * 对土地流转政策的了解程度	212	93.0	16	7.0	228	100.0
是否村干部 * 对土地流转政策的了解程度	218	95.6	10	4.4	228	100.0

表 6 – 10 交叉表

单位:%

			对土地流转政策的了解程度				合　计
			完全了解	比较了解	不太了解	很不了解	
学历	不识字	计数	0	3	8	2	13
			0.0	23.1	61.5	15.4	100.0
	小学	计数	3	17	30	6	56
			5.4	30.4	53.6	10.7	100.0
	初中/技校	计数	11	40	43	10	104
			10.6	38.5	41.3	9.6	100.0
	高中/中专	计数	8	15	12	2	37
			21.6	40.5	32.4	5.4	100.0
	大专及以上	计数	1	1	0	0	2
			50.0	50.0	0.0	0.0	100.0
合　计		计数	23	76	93	20	212
			10.8	35.8	43.9	9.4	100.0

　　进一步的交叉分析显示,不同学历的受访者对于土地流转政策的了解程度存在着明显的差异。对土地流转政策表示"完全了解"和"比较了解"的受访者比重,依学历从低到高逐渐上升;而对土地流转政策表示"不太了解"和"很不了解"的受访者比重,依

学历从低到高逐渐下降。

表 6 – 13　交叉表

单位:%

			对土地流转政策的了解程度				合　计
			完全了解	比较了解	不太了解	很不了解	
是否村干部	是	计数	9	19	16	0	44
			20.5	43.2	36.4	0.0	100.0
	不是	计数	14	60	81	19	174
			8.0	34.5	46.6	10.9	100.0
合　计		计数	23	79	97	19	218
			10.6	36.2	44.5	8.7	100.0

对受访者身份与对土地流转政策的认知的交叉分析显示（见表 6 – 13），受访者中的村干部对于土地流转政策的了解程度明显高于普通农民。其中，村干部对土地流转政策表示"完全了解"和"比较了解"的受访者比重，分别为 20.5% 和 43.2%，高于普通农民受访者的 8.0% 和 34.5%；而对土地流转政策表示"不太了解"和"很不了解"的村干部比重，分别为 36.4% 和 0%，低于普通农民受访者的 46.6% 和 10.9%。

四　对土地流转好处的看法

国家关于允许和鼓励农地流转的政策出台已久，但在不少地方农村土地流转并不顺畅。除了可能存在的对于国家相关政策的认知不足外，一些农民心中是否可能存在着其他疑虑？为此，问卷询问了"您认为种植大户通过转包其他小农户的承包地，从而实现规模化种植、养殖的做法，是否对他们双方都有好处？"对于这一问题的回答大致如下（见表 6 – 14、图 6 – 4）。

表 6 - 14　对土地流转好处的看法

单位：%

		频　次	百分比	有效百分比	累积百分比
有效	对双方都有好处	67	29.4	29.8	29.8
	主要对种植大户有好处	53	23.2	23.6	53.3
	主要对小农户有好处	6	2.6	2.7	56.0
	说不清楚	99	43.4	44.0	100.0
	合　计	225	98.7	100.0	
缺失	系统	3	1.3		
合　计		228	100.0		

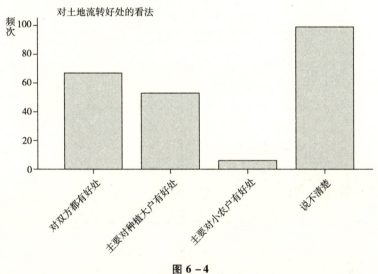

图 6 - 4

　　表 6 - 14 中的数据显示，关于土地流转的好处，认为"对双方都有好处"的受访者占 29.4%；认为"主要对种植大户有好处"的受访者占 23.2%；认为"主要对小农户有好处"的受访者只占 2.6%；表示"说不清楚"的受访者占 43.3%。这组数据意味着：有近 50% 的受访者难以确定土地流转对自己是否有好处，这就难免影响到众多农户对是否将自己手中的小块承包地流转出去的抉择。

五 对成都城乡统筹发展模式的看法

作为四川省的省会，成都的城乡一体化试验应该对全省各地具有较大影响。为了解当地农民对成都的城乡统筹发展模式的看法，在问卷中询问了这样一个问题："成都的城乡一体化试点中，采取一手让农民交出自家宅基地和承包地，一手向农民提供低价经济适用房和城市社会保障的办法，实现了当地农村人口的整体市民化。对于这种安排，你是否赞同"，以下是调查所获的实际数据（表6-15，图6-5）。

表 6 - 15 对成都经验看法

		频　次	百分比	有效百分比	累积百分比
有　效	十分赞同	36	15.8	16.0	16.0
	比较赞同	69	30.3	30.7	46.7
	说不清	64	28.1	28.4	75.1
	不太赞同	47	20.6	20.9	96.0
	很不赞同	9	3.9	4.0	100.0
	合　计	225	98.7	100.0	
缺　失	系统	3	1.3		
合　计		228	100.0		

表6-15中的数据显示，受访者中对成都模式表示"比较赞同"的相对最多，占比30.3%；其次是表示"说不清"的，占比28.1%；排在第三位的是表示"不太赞同"的受访者，占比20.6%；表示"十分赞同"的受访者占15.8%；表示"很不赞同"的仅占3.9%。这组数据意味着：有近50%的受访者（46.1%）程度不同地认同成都模式，体现了这种城乡一体化模式在四川农村确实收到了一定实效。

为了解是否存在对成都城乡一体化模式的态度的结构性差异，

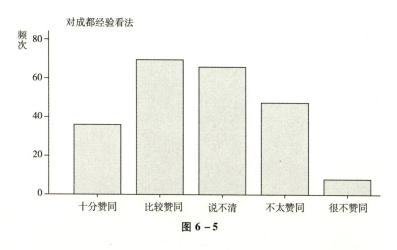

图 6 – 5

又对所获数据做了进一步的交叉分析（见表 6 - 16，表 6 - 17）。

表 6 – 16 案例处理摘要

单位:%

	案 例					
	有效的		缺 失		合 计	
	N	百分比	N	百分比	N	百分比
是否村干部 * 对成都经验看法	220	96.5	8	3.5	228	100.0

表 6 – 17 是否村干部 * 对成都经验看法交叉分析

			对成都经验看法					合 计
			十分赞同	比较赞同	说不清	不太赞同	很不赞同	
是否村干部	是	计数	13	23	5	3	1	45
			28.9	51.1	11.1	6.7	2.2	100.0
	不是	计数	23	46	58	40	8	175
			13.1	26.3	33.1	22.9	4.6	100.0
合 计		计数	36	69	63	43	9	220
			16.4	31.4	28.6	19.5	4.1	100.0

对受访者身份与对成都城乡一体化模式的认知的交叉分析（见表6-17）显示，受访者中的村干部对于成都城乡一体化模式的赞同程度明显高于普通农民。其中，受访者中的村干部对成都城乡一体化模式表示"十分赞同"和"比较赞同"的比重，分别为28.9%和51.1%，高于普通农民受访者的13.1%和26.3%；而对成都城乡一体化模式表示"说不清""不太赞同""很不赞同"的村干部比重，分别为11.1%、6.7%和2.2%，低于普通农民受访者的33.1%、22.9%和4.6%。

六　调查小结

1. 促进农村土地流转需要配套的制度设计

由问卷调查所获数据可见，当地农民对于土地流转的政策尽管有了很多的了解，但对于自己手中的承包地是否值得流转出去，仍是心存很大疑虑。毕竟，农户手中的几亩薄田，作为生产资料确实并不丰厚，通常也难借以脱贫致富，但土地作为农家手中的生活保障工具，却是他们赖以维生的最后依托。农村土地流转，是实现农业规模经营、有效经营的必要途径，也是发展农业、改造农村的重要手段。但没有可靠的、看得见摸得着的制度依托，就很难让农户放弃顾虑、大胆参与到土地流转、规模化利用的进程中来。

2. 农民关心土地的收益权多于所有权

普通农民包括相当一部分村干部对于承包地的所有权问题并不十分关注，这是他们对承包地所有权问题的认识比较模糊的直接原因。农民关心的，其实是如何能从自己承包的土地上实现增产、增收。无论是自己从事种植或养殖，还是短期或长期的土地流转，只要能够获取足够的、稳定的收益，所有权如何界定并不是根本性的问题。

3. 农民注重社会保障

对于成都模式的城乡一体化试验，有近一半的受访农民表示赞同，有约30%的受访农民表示"说不清"，而表示不赞同的不到30%。这表明，只要能够实现当地农村人口的整体市民化，让新市民们也能享受到住房保障和其他城市社会保障，对于交出自家宅基地和承包地的制度措施，许多受访农民是乐于接受的。

第七章　成都：城乡一体化中的土地与农民

　　庞大的农村人口及其从事之农业所占用的各种资源将如何成功地随着工业化进程向非农产业转移，是中国城市扩张和城乡统筹中必然面对的一个重大问题。作者有幸从 2003 起在成都大学从事经济学教学与研究，全面跟踪并亲身参与了成都市政府自 2003 年开始的"城乡一体化"运动；在成都大学支持下全面展开持续而广泛田野调查的同时，又与政府政策研究部门及各职能部门深入合作进行了多项政策研究，这使得作者能够同时了解政府的运作机制和农民的对策选择；作者在成都市委组织部的全市村支书例行培训中为其中 2000 多名村支书上过课，并成功建立起通信联系，此举为此后每年大范围调研活动提供了极大的方便。

　　几年下来，收集到大量的连续的调查数据，可以借此初步对成都城乡一体化给农村的农民和土地带来的影响进行分析。

第一节　成都市"城乡一体化"的主要内容

　　成都市始于 2003 年的"城乡一体化"进程的主要内容或者说是操作手段叫做"三个集中"：工业向工业集中发展区集中，农民居住向城镇集中，土地向规模经营集中。"三个集中"曾经被总结为"城乡一体化"之目的与手段的统一。

三个集中的最初提出来源于成都市的全国经济百强县——双流县。早期提法略有不同：工业向园区集中，农民向城镇集中，土地向业主集中。从直接效果的角度来分析，这三个手段都表现出一些较为明显的好处。

工业向园区集中首先可以叫停所谓"村村点火、户户冒烟"发展工业模式，减低工业发展中公共资源配套的成本，这对于仍然是吃饭财政的西部城市成都来讲是非常重要的；其次，在环境污染治理方面也可以收到一些立竿见影的效果；最后，可以弱化成都市所属19个区市县众多小工业园区之间的恶性竞争，有助于土地尤其是工业用地资源价格的提升等等。

2003年11月，成都市政府颁布了《成都市工业发展布局规划纲要（2003~2020年）》，将全市116个工业园区整合为21个工业集中发展区。其中国家级工业开发区2个，省、市级工业园区19个，基本上是一个区市县拥有一个工业园区。同时纲要还对每个集中发展区的数个重点支持行业及限制和禁止发展的行业作出了规定。

2005年9月，成都市政府颁布52号文《关于切实做好工业集中发展区和工业点布局落实工作的通知》，进一步明确工业园区的空间规模和产业定位。

2008年1月31日，成都市政府发布13号文《关于加快工业集中发展区建设发展的试行意见》，明确提出全域成都理念下"一区一主业"的要求，进一步调整优化21个工业集中发展区的产业布局。具体来说就是成都市政府将大力支持每个工业集中发展区重点发展一个主导产业，非主导产业将不再重点支持。

从这三个关于集中发展区的相关文件来看，政府是工业向集中发展区集中的主导力量。

农民居住向城镇集中是由成都平原地理环境形成的农民居住习惯引致的。成都平原地处四川盆地的核心区，自古称"天府之国"，人们不知饥馑，生存环境极好。所以成都平原农村大多采用一家一户散居模式或从大家庭分解出来几户形成聚居点。这一点从地图上的地名标示就可以看出，多数叫"张家院子、李家坝子"，没有张家村、李家屯这种北方农村常见的称呼。居住集中度高的一般都是商贸集散地，比如"何家场、王家场"等等。

成都农村每户农民的居住占用的建设用地除了住房外还有晒坝、林磐、坟地等等，基本上是粗放利用，平均每人可达140多平方米。由于我国严格的土地用途管理制度，城市工业化的发展需要大量的建设用地指标，而城市区域内的建设用地存量早已用尽，所以，存在于农村的大量建设用地粗放利用的现状，就成了解决城市化发展中所需用地指标的一个巨大资源。

政府推动农民集中居住，就是让农民住进类似于城里的小区环境，在提高农民居住品质（至少公共设施水平提高了）的同时，按成都市的标准，农民每人配置35平方米建筑面积的住房（统规统建）或是每人35平方米宅基地（统规自建），这就可以节约出大量的建设用地。将这些节约出来的建设用地复垦还耕后，政府国土部门就可以获得建设用地指标和新增耕地带来的占补平衡指标，就可以在城市化发展需要征地时与每年用地规划指标配套使用。

从政府的角度来看，农民集中居住是一件多赢的事情，既可解决城市化发展用地的有关指标约束问题，又可以和中央提倡的新农村建设结合起来，提升农村的基础设施建设水平，提高农民的居住环境水平。好处不胜枚举，但问题是如何启动。

成都市的主要领导当时就指出了问题的关键所在："钱从哪里来？人到哪里去？"成都市并非沿海地区，无法用工业化来覆盖一切。西部地区必须面对大城市带大农村的矛盾。首先是谁来为农民集中居住买单？这个问题很快就找到了解决办法：利用国土资源管理部门的"土地整理项目"和"增减挂钩项目"出钱，后来又引入社会资金直接对农村建设用地进行操作，称之为"拆院并院"，将得到的建设用地指标和占补平衡指标挂钩利用到投资方的对应建设项目上。因此，从2005年开始，成都市大量申报土地整理和增减挂钩项目，以配套推进农民集中居住。

此时，又一个问题出现了，集中居住后的农民不再随耕地所在而就近散居，耕作成本（难度）增加；同时土地整理完成后，土地是整片、大块的，如何分块承包？某些情况下，沟渠整理、道路修建还引致土地品质的变化，如何解决？一个村通过土地整理新增耕地动辄几百上千亩，且土地肥瘦不均，重新分地显然有难度，于是，耕地大规模流转的需求被政府提出来了。

土地向规模经营集中，主要是希望实现农业生产方式方面的改变，变一家一户的小农经营为规模化的业主或企业化经营，其方向直指农业劳动生产率的提高。成都市曾经将它提高到小平同志所说"第二次飞跃"的高度，而实际操作中，它更多的是解决土地整理、农民集中居住后形成的诸多问题。

成都市共有农业用地430多万亩，农村人口为500多万，人均耕地只有七分多一点，绝对的人多地少。在家庭联产承包制下，农民大多以精耕细作方式去努力提高农业产出。但在大量农民工走向城市打工之后，2003年以前成都农村也已经出现承包地自发转租的现象。比如崇州市桤泉镇，2003年就已经发生总量为1300亩左右的承包地自发转租。但这种流转是小规模的，少则5亩，多不过100亩。这种自发流转的规模取决于承租者的耕作能力和产品结构，如果仍然从事种植业，由于农业生产难于监督管理，则一户业主承租一般不超过30亩。比如双流县有名的蔬菜基地昆山村，有四户四川简阳来的农民种蔬菜，合租了40亩，平均每户10亩。严格说来这种自发的流转是沿着逐步提高农业劳动生产率的途径进行的，但受制于人多地少的资源配置模式，其发展是缓慢的，无法满足土地整理项目实施后，土地大规模流转的需要。

因此成都市从2006年开始在农村承包地集中流转方面出台了许多政策予以支持，流转的主体也由土地承包农户转变为政府指导下的村集体。邛崃市固驿镇仁寿村作为典型在政府指导下还实施了全村统一的土地流转。但并不是所有需要进行土地流转的村或组都有条件进行统一整体流转，因此，在这一过程中就出现了：将承包地入股成立合作社后再统一流转；村集体成立经营公司来经营农民入股的未流转土地；农民以农业工人身份从事种植业工作等新的经济现象。农业规模经营成了推动土地大规模流转的最普遍的理由。但与此同时，"人到哪里去"就更为明显地表现出来了。规模经营的实际运作是减少单位面积土地所需要的劳动力数量，因为土地产出率短期内是难以提高的。

第二节 "三个集中"主线：节约农村建设用地资源

成都市在推进城乡一体化发展的进程中，实践并总结出了"三个集中"的发展思路，并以此来统筹城乡发展，破解"三农"难题，促进成都市的经济发展。

从政府的具体推动方式来看，"三个集中"形成了一种闭环作用机制，有一条能够自圆其说的内在逻辑。

首先，借助各种社会资金（土地整理投资资金，扶贫资金，社会资本等等）实施土地整理或"拆院并院"（更为直接的是以楼房换院落获取建设用地指标的方式）推动农民向城镇集中居住。

其次，推动土地向规模经营集中，通过集体经济组织成规模地推动面向种植大户或农业企业的土地流转，从而形成农业向规模经营发展的客观条件；同时消除农民进城打工后在承包地利益获得方面的后顾之忧，农民获得土地流转收入后可以不再担心因外出打工而失去自有承包地的种植业收入，从而创建出适应农业产业化、规模化经营，进一步发展现代农业的资源配置环境。

最后，节约出来的建设用地指标可以有力地支持工业化城市化进程中的土地需求，支撑工业集中发展区的发展空间，以图实现工业集约、集群发展，提升整体经济发展水平。如此，就可以增强工业及其他非农行业吸纳因土地规模经营而释放出的农业劳动力的能力，最终解决农村富余劳动力资源转移就业的问题，最大程度避免和减轻产业升级过程中的经济转型期阵痛，实现城乡的和谐发展。

从这个意义上看，成都市的"三个集中"是顺应了经济社会发展和工业化、城市化进程的大方向，在城乡资源流动配置上也一定程度体现了中央关于"工业反哺农业，城市带动农村"的方针，可以称得上是一个"瞻前顾后，环环相接"的实践模式。农民向城镇集中是操作上的起点，推动土地流转则是一个必然的路径选择，而核心和基础是以工业为核心的产业发展，所以工业发展是"三个集中"发展模式的落脚点。所以，"三个集中"是一个整体，逻辑上互为联系、相辅相成。

由此我们可以清楚地看到，这个机制作用过程中的启动因素是建设用地资源的获得。城市化工业化的高速发展导致了对建设用土地资源的强劲需求，而我国政府实施的是非常严格的土地用途管理制度，18亿亩耕地的红线是"高压线"，谁也不能碰。在这种强约束下，成都农村大量存在的粗放利用的农村建设用地就成了一个巨大的存量资源。推动"三个集中"就能够合理合法地通过建设用地指标获取并释放出这部分资源。这种城乡资源的互动无疑是各级政府非常愿意见到的，大力推进是理所当然。

如果我们把成都市的"三个集中"看做是一种制度设计的结果，那么这个作用机制包含了一个重要的约束条件：农民在什么情况下愿意选择集中居住。换句话说，我们工业化进程的一部分发展空间将取决于农民的选择，那么工业化进程到底能从哪些方面直接给农民带来超过其原有利益的利益，以促使他们作出我们认为正确的选择呢？

接下来的问题是，农民有没有可能在愿意的情况下去推动集中居住，节约出建设用地资源以换取利益。千百年来的小农耕作方式形成了成都现存的农村土地资源配置方式，住宅散居、粗放占地（建设用地）；但这仅仅是资源约束方面的问题。在制度方面，农民即使能够把建设用土地节约出来，我国的土地用途管理制度却决定了农民无法去操作把建设用地转让出去的过程；农村现存的土地集体所用制是另一种约束力极强的制度，它使得单个农民单独操作土地资源的可能性根本不存在；现存的征地制度更是把农村土地资源在转换应用领域时的价值上限局限在了种植业范围，按照土地管理法有关征地补偿的条款，农村建设用地的补偿价值只能是农用地的一半。

如果我们可以不考虑上述制度限制推动农民集中居住，还有一个问题必须面临，"人到哪里去?"生产方式的转变在哪里完成，农业之内还是农业之外?

第三节　农民的意愿及分析

农民参与集中居住的意愿成为"三个集中"作用机制的关键前提条件。2006年4月，成都市大范围利用土地整理项目推动"农民集中居住"一年多以后，作者接受成都市农委的委托，主持了一项关于农民参加集中居住意愿的大规模田野调查，现将调查报告摘录如下。①

一　调查概况

调查范围涉及成都市行政区划内的三个圈层中的八个区县，分别是：第一圈层金牛区、成华区；第二圈层青白江区、龙泉驿区及温江区；第三圈层彭州市、金堂县和邛崃市。每个区市县在当地推进办（城乡一体化推进办公室）的协调下，分别选择了三个村作为采样点，对每个村用随机入户的方式访问10户农民家庭采集数据。

---

① 为确保资料完整，除一些套话外基本未删节。

本次调查围绕"农民向城镇集中"这个主题展开实地研究和分析，以期获得第一手的农民居住意愿数据，为决策提供施政依据。同时希望发现和研究"农民向城镇集中"面临的操作难题，提出解决思路。最终初步建立《成都市农村城镇化基础数据库》，收集成都市城乡一体化进程中农民就业、收入和农村产业发展变化的基础数据，为进一步跟踪研究成都市农村城镇化发展进程奠定基础。

调查问卷的内容设计主要围绕以下几个主题展开：

1. 农户家庭基本经济数据；

2. 农村居民家庭参与集中居住意愿；

3. 迁移补偿及失地补偿；

4. 迁移或失地前后的就业问题；

5. 对集中居住前后生活状况和环境的预期或评价。

调查共取得 240 份有效问卷，超过 20000 个有效数据。与此同时，调查人员还与各地村镇及区市县推进办干部进行了座谈，广泛了解推进集中居住工作中的新思路与新问题，形成与农户问卷结果之间的对应关系，为深入分析调查结果提供多方视角。

二　调查总体结果

调查获得的数据从随机抽样调查的角度比较全面地反映了成都市农村居民家庭参与集中居住意愿及农村城镇化发展进程的相关情况。

第一，从总体上看，农户对集中居住工作的了解程度和支持率还是比较高的。农民对城乡一体化的未来有着很好的预期，自愿的程度很高。

回答"清楚了解"和"知道"集中居住的农户占样本总数的 86.25%。

在"家中劳动力的就业问题可以解决"的前提下，愿意放弃土地转为城镇居民的农户达到 66.67%；回答不愿意的农户仅占 22.5%。

而在有一定补偿的前提下愿意参加集中居住的农户达到 67.92%，回答不愿意的仅占 20%。

在对"如果在当地有企业来开发项目，可以解决您的工作问题，您愿意放弃土地参加集中居住吗"这一问题的回答中，回答"愿意"的高达 74.58%，"要看工作好不好"的占 11.25%，"不愿意"的仅占 8.75%，没有回答的占 4.58%。这反映出就地转型就业对农民的吸引力较大。

农民离开土地后最需要政府解决的问题中，"帮助解决就业"占比最高（40%），其次为"建立社会保障"（32%），第三是"合理的土地补偿"（23.75%）。

愿意参加集中居住的最主要原因，预期"生活环境条件会变好"占比最高（42.08%）；其次是"大家去我就去"（18.33%）；再次是"给的补偿有吸引力"（11.67%）；回答"干部要求，不去不行"的仅占 5.83%。

第二，在迁移补偿和失地补偿方面，大部分农户表现出很大的不确定性。这说明了补偿问题的高敏感程度。而且基层干部对补偿问题显然是宣传不够，甚至有可能是刻意回避的。

在"土地征用补偿金标准是否应与以前或其他地方保持一致"问题上，回答"是"和"应当更高"的比率是 100%。而面对回答相应原因的要求，却只有 30% 的农户做出了回答。

关于"在土地没有征用的情况下，自愿参加集中居住每人也有一定的补偿，您知道你们当地的补偿是多少吗?"的问题，回答知道的农户仅占（26.67%）。

现金补偿是农民在集中居住过程中唯一能够确定的现实补偿，其他的利益补偿还有待确定，这样的一个低告知率，无疑会加大推进集中居住工作的难度。

相应地，农民"对本村参与推进城乡一体化农民集中居住工作的村干部或工作人员是否满意"这一问题，回答满意和基本满意的仅占 50.83%；明确表示不满意的占 26.25%；表示了解不多不好评价的占 19.58%；没有回答的占 4.17%。

在"这次集中居住后，您希望按什么方式分配补偿款"的问题答案上，回答"将土地补偿费分配给村里所有农户"的占 64.17%，"大部分发给失地农户，村集体留一部分举办村集体公共或福利事业"的占 20.42%。

第三，农民在非农行业的就业问题是推动集中居住工作中的重大难题。农民对将来就业问题的担忧，影响了农民对未来收入变化的判断。职业技能的缺乏与年龄问题是农民对就业前景表示不乐观的主要原因。而政府在职业技能的培训工作方面，应该进一步的加强。

平均年龄在 46.62 岁的第一主要劳动力"家庭成员 1"，受教育程度在初中以下的占 79.17%，其中，小学及以下的占 41.67%。

平均年龄在 43.92 岁的第二主要劳动力"家庭成员 2"，受教育程度在初中以下的占 69.16%，其中，小学及以下。占 39.17%。

城市化的发展对农民的就业状况产生深刻影响，"家庭成员 1"的目前就业中，明确在非农行业就业的超过 32.2%，仍然务农的也有超过 32.5%的是兼业方式；"家庭成员 2"明确在非农行业就业的也超过 23.76%，仍然务农的也有超过 24.58%的是兼业方式。这说明近年来的经济发展已经为加速推进城乡一体化奠定了基础。

但是，农民在非农行业的就业稳定性是令人忧虑的。目前就业的"家庭成员 1"明确回答工作稳定的仅占 33.33%，临时工、工作更换频繁和不便回答的占 66.67%；"家庭成员 2"明确回答工作稳定的仅占 30%，临时工、工作更换频繁和不便回答的占 70%。与之相一致的回答数据出现在下一问题中。"您觉得集中居住后，您的家庭成员在非农行业的就业情况会是"的答案中"都很困难"占 30.83%；"部分困难"占 35%；"不太困难"仅占 29.58%。

在"影响您家劳动力在非农行业就业的因素中最大的障碍"问题的答案中，居第一的是文化水平或职业技能不够，占 29.58%；

居第二位的是年龄太大，占 23.75%；居第三位的是竞争激烈"找工作的人太多"。

而对家庭成员目前就业情况明确表示担忧的占到 51.67%，明确表示不担忧的占 35.83%。

由此，农民对未来家庭收入的变化前景就是忧喜参半了。预计集中居住后家庭总收入会增加的和预计会下降的一样多，均为 32.5%。预计持平的占 25.42%。

参加过政府有关部门组织的技能培训的人只有 37.92%，而没有参加过的占 48.75%，没听说过的人有 9.17%。

虽然在非农行业的就业是如此之困难，但农民的就业选择意愿还是明显地倾向于非农行业。这说明劳动生产率的巨大差异所形成的对劳动力资源的吸引力是不言而喻的。对"集中居住后愿意就业的行业"这一问题，选服务业的最多，占 31.25%，选经商做生意的占 28.33%，选工业和建筑业的占 24.17%，选农业的仅占 10.83%。答案数据反映了农民对自身条件的清醒认识和对脱离农业领域的向往，这正是城乡一体化协调发展的重要前提条件。

另一个反映出就业难度的数据是农民普遍愿意本地就业，选择本地就业的农民占 74.58%，而选择外地就业的仅占 16.67%。这无疑给政府劳动部门的工作形成巨大压力。

第四，调查数据显示对集中居住前后生活状况和环境的预期或评价基本上是正面的。

现有农民的住房还是土坯房的总体上只占 8.33%。其余都是砖瓦平房和楼房。户均总建筑面积 234.30 平方米，人均 57.04 平方米。

对于"如果您的家庭参加集中居住，您的家庭将会选择下列哪种方式解决住房"这一问题，选择"服从统一安排，按标准面积得到住房"的占到 68.33%；选择"希望另外分到宅基地自建房"的占 20%；选择自己另外花钱购买经济适用房的只占 3.33%。同时愿意添钱购买比规定面积大的房屋居住的农民占到了 49.58%，明确表示不愿意添钱购买的占 40.83%。

对于"集中后新居住房的建筑设计您希望用哪种方式解决"这一问题，选择"农民提意见，政府统一设计"和"政府提供多种自建房设计方案供选择"的农户占到 70.42%。这对于分配宅基地自建房的农民来说是很重要的。

关于集中居住后的物管问题的调查结果仍然是令人头疼的。有 45.83% 的人认为应由政府负责，有 23.33% 的认为应由居民自理，有 20.83% 的回答应请专业物管。看来日常生活中突然增加的费用让自由惯了的农民适应起来需要一定的过程。

如果要交物管费，59.58% 的农户选择可接受的范围是最低档次"每户 5 ~ 10 元"；20.83% 的选择"每户 10 ~ 30 元"；明确选"不收费"的只有 1.67%；不愿回答的占 13.75%。

大部分农户对于城镇生活的预期是正面的，在"您觉得您的家庭成员能够适应城镇里的新生活方式吗"的答案中，选择"可以"的占 68.33%；选择"不好说"的占 15.83%；选择"很难"的占 11.67%。

在对于综合性问题"您预计集中居住之后，对您的家庭的影响总体上是变好还是变坏"的答案中，选择"变好"占到 64.17%，选择"变坏"的占 20.83%；认为"不好说"和"无变化"的共占 7.09%。

集中居住后的农民对于继续从事种植业的态度从对"如果集中居住后，您还可以继续种地，您还会去种吗？"这一问题的答案中得到反映。30.83% 的明确选择"再近都不想种地了"；20% 的选择"责任田离居住地必须在一公里以内，才愿意选择种地"；另有 20% 的选择"责任田离居住地两公里以内，愿意选择种地"。

第四节　圈层与异地差异分析

全部调查数据汇总结果的正面性，体现出城乡一体化协调发展、推动农民集中居住是大势所趋，客观上符合经济发展的内在规律。但由于成都各区县经济发展水平和经济资源分布的不平衡，反映在农民集中居住意愿这一命题上，差异不仅存在于圈层之间，同一圈层的不同区县也存在很大的差异。深入探讨、认真分析这些差异对于加快推进城乡一体化工作是十分重要的。

关于农民集中居住意愿的相关问题的回答，相同圈层或类似经济收入水平的区县之间存在一些差异。

一 资源配置方式决定的差异

彭州的农户在对"如果有一定的补偿，您和您的家人是否愿意和其他村民一起搬到县城或中心镇区居住"这一问题的回答中，选择"不愿意"的比例是最高的（36.67%）。而"前三年平均亩产值"与彭州同样处于 1250~1750 元之间（本次调查样本数据）的青白江和邛崃，选择"不愿意"的却都只有 20%，同属第三圈层的金堂也只有 26.67%。

通过与干部座谈的信息进行对照分析，我们发现：各地农民对土地资源的依赖程度不同，是形成这种差异的原因。

彭州的农民集中居住项目，绝大部分是依托土地整理项目进行的。而相较青白江区和金堂，彭州农民外出打工的比例要小很多。也就是说彭州农民的收入主要通过其自身对于土地资源的利用（主要是自用来种植或养殖）产生，集中居住会给农民的种植养殖活动带来许多不便。比如距离变远了，整理后的土地适合规模经营而不适合一家一户的小农耕作，集中居住后的环境对人是好了，对养牲畜、蓄肥料却大为不便等等。据干部们讲，彭州农民勤快，宁愿自己种地多挣点收入，也不大愿意接受邛崃汤营村那种保底 900 斤黄谷的模式。但实际的情况应当是，彭州农民对于耕地资源的利用只有自己耕作养殖这一种模式；对自身劳动力资源的运用，也主要是去耕作自有的责任田。这就形成了当地劳动力资源和土地资源之间的高度相互依赖。这样一来，任何一方资源的流转都会遇到阻力。

彭州的某一个土地整理项目由于没有及时找到规模经营的产业化项目，最后不得不多花几十万元重新修田埂，分田到户。即使不能说是前功尽弃，也算是效果远差于预期。

青白江与彭州的不同在于其农民的劳动力资源的运用有不限于自有耕地的传统，外出打工（不一定是外地）十分普遍，打工收入占家庭收入的比例很高。也即是说，其劳动力资源对其责任田土地资源的依赖程度相对较低，所以集中居住可能会导致的对耕作养殖活动的不便对青白江农户来说就不那么重要了。相应地，青白江的农户也就更多地倾向于土地出租或低价位保底经营。挣钱主要不靠自己的责任田，能从土地上收一点就可以了。

金堂的"前三年平均亩产值"达到 3592.50 元，高于彭州。应当说其农户从土地资源耕作养殖中得到的更多，更可能不愿意参与集中居住。但事实上金堂回答不愿意的农户比彭州还少 10 个百分点。原因在于金堂是著名的劳动力输出大县，也就是说，其拥有的劳动力资源不用拴死在本地土地资源上。虽然其劳动力与本地土地资源的结合创造的收入高于彭州，但其劳动力拥有与其他资源结合的广泛空间，而且很可能创造出比与本地土地资源结合所得更高的收入，因此，金堂农户答卷中"不愿意"者数量低于彭州也就不足为奇了。

推进城乡一体化促进"三个集中"，其本质是按经济发展的大方向——"城市化工业化"来重新配置农村的各类经济资源。旧有的资源配置方式需要被打破，从而为建立起新的资源配置方式开辟空间。在这里有两个前提是必须要满足的。

第一，旧的资源配置方式是否在本地仍有生命力，或者说，它是否具备了可以进行调整的属性。

第二，新的资源配置方式是否一定会带来比旧的配置方式更高的效率。或者说，是否存在能给农民带来更高收入的可能性。

彭州前述一个项目的未完全成功，导致当地政府对土地整理项目的谨慎态度，与农户问卷中比其他县区更多的负面答案的现象是一致的。其原因正在于上述两个前提的缺乏。当地农业劳动力与当地土地资源的结合目前是紧密而牢固的，尚未形成对其进行调整的条件。依托土地整理实施集中居住后，没有找到规模化经营的产业龙头。也就是说没有找到调整旧的资源配置方式的途径，所以只有重新修田埂，分田到户，回到旧的资源配置方式。同时另一更为不利的后果是可以预见的：原有的分散居住是旧的资源配置方式千百年来形成的低运行成本选择——就近精耕细作的结果，而集中居住与旧的资源配置方式——一家一户的小农耕作相结合，必然导致生产效率下降。作者在邛崃市曾经看见的扛锄头骑摩托去种地显然是一种不经济的生产活动。由此会带来一些什么样的发展还有待进一步调研。

解决第三圈层集中居住问题的关键在于第一个前提的突破，这首先受制于当地经济资源本身的属性。劳动力资源的可塑性大，制约因素主要来自土地资源的属性（特征）。

在一些土地资源特征较为极端的情况下，比如邛崃的花楸，深山峻岭山高坡陡，高山产品茶与竹是主要经济收入来源，一家一户的小农方式正好适合其土地资源属性，强行打破其资源配置方式，肯定得不偿失。在这种极端的情况下，只有经济收入不再主要依赖于其特有的土地资源时（比如农家乐的收入大幅增长），改变才是有可能的。

幸运的是绝大部分的土地资源不具有这种极端的属性。同样是在邛崃市，汤营村模式获得初步成功，其原因正在于对上述第一前提的满足。邛崃市与彭州市同属第三圈层，条件类似，农业收入水平甚至更低。汤营村模式的初步成功在于通过创造一定的条件——引入兴农公司入股成立股份公司，发展规模化、标准化、集约化、品牌化的现代农业，使得土地资源有了第二种可以与之结合的可能对象，打破了土地只能分给农民去一家一户耕作的固有模式。因此，资源配置方式的调整成为可能。

　　彭州的问题在于没有找到合适的规模经营项目，也就没能满足上述第一个前提，旧的资源配置模式很难被打破，集中居住的推进就会受到影响。

　　所以，在第三圈层推动农民集中居住工作的关键，在于通过寻求农业规模经营项目（当然有机会寻求非农项目更好）来创造打破旧有资源配置方式的条件，同时创建新的资源配置方式。

　　值得注意的是，农民集中居住工作的稳定性成果还有赖于前述第二前提的满足。新生产方式（基本等同于新的资源配置模式）的稳定，体现在生产效率方面，具体来说更多地体现在农民的收入方面。新方式的好处只可能体现在高效率上。如果没有比旧方式更高的效率，几年之后走回头路仍然是有可能的。原因在于，资源配置模式的转变意味着资源的流动，而资源的流动一般情况下是以劳动生产率的高低来诱导的，换句话说是一种由资源需求方依托其较高劳动生产率进行诱导、资源供给方迎合的资源流动，是可以预知其后果前提下的流动。而我们目前的农户集中居住工作大部分（尤其是第三圈层）是依托土地整理项目这一纯粹外在的原因推动的，换句话说我们并非先有第二前提再推动资源配置模式转换，而是抓住土地整理的时机先改变资源配置模式的物理方式，进而推动其逻辑方式的改变。新的逻辑方式肯定适合新的物理方式，但并不天然具备比旧的资源配置方式效率更高的特征。所以在新模式的选择上，一定要反复论证，慎之又慎。一般说来，非农项目生产效率高于农业项目，已有稳定的成功案例都支持这一判断。龙泉驿区的干部说得很形象：多年前来龙泉看桃花，桃农派人看守，碰掉桃花要赔钱。现在桃花树下可以随便玩乐，摘桃花都无所谓。桃农哪里是种桃卖桃的（农业），他们卖的是桃花（旅游业）。所以，项目的选择决定了农民的未来。

　　彭州的干部在这方面的担心就不少。"有的经济作物会瘦田，西瓜种两年就不能再种，项目龙头公司做两年，第三年走了怎么办？""农产品规模大了会烂市，价格跌下来龙头企业顶得住吗？口口脆西瓜价格就已经从 4 元一斤，跌成 1 元多一斤了"。青白江区的一位村干部说的话相当精准："农民的问题只有靠农民自己解决。那些公司一旦不赚钱，肯定拍屁股走人。哪个又能保证公司一定赚钱不赔钱呢？"对只能继续搞农业的地方，规模经营项目的选择压力可见一斑。毕竟谁都不愿见到土地整理后又重新分地的局面。

二　由资源收益水平产生的差异

在同属高收入区域的金牛区和温江区（虽属第二圈层但其收入水平是最接近第一圈层的）之间，对于"如果您家的劳动力的工作问题可以解决，您愿意放弃土地把农村户口转为城镇户口吗"这一问题的回答，差异极大。金牛区农户回答不愿意的占 36.67%，占比位居第一；而温江农户的答案中回答不愿意的仅占 6.67%。

众所周知，金牛区的农户基本上已脱离农业，收入水平已很高，为什么还有 36.67% 的农户表现出对农民身份的留恋呢？温江区离成都市区更远，农业耕作收入还在家庭收入中占相当比例，为什么温江农户却并没有表现出舍不得放弃土地呢？其中原因耐人寻味。

此项问题设计的关键在于"放弃土地"，因此，土地资源的收益差别应该是造成金牛和温江农户不同回答的根本原因。金牛区调查数据显示其前三年的平均亩产值为 3989 元（本次调查样本数据），温江还要高一些，为 4412 元（本次调查样本数据），差别并不大。但这只是农业耕作的收入。金牛农户对土地的留恋实际上来自土地资源的非农业收入。其中影响他们意愿的主要因素，来自出租房屋的收入。

随着成都城市经济的高速发展，流动人口大幅增加，中心城区租房价格高涨，金牛区这样的城乡结合部的房屋出租业非常火爆。金牛部分农民的土地资源大多被违章搭建成出租房对外出租，收入远超过种地。也就是说，他们已经悄悄地私下完成了其土地资源从农业向非农行业的转移；他们已经在违法的状态下将土地资源的收益方式从低效率的农业转到了较高效率的非农业；其劳动力资源也从农民转变成了房屋经营者。而这一切的前提又都来自其农民身份带来的土地使用权。如此一来，金牛有36.67%的农户选择不愿意就合乎其实际情况了。

反观温江，成都市城市化的发展已经快把成都与温江连成一片。农业的耕作收入毕竟是有限的，哪怕是拥有全中国最肥沃耕地的"金温江"也只有4412元（本次调查样本数据）的平均亩产值。但温江的地理位置决定了其土地资源不可能像金牛区的部分农户那样以分散的方式搭建房屋出租，只能通过集中整理成片之后招商引资，才能实现其土地资源的非农行业运用。抱住农民身份不放，就是抱住土地资源不放。这对金牛的部分农民意味着超出农业效率的收入（虽然有部分是违法的）；而对温江农民来说，等于是把自己束缚在低效率的农业行业当中，他们当然不会选择"不愿意"放弃农民身份。

因此，不管政府承不承认部分农民甚至是部分村集体的行为不合法，第一圈层中城市周边地区的土地资源已经发生向非农行业的转移。到目前为止的土地资源拥有者，已经取得了这种土地资源非农产业运用的收益。推进农民集中居住工作对这些地区的农民来说已经不是一个从低效率的小农经济模式向高效率的规模经营或非农产业模式的升级，而是一个在同等数量级的效率基础上的选择。这意味着，如果第二第三圈层推动农民集中居住的代价是补偿的话，那么第一圈层推动集中居住的代价就是一种交易行为。

成华区的一位村干部就曾表示"土地整理出来之后，能否给我们村上一定比例的指标来在合法的条件下发展集体经济，否则我们就太划不来了"。成都市金牛区人民政府区长周思源的《关于中心城区集体建设用地留出一定比例用于支持集体经济组织发展物业经济促进农民就业增收的思考》这篇文章也表达了类似的观点。我们虽然在形式上把这些土地资源当做是农业用地，但实际上其价值已远远不止于农业的范围了。

第五节　农民集中居住工作的操作特点分析

综上所述，在第二第三圈层推动农民集中居住的关键，是为农民在农业行业或非农行业中找到一种效率更高的发展模式，或者说是新的资源配置模式。而在第一圈层，实际上更多的是在第二第三产业中重新选择一种发展模式。换句话说，在第二第三圈层是在寻找新的利益的生长点，而在第一圈层则是在进行已形成利益与将形成利益的比较和分配。

所以，在第一圈层农民集中居住的推动工作中，土地资源利益分配是重点，劳动力资源的就业问题相对次要。认真切实地确定合适的与土地资源利益相关的补偿标准和寻求补偿方法的创新，是加快推进第一圈层农民集中居住工作的关键点。严格地讲，第一圈层的推动工作应当是最好做的。因为，集中居住整理出的土地资源，其价值是明确的，利益是存在的。唯一需要做的是利益分配。在促进成都市总体经济发展的前提下，进行局部利益的调整应该是不难的。由于看得见的利益巨大，第一圈层的农民及村集体争取更多利益的动力不能轻视。万不可因此而造成农民群体事件的发生。让渡一些利益（比如用地指标）以求得整体城市经济发展的更大空间，会更快更好推进三个集中工作。

第二圈层的推进工作看起来是阻力最小的。城市化发展的辐射作用使得第二圈层的劳动力资源产生出向非农行业转移的冲动，而与此同时，其土地资源的非农行业应用价值还尚未现实体现，现在有的仅仅是一些期望，按农民的话说还只是"再过几年我们这儿就会变成城里头了"。由于地理位置的原因，第二圈层的土地资源较为容易找到农业规模经营的项目（虽然规模不大也未见得持久，但总是东家走了西家来，不断有需求），或者是附加效益项目（如农家乐等等）。因此第二圈层的工作重点是劳动力资源的转移问题。充分促进剩余劳动力在非农行业就业，进一步降低农民与土地资源之间的相互依赖程度，让农民和土地都获得自由寻找新的结合对象的空间是第二圈层推进农民集中居住的关键。当然，阻力虽小，工作却很烦琐细致。

第三圈层的推进工作实际上是最难的。土地资源和劳动力资源都远离经济发展的中心，资源应用的行业选择很窄，大部分都只有种植业一条路可走。唯一可操作的仅仅是组织模式，但对资源利用的实质没有多少可改变的空间。组织模式可以改得适应集中居住，但生产效率能否超越过去就不能下定论了。这一难题世界上好像没有哪个国家遇到过。要解决它，只有从产生它的源头去分析。

中国人多地少，农业的生产率受制于土地的产出率，所以精耕细作、追求单产量成为必然。农业的规模经营对中国庞大的农民群体来讲是可望而不可求的。我们的难题正是来自农业的规模经营，而规模经营的需求则来自依托土地整理项目进行的农民集中居住。除去土地整理项目带来的沟渠整理和道路建设的好处外，其最主要的成果是增加了本地区的耕地面积。而根据"占补平衡"的原则，本地区的中心城区就有了更多的建设用地指标去发展第二产业和第三产业，或者说是有了更大的空间去促进城市化、工业化的发展。也就是说，第三圈层推动农民集中居住工作遇到的规模化农业项目难找的难题，实际上是第三圈层在没有享受到中心城区工业化发展的辐射作用，没有获得其劳动力资源和土地资源价值提升的情况下，为中心城区的工业化发展作贡献而发生的。

"解铃还须系铃人"，第三圈层的难题，能否由中心城区的利益获得方反哺贡献方的形式来解决呢？征地指标对第三圈层作出贡献的乡镇用处不大，但一定的资金支持却对他们寻求和建立一个稳定的规模经营模式非常关键。退一万步说，即使是重新分地也好有钱来修田埂。彭州的一位镇干部早就提出过这样的要求。该镇整理出一千亩新增地，他希望能够每亩指标给该镇补偿一万元，"有了一千万可以做多少项目哟"。

由土地整理项目进行适当的反哺，有利于打破城乡二元体制，有利于改变农业单向支持工业的不合理现象。在国家"占补平衡"规则的约束条件下，让第三圈层的农民也能搭上城市化工业化的车，未见得不是一件好事。至少能让第三圈层的农民在寻求优秀规模经营项目上多一些机会。

如果建立了这样的反哺机制，相信第三圈层土地整理项目的申报和集中居住工作的推进会出现一种争先恐后的局面。工业化土地资源缺乏的地区可以用与第三圈层的土地整理项目配对的方法来获取指标，以一种近似于市场化的方式来实现土地资源的大范围虚拟流转，进一步创造出一个实现资源最优配置的良性环境。

我们可能无法为任何第三圈层的农民提供一个包赢不输的项目，但作为政府，完全应该能够为他们提供一个可以充分实现其资源价值的发展环境。

第八章 "农民集中居住"
能否成为双赢

第一节 为什么不是由农民来自动推动集中居住

前文摘用的报告完全是从政府推动"农民集中居住"的角度来分析政府政策的某些不足，提出相应的政策建议。这是给政府部门做研究的基本套路，立题角度就是如此。作者当时对此问题的认识也并不深刻，但坚持数年跟踪研究下来，还是发现了一些问题。

该报告的落脚点在于给农民的补偿问题。补偿够不够？该从哪里出？也提出了一点市场化解决的建议。这些问题看起来都不难，成都市实际上后来也提高了补偿的标准（包括现金和住房建设标准）。但问题的本质不在于此。农民既然存在以原有住房换新型楼房集中居住的意愿，那为什么不是由农民来自动推动集中居住呢？有农民愿意，就说明农民觉得有利可图，那么我们就应该有可能通过交易的方式来推进这件多赢的事情。而现实中没有走交易的路子，而是由政府设定补偿机制。这至少说明了两件事：第一，政府对推动"农民集中居住"的需求最为强烈，或者说是利益很大而且可以直接实现；第二，农民有这种需求，但存在若干约束使其不可能直接地实现这种利益。

目前，作者认为约束来自制度方面。第一，我国实行了严格的土地用途管理制度，耕地转建设用地的过程只能由政府独家操作，农民乃至农村集体都无权操作（实际上在成都市，下属区市县国土部门都无权批准类似项目）；第二，农村土地集体所有制决定了农民只拥有耕地和建设用地（主要是宅基地）的使用权，无权进行土地或土地指标的交易；第三，现行征地制度决定了对农村集体土地向非农行业的流动在进行地面附着物赔偿后，只能实行基于农业生产远期价值折算的补偿原则，其中农村建设用地的补偿只有耕地的一半（近来开始加入一些与未来生活水平相关的因素，如社会保险等等）。

因此，我们可以理出这样一个逻辑线路：由于土地资源稀缺的约束，我们需要农村节约使用建设用地，把腾出来的建设用地以实际土地或土地指标方式流动到工业化城市化领域使用，这显然是一个农民和政府（城市化利益方的代表）可以多赢的过程，在条件完备时是可以通过交易来市场化实现的。但由于农村土地集体所有制、土地用途管理制度和征地制度这三大制度约束，整个过程就只能以政府推动的模式来实施了。

所以，在"农民居住向城镇集中"的实施过程中，政府不可避免地成了唯一的推动者。对于农民的利益，政府只可能从补偿的角度来考虑，多一点或少一点。从交易到通过行政力量推动有一个重大的转变，就是补偿成为一个可以由政府控制的成本。因此，事情后来的发展就按照这一条路径进行了。不管成都市政府如何强调保护农民利益，而具体操作的各下属区市县最大的可能性就是按照各自的最小成本方向推进，同时也是最小行政管理成本的方向。

正是由于这些因素，成都市的"农民向城镇集中"最终绝大部分演变为"农民向农村新型社区集中"。所谓农村新型社区就是在农村实施集中居住的农民愿居住地附近，大部分就在原行政区划内，建设居住小区安置农民。这样一来，农民向城镇集中变成了农民向农村的某特定区域集中，农民还是农民。

集中居住不能导致农民的减少，"土地向规模经营集中"的成本无形之中就大大增加了。规模经营表面看起来只是一个生产型资源（土地资源和劳动力资源）之间的组织方式的改变，而实际上，因何而变才是决定性的。人多地少的资源格局，使得规模经营成为一种没有必要的生产组织方式。强制性地在农民没有减少的情况下通过出租土地（称之为土地流转）来达到规模经营可以在生产环节提高劳动生产率，但在分配环节便又回到与非规模经营状态一样的结果，因为，土地产出率并不会因劳动生产率的提高而提高，有时甚至会降低。就土地产出率而言，分散的精耕细作与集中的规模化耕作，孰优孰劣，应该是一目了然的。所以，即使在实行了集中居住之后，加大了分散耕作的成本，土地流转仍然是主要由政府出面来推动的。所以，上一章的分析报告提出了先找土地流转项目（找出租土地的下家），再搞通过土地整理项目推动农民集中居住的建议。

处于第三圈层邛崃市的汤营村正是由于没有找到可以解决问题的土地流转承租方，才提出了一个被称之为创新的方案：村集体在政府提供100万元投资的支持下自己成立一个农业经营公司，让农民以土地使用权入股，自行实现规模经营。但农民很显然对这种搞农业生产的方式不放心，于是乎另一个有趣的经济现象出现了：保底分红。农民土地入股实行每年保底分红每亩900斤黄谷。这几乎是一个"天上掉馅饼"的方案。900斤黄谷的净收益，几乎就是邛崃这类远离成都中心市区的第三圈层农民自己耕作粮食作物情况下每年的净收入，而且既不出劳力又不投种子、化肥、农药等成本。但压力转嫁到了经营公司头上，实际上背后是政府行为的支持。

于是问题就在各区市县政府这种操作层面简单化了：通过各种各样的政府支持（补贴、定向委托贷款等等）吸引土地承租方给予农民高出市场价值的土地流转租金，这就是先找项目；调动起农民参与集中居住的积极性后，推动农民集中居住；取得土地或指标支持工业化、城市化发展。由于这一模式对于基层政府来说操作性极强，所以迅速被推广开来。

三个集中所追求的土地资源的集约节约利用行动，在资源配置状况、农村集体土地所有制、土地管理制度和征地制度的强力约束下，变成了唯一由政府推动的过程。其可持续性完全取决于政府的各项支持性政策对土地流转承租方的吸引力，而各种支持性政策又取决于城市非农行业的发展成果。于是，核心的问题回到了政府是否算得过这笔账，或者说是拿得出多少钱上。面临"吃饭财政"局面的西部城市，有意无意地尽可能降低补偿成本成为必然会发生的事情，有钱的区县可以把补偿给得高一些，缺钱的区县就给得低一些。这使得成都市政府不得不持续强调各区县一定要补偿到位，保护农民利益。其实保护农民利益的最佳机制是市场交易机制，但前述三大制度约束决定了完善的市场化交易几乎是不可能的。

第二节　农民或村集体的对策：指标和土地的不同价值实现路径

对绝大部分农民而言，其手中掌握的资源只有两样，土地（包括耕地和建设用地）和劳动力。劳动力的交易途径是多样的，而土地资源由于相关制度的约束，交易途径是相当有限的。目前从国家法律的角度来看只有承包地（即农用地）的流转是完全合法的，但也仅限于使用权层面；严格说来还必须限制在承包有效期以内。关于农村建设用地的流转只是在部分省市（包括成都市）有一些改革试验性的创新政策出台。

在可预见的时期内没有非农应用前景或者说是没有征地前景的区域，人多地少的资源配置状况导致纯粹市场化的民间的承包地转租规模很小，而且转租价格很低。以双流县为例，在政府大力推动"土地向规模经营集中"之前，每亩耕地的出租价格仅为 400～500 元，主要原因是土地产出率不高。如果种植粮食类作物，一年总产值不超过 3000 元，我们田野调查的结果是，成都市大部分地区在 2000 元多一点。种植蔬菜要高得多，但风险大一些，而且投入的劳动力和管理成本要高很多。一般说来只有靠近中心城市、物流成本低，自己有销路保证的农民才会种蔬菜。所以，出租耕地时一般都以种植粮食的价值作为参照。而成都平原种植粮食的纯收入在1000元上下，留下一点空间，打点折，每亩400~500元就可以成交。但这一价格在政府出面大力推动后节节攀升，普遍达到每亩800元以上了。靠近城区的更是上升到每亩1000~2000元不等。

而在存在征地前景的地区，如城市周边、旅游区、公共设施占用地区等，农民的在耕地被占用后得到的补偿是两部分：地面作物的赔偿和土地征用的补偿，后者一般是前三年平均亩产值的15~30倍（依各地财力而定）。随着经济的发展，补偿标准逐年上升。

成都农村的建设用地资源价值同样分为两种情况。在没有非农利用前景的区域，能够体现价值的只有农村住宅。而作者在这些区域（主要是第二、三圈层）几年来田野调查的结果是，绝大部分农民无法回答自住住宅的市场价值，而只能回答当初建房的成本。原因在于成都农村的散居格局下形成的这类住宅基本无公共配套，一般只通电。道路"村村通"是指通到村委会所在地，无法做到户户通。基于同样理由，一般使用地下水或自然水源水。川西平原的散居格局使得公共设施配套成本太高。在推动农民集中居住时大部分远郊农民都赞成，原因很大程度上就在于集中居住区的住宅是有人出价的，或者说公共设施水平的提高使得集中居住区的住宅比其原有住房的市场价值更高。而这种方式的价值增长实际上主要来源于节约出来的建设用地。在没有非农利用前景的区域，只能通过节约出来的建设用地复垦还耕，取得建设用地指标。取得建设用地指标的政府国土部门衡量其利用价值后，支付相应的补偿用于修建道路、整理水利设施、建设集中居住区及公共配套相关建设。由于农民原有房屋的面积和结构不同，成都市在推动集中居住时采用了与征地拆迁类似的方法：先按面积及结构参照征地拆迁给予赔偿，然后农民在标准面积人均35平方米内成本价购买，超标后再设定一个高价。原则上保证所有参与集中居住的农户都可以以房换房，不必添钱。但实际执行中，也存在一些偏差。

而在存在征地前景的区域，农民的住宅就有可能按征地拆迁政策执行，这意味着除去可以获得拆迁房屋赔偿之外，还有土地补偿。建设用地的补偿是耕地标准的一半，但近几年随着政府财力的增加，已经逐年增长。

针对自身拥有的资源的不同利用前景，在现存三大制度的约束下农民以及村集体采用了不同的对策以达到他们的自身利益最大化。

在那些可预见的时期内不存在非农利用，具体说就是不存在征地前景的地区，大部分是成都市的第二、三圈层区县农村，只有在政府推动集中居住时才会有产生土地资源价值升值的空间。反过来，在这些区域的政府也只能通过推动集中居住、节约利用土地来获取建设用地指标和占补平衡指标。在这类区域，农村流向工业化领域的资源是土地指标。由于政府推动的成本因素，土地整理或拆院并院都是成片推进的，而愿意参加的农民不见得是刚好成片居住的，这就给了农民一个讨价还价的机会。另外，从政府的角度来看，参加集中居住的农户越多，节约的建设用地就越多，因此，成都市政府提出了集中度的要求，也就是项目中参加的农户占当地农户总数的比例要达到一定的水平。集中度越高政府愿意支付的补偿就越高，比如集中度超过 50%，平均每人的补偿标准就可以从6000 元提升到一万元。这使得操作项目的基层政府努力地想办法提高集中度。补偿高了可以降低基层政府的操作难度。前文提到，建设用地指标的价值实现在现存三大制度约束下，只能由政府国土管理部门进行操作，因此农民及村集体在这方面拥有的论价空间很小。同时土地资源并未取走，只是改变了用途，所以不存在土地赔偿和地面农作物赔偿，而可以探讨的住宅价值一般都参照征地拆迁补偿标准，空间也不大，最多在丈量时放宽一点。因此这类地区的农民把利益最大化的努力放在了耕地流转价格上。土地整理、拆院并院项目实施后，"沟端路直、土地成片"，田埂减少全是大块地；同时，建设用地复垦后土质差别也很大，农民如何耕作？土地成片转租成为必然。但是土地是农民形式上唯一的生活来源（实际上非农收入已超过农业收入），政府推动集中居住导致的土地流转不可能让农民收入降低，所以土地流转收入采取了参加集中居住的农民将承包地经营权入股，流转后保底分红的方式，而这个"底"远高于原来农民自行出租时的价格，基本上相当于当地农民自行种植时的纯收入。这就是这类区域农民的主要对策。不这样做，集中居住就可能推不下去。成都市推动农民集中居住的方式有很多种，但都有一个核心点，就是土地流转收益必须保底，同时大多数村镇都采取了"黄谷""大米"等抗通胀的实物结算方式。从早期邛崃丘陵地区的 900 斤黄谷保底，到后来温江平原腹地的 1000 斤大米保底，价格越来越高。这种操作最终把压力放在了政府头上。实际承租的农业企业或业主是无力靠农业种植本身来赢利的，土地产出率不可能因规模经营而提高。承租者在支付了保底租金和雇用农业工人工资后，才会跟原有自行耕作的农民站在同一起跑线上。所以，土地承租方所依赖的是政府鼓励土地规模经营的各种补贴和优惠政策。这一操作路径的可持续性取决于政府补贴的可持续性。从理论上来讲，建设用地指标这一资源没有用市场交易的方式取得，造成了操作过程中的资源浪费、成本升高，形成了一定程度的租值消散。成都市各级政府很快意识到了这个问题，开始了各种方式的尝试。2007 年 8 月作者受成都市土地学会委托对这一问题进行了专题调查研究，提出了一个变通的交易模式。

在靠近中心城区、旅游区、公共设施建设区这些拥有非农利用前景、土地可能被征用区域，农民集中居住是很难推进的，因为征地补偿的成本要远高于集中居住的补偿成本。对于这些区域，直接流向工业化领域的资源是土地，不是虚拟的指标。由于征地制度的约束，农村土地资源只有国有土地部门这个唯一买家，因此也是以一种非市场化的方式来补偿这一资源流转的。农民在可能发生的土地资源流转中能够得到的是两个部分：地面附着物赔偿，包括农作物、林木，住宅、养殖场所等建筑物；土地补偿，耕地按前三年平均亩产值的 15～30 倍（各地有差异）计，建设用地按耕地的一半计。前一部分可讨论的空间不大，农作物、林木的价格和数量都比较确定，房屋的面积和结构、材质都是基本确定的；逐年变化的是土地补偿部分，由于征用土地都发生在非农发展区域的周边，土地用途一旦转变后的价值差异逐年增大，补偿的标准也就水涨船高般逐年上升了。针对这一特点，通过农村集体所有制拥有土地的农民，设计出了一种精妙的制度性对策来追求自身利益的最大化。在城市发展征用农地的过程中，"征地农转非"是一个普遍的现象，但是城市发展项目征地并非按照农村基层组织村、组的行政区域进行，甚至对一户农民的承包地和宅基地都不是一次征完。随着补偿标准逐年上升，先被征用土地的农民得到的补偿会少于后被征用土地的农民所得，农民因此从土地集体所有制出发，设计出来一种尽可能"征地不转非"的办法：只要征地不是整村整组地进行，被征地农民就在征地时只取地面附着物的赔偿，而把土地补偿部分拿出来与全村或全组农户共享，保留村集体经济组织成员身份，也就是"不转非"，确保继续享有分配未来征地补偿收益的权利，直到本集体经济组织的全部土地被征完为止。在成都，这种对策被称为"血战到底"。（注：血战到底是成都地区流行的一种麻将游戏的玩法）。成都市的第二圈层有的区县为了应对本地区土地资源非农利用的前景，为这一对策设计出了制度化的解决方案：在不影响现有农业经营方式和土地利用状况的前提下，提前将村、组集体所拥有的农用地资源和建设用地资源按人头股份化，以此获得每个农民在征地或其他非农利用到来时的利益最大化。在温江区，这种方式被称为"两股一改"，即农用地及建设用地两种股份化，和一项改变——"农民变为股东"。这种对策使得城市化的征地过程并不能够解决农民减少的问题，"征地农转非"变成了"征地不转非"。这一对策性机制的形成及后果我们将在后面详尽讨论。

第三节 同地同权有没有可能

征地制度的发展由于其强制性特点，已经走入了不断提高补偿标准、不断自我否定的怪圈。舆论普遍认为其改革方向必然是在现有征地制度之外寻求新的土地供给路径，以市场化方式发现土地资源价格；同时为征地补偿的合理价值提供相对准确的参照系；最终形成为公共利益而采用征地方式，为非公共利益则采用交易方式的土地供给体系。培育和规范集体土地资源达到交易条件后直接进入土地一级市场，无疑是解决征地制度固有问题的一条重要思路。我们希望随着集体土地资源入市路径的不断规范和完善，可以逐步实现"同地同权"的目标。

一 准确理解同地同权

同地不同权是对所有制不同造成土地权利状况不同的概括。例如，在城乡分割的二元体制下，两块其他条件完全相同的建设用地，一块是国有土地，享有出让、转让、出租和抵押的权利，得以在交易中体现价值；另一块是集体土地，则基本只有自用的权利而缺少交易的机会。

因此，同地同权实际上是指在其他条件相同的情况下（即所谓同地），集体土地享有与国有土地同等的权益——出让、转让、出租和抵押（即所谓同权）。它所要解决的是现有体制对集体土地的歧视。

除去不能抵押外，集体农用地和国有农用地的权益基本相同，但是，集体建设用地与国有建设用地的权利差异却很大。因此，同地同权主要是讨论集体建设用地与国有建设用地的同地同权。

需要指出的是，消除所有制歧视后的集体建设用地与国有建设用地可以有限度地（除经营性房地产外）实现同地同权，但并不能绝对地保证同地同价。土地的最终市场价值，在自然属性相同条件下很大程度上取决于城乡规划。在规划管制下，即使是国有建设用地，规划为工业用地和商业用地，其价值差距也很大。同理，集体建设用地处于不同的规划细分区域，其价值也肯定完全不同。因此，消除了所有制歧视之后，城乡规划是影响土地价值的重要因素。也就是说，集体建设用地取得入市条件后，受规划的影响，不是所有集体建设用地都会大幅度价值攀升，而大多是向同规划区域国有建设用地的价格靠近，以同价的方式表现同权。

二 所有制歧视造成同地不同权

. 同地不同权在于现有法律对于集体土地权利的限制。《土地管理法》第43条和第63条分别从建设用地的需求者和供给者的角度对集体建设用地进行了比较严格的限制。"任何单位和个人进行建设，需要使用土地的，必须依法申请使用国有土地"，按照这一规定，集体建设用地只能本村村民自用（如农民自己兴办企业，建设村民住宅、农村公共设施和公益事业）以及有限地与他人地合作使用（如以土地使用权入股、联营等形式共同举办企业）。此外，《土地管理法》第8条规定，城市市区土地属于国家所有。这意味着不仅"全部现存城市土地属于国家"，而且"凡是将成为城市的土地全部属于国家"。

法律之所以作出如此规定，最初在于意识形态和计划管理体制的需要，后来则逐步演变为以公共权力配置土地资源推进城市建设的需要。虽然这些规定在城市化发展的初期阶段有效地推动了城市建设，但这种计划体制下形成的对集体建设用地的管理办法，已经越来越不适应统筹城乡发展的要求。近年来，尽管国家对农村集体建设用地的流转问题持谨慎和有保留的态度，但总的趋向是允许各地根据自身的情况进行探索。如《国务院关于深化改革严格土地管理的决定》（国发〔2004〕28 号）就明确提出：在符合规划的前提下，村庄、集镇、建制镇中的农民集体所有建设用地使用权可以依法流转。目前，在其他条件相同的情况下，除经营商业性房地产外，集体建设用地与国有建设用地在政策层面上基本享有同等权利。至于市场层面的认同，需要一个逐步产生影响的过程。

三　实现同地同权，规划成为决定土地价值的重要因素

无论是国有农地还是集体农地，要转化为建设用地进入市场，都需要辅之以建设用地指标、占补平衡指标和城市规划的许可。在严格保护土地资源的前提下，我国的土地管理制度设定这些指标是稀缺资源，因而它们也客观地具备一定价值。现实中也存在着对这类指标的交易，只是这类交易的范围很窄，一般不为行业外人士所熟知。这相当于世界各国为保护环境而确定的二氧化碳排放指标所带来的价值及其交易活动。比如，建设用地指标一般在 15～20 万元/亩，占补平衡指标一般在 2～4 万元/亩。这表明，国有建设用地的成本中，不仅包括集体农用地转化为国有农用地的成本，还包括国有农用地转化为国有建设用地的成本。只不过长期以来，这些指标由国家设定，国有土地出让收益由国家所有，因而人们常常忽略了这些成本，以至这些成本成为隐性成本。现有的征地过程表面看来只是所有制的变化，实际上它是和用途转变、规划订立等入市条件同时进行的。国有土地入市具有这样的规范化过程，集体土地入市同样也应该经历这一规范化过程。

在逐步实现同地同权的过程中，由于土地一级市场的主体从单一的主体扩展为多元的主体，就必须考虑对上述指标这种稀缺资源的占用实行收费，否则，就相当于无偿取得这些指标，公共利益就被无偿赋予私人或团体，这显然是说不过去的。比如，城市规划区的集体农用地需要取得建设用地指标、占补平衡指标、城市规划许

可并支付相应成本后才能转为建设用地；即使是集体建设用地通过双挂钩或拆院并院的形式落地在规划区内使用，实际上是支付一定成本使得原集体农用地获得了集体建设用地的属性，虽然自带建设用地指标和占补平衡指标，但能够落地在规划区内就需要支付城市规划区内基础设施投资的相关费用。

所以，农村集体土地入市必须在与国有土地一样支付了必需的全部相关隐性成本之后才能进行。同地同权不错，但还必须加上同责才行得通。同地同权是在国有土地和集体土地基本条件相同时并同样承担相对于公共利益的责任时才能达到的目标。

四 同地同权将重新划定利益格局

农民是同地同权的最大受益者。实现有限度（除经营性房地产外）的同地同权后，农民作为市场主体，自主决策，直接交易，获取收益。但是，农民同时也成为土地入市成本和市场交易风险的承担者。首先，受规划和基础设施投资强度决定的土地用途的影响，交易的收入可能高于征地补偿水平，也可能低于征地补偿水平。因为征地补偿不考虑土地的今后用途，统一按照一定的标准支付，而集体建设用地入市的价格则要由今后土地的用途决定。这样，交易收益就可能在不同区域的农民之间呈现比较大的差异。其次，从零散的集体建设用地到可以交易的集体建设用地的形成，再加上周边基础设施配套，农民需要支付操作成本和相应的指标成本。因此，在集体建设用地整理完成可以入市交易时，可能面对收益低于成本的市场风险。

对于政府而言，减少了由强制性征地所形成的社会成本，也在一定程度上减少了土地供求矛盾，把土地供求交易的绝大部分交由市场决定，有利于发挥市场配置资源的作用。但土地出让收益的减少对那些还需要高度依赖土地收入的地方政府影响很大，当政府新的财政收入来源尚未形成，或财权与事权没有重新划分的情况下，政府可能面临入不敷出的困境。国家限制小产权房，阻止集体建设用地流向商业性房地产也正是考虑了这一现实问题。高额土地收入的存在，弱化了政府对物业征税的需求。我们可以将之理解为政府自己给自己免除了应当征收的物业税。对集体土地直接入市这种重大资源交易，政府征税是天经地义的。地方政府可以研究出台一些过渡性的收费办法，以待国家层面的最终解决办法出台，以此减少集体土地入市给地方财政收入带来的影响。

从企业角度而言，可以更多的方式获取土地，时间与地点的选择更灵活。如需要投资办厂或扩张企业时，不必等待年度新增建设用地指标，或为因缺乏新增建设用地指标而不能办理土地使用证而烦恼。土地资源的真实价格就更容易被发现。但对企业得到土地的成本是增加还是降低则需要进一步观察。

五　同地同权同责将为征地制度改革提供条件

征地是强制性行为而不是自愿的交易行为，因而具有难以克服的先天缺点。首先，补偿水平要提高到多少，被征地农民才满意？近年来，成都市各区（市）县的征地补偿水平多数已经超过规定的水平，但许多被征地农民仍然不满意。其次，由于每一次补偿标准的调整都会引发过去征地时遗留的矛盾，面对城市化的快速发展和土地价值的提高，我们常常不得不陷入这样的窘境：上一次补偿标准调整引发的矛盾刚刚解决，又迎来了下一次补偿标准的调整。最后，受许多地方性复杂因素的支配，统一规定法定征地补偿水平，无论如何都难以恰到好处。就成都市而言，各区（市）县之间、各乡镇之间补偿水平的差异最容易引发矛盾。正是征地制度的先天缺点，使征地制度走入了死胡同，试图继续在原有框架下进行修修补补，根本难以解开这个死结。

参照发达国家的经验，在征地制度改革中应该重点考虑"国家征地按市价补偿"的原则。但是，没有一级土地市场的开放和竞争，社会无从知道土地的市场价格信号。培育集体土地入市在完全只有行政强制手段的一级土地市场上引入了市场交易手段，有助于土地市场价格的发现，使征地补偿标准有了市场参照系，为征地制度改革提供了条件，逐渐形成参照集体建设用地入市的价格进行征地补偿的良性机制。

六 相关政策建议

根据以上讨论，我们认为可能寻找一组政策来推动征地制度改革，逐步实现同地同权。我们建议的政策组合如下。

1. 在现有征地制度之外建立新的市场化的土地供给路径

以集体土地入市作为现有征地制度之外的市场化的土地供给路径。初期阶段，征地与集体土地入市并存，但集体土地入市以市场化方式发现土地资源价格，为征地补偿的合理价值提供相对准确的参照系。随着集体土地入市的广泛进行，征地补偿水平与集体土地交易价值逐步接近。最后，征地范围逐渐减小为在法律严格规定的公益用地范围内，国家拥有最终依法征地的权力，按照市价进行补偿。

2. 参照集体土地入市价格，择时提高征地补偿标准

考虑到集体土地入市短期内还难以较大面积地推进，在培育集体土地入市的同时，择时参照已有的集体土地入市价格适当提高征地补偿标准。但这种在现有征地制度框架下进行的工作，不作为改革的重点。

3. 从集体建设用地入市开始逐步过渡到集体土地入市

集体土地入市不仅包括现状的建设用地，也可包括规划的建设用地。建议首先从现状的建设用地入市开始进行探索，逐步过渡到规划的建设用地入市。第一步重点探索实物形态的集体建设用地入市的市场，第二步重点探索建立农用地转建设用地的指标流转市场。

4. 研究建立农用地转建设用地的指标流转市场

集体土地只要在规划区范围内，符合城乡规划，可以通过取得建设用地指标、占补平衡指标和城市规划总量指标转为建设用地。建设用地指标的获得成本及其市场价值，应该能够通过一个市场机制得到准确表达，同时也使需要方能够有一个规范化地获得建设用地指标的途径。这就需要建立农用地转建设用地的指标流转市场。

5. 设计可试行的集体土地入市收入分配方法

建议研究收取基础设施配套费和各种指标的占用费的可行性，以此办法调节集体土地入市收入，准确反映集体土地入市价值的真实成本构成。对农民来讲，既要体现收益，又要反映风险承担，避免农民把征地补偿和集体土地直接入市所得混为一谈。建议立即展开相关问题的研究，例如：不同规划用途的集体建设用地收益的高低是否需要调节？政府出于培育税源的需要，工业用地的出让价格接近成本甚至低于成本，但政府可以从税收中得到补偿。集体建设用地用于工业却得不到这样的税收补偿，与其他用于商业的集体建设用地比较，收入较少，如何解决这一矛盾？

6. 分类试点，建立和完善配套政策

分别在工业领域、商业旅游区、乡镇规划区进行同地同权的试点探索。这些区域土地价值必须较高，避免农民失去操作的意愿。取得经验后，再在城乡规划的控制下，有序地推广到其他区域。

7. 修改和简化有关拆院并院申报批准实施的操作程序，降低集体土地入市的非市场障碍

大多数集体建设用地必须通过集中整理才能实现流转。目前可用的方法是双挂钩和拆院并院，但都需要报批立项验收，手续繁杂，同时，以农民为主体进行集体建设用地入市，组织成本高，缔约难度大。因此，设计一条以农民为主体的操作性强的集体建设用地入市途径，使农民在农村产权制度改革完成后能够自行或委托中介机构申报立项、操作实施等，十分必要。

第四节　成都市温江区农村产权改革案例分析

　　成都农村产权制度改革全面推开以来，各区市县大多执行了以1998 年二轮承包台账为基础确权到户的思路，但除去边远区市县的某些纯农业村试点以外，都遇到了一个同样的问题：承包制所确立的、以土地农业种植收益平均化为原则确定的承包地地权配置结构，无法同时对土地流转收益进行平均分配。这在现实中就引起了"确权到户还是确权到组"的争论。各试点区域都发挥各自智慧、结合本地实际，进行了各种变通处理，比如，都江堰市的以村规民约来平均未来土地承包经营之外收益的办法，锦江区根据农民意愿确权到户或到组后反向全部委托给农锦资产管理有限责任公司的"大统筹、大集中、大流转"办法等等，虽然解决了各自的问题，但作者认为都留下了一些不足。在持续跟踪成都所有试点区域的产权改革过程后，作者发现温江区的产权改革实践是最为彻底、成本最低的案例，其中蕴涵了对当代中国农村土地制度难题的整体解决思路。

一　温江区独有的产权改革操作办法

　　温江的改革者们把他们的产权改革方法称为"两股一改、统分结合"，即集体资产股份化、集体土地股权化和改造农村集体经济组织，同时将土地承包经营制度予以完整保留，也即在农用地没有发生承包经营以外的用途时，仍由原承包户经营。

（一）温江区"两股一改、统分结合"的基本内涵

　　"两股一改"是指集体资产股份化、集体土地股权化和改造农村集体经济组织。它包含三个核心内容：一是集体资产股份化，以

农业合作社或组为单位，以原集体经济组织成员资格和成员的"农龄"为计算依据，对集体经济组织的经营性净资产进行折股量化；二是集体土地股权化，以农业合作社或组为单位，以原集体经济组织成员资格为计算依据，对集体土地进行折股量化；三是改造农村集体经济组织，在股份股权量化到人的基础上，按照股份合作制的原则，将农村集体经济组织改造成为社区型股份经济合作社，建立"产权清晰、权责明确、利益共享、监管有力"的股份经济合作社产权制度。合作社成员取得的资产股和土地股，有集体资产、集体土地"按份共有"的产权，并按股分配收益，建立健全合作社及其成员的管理决策机制、收益分配机制和长效利益机制，构建完整合作社现代产权运行新体制。

"两股一改"把单纯承包经营时期的注重"分"为主的状况改造为更加灵活的"统分结合"的态势。建立股份经济合作社为"统分结合"中的"统"提供了组织载体，农民把集体资产、集体土地交给股份经济合作社，统一安排其在本村农民自行耕作利用之外的其他用途的经营活动及其收益分配。通过与业主对接，降低了农户的信息成本和社会资金所有者的协商成本，总体上降低了交易费用。

同时，"两股一改"在"统"的架构下，又体现了"统中有分"的制度特点。在没有项目进入时，仍然保持原有承包经营方式，保证了"统"与"分"的灵活性。当项目进入或有条件组织规模化生产时，股份经济合作社可以迅速实现"统"，提高了千家万户和弱质农业与大市场、大公司对接的能力，有利于提升农业劳动生产率；当项目未进入或条件尚不具备组织规模化生产时，则股份经济合作社保持"分散经营"的状态，从而规避"统"带来的协调成本和经营风险。

（二）推动"两股一改，统分结合"的基本原则

温江区在推进农村集体经济组织产权制度改革中强调坚持和遵

循以下原则：一是民主决策、农民自愿原则。要充分保障农民的知情权、决策权、参与权和监督权，尊重农民群众的选择，取得全体成员同意后才实施"两股一改"。二是公开、公平、公正的原则。要在民主参与、民主决策的前提下，把公开、公正、公平精神贯穿于改革的全过程。三是规范操作、加强指导的原则。改革方案要进行充分的民主讨论并进行可行性论证，整个改革工作的各个环节必须经过合法的民主程序。四是因地制宜、分类指导的原则。要根据各地经济发展水平和实际情况，选择广大农民群众普通接受的改革方式，正确处理好国家、集体、农民的利益关系。五是广泛协商、稳步推进的原则。推进"两股一改"必须获得广大农民群众的支持；必须调动基层干部的主动性和积极性；必须依靠党委政府的有力领导和主管部门的业务指导，成熟一个，进行一个，不搞强迫命令。

（三）"两股一改"的操作程序

在推进"两股一改"过程中，严格按程序操作，整个操作过程坚持做到"六公开"，即清产核资结果公开、成员身份界定情况公开、"两股一改"实施方案公开、股份经济合作社章程公开、股份股权量化清册公开、股东代表名单公开。通过公平、公正、公开操作，维护和保障农民群众的各项权利。

1. 制订方案

在村（社区）"两委"的领导下，由集体经济组织负责人、民主理财小组成员和社员代表共同组成"两股一改"领导小组和工作班子，根据有关政策精神，制订改革实施方案，在广泛征求群众意见的基础上，召开集体经济组织成员（代表）大会，经到会成员2/3 以上同意后通过，张榜公布，报镇（街）政府批准。

2. 清产核资

组建清产核资小组，按照有关政策规定，对集体经济组织所有的各类资产进行全面清理核实。对经营性资产、非经营性资产和资源性资产分别登记造册；在清理核实的同时，按有关政策规定妥善处理债权债务和历史遗留问题；召开集体经济组织成员（代表）大会，对清产核资结果进行审核确认，并张榜公布，报镇（街）业务主管部门备案。

3. 资产量化

在清产核资的基础上，合理确定折股量化的资产。对经营性资产、非经营性资产以及资源性资产的折股量化范围、折股量化方式等事项，提交集体经济组织成员（代表）大会讨论决定。

4. 成员资格界定

对享受集体资产股份股权量化对象的确认，除法律、法规和现行政策有明确规定的外，必须提交集体经济组织成员（代表）大会民主讨论，并经2/3以上人数同意方可实施。

5. 股份股权设置

各地可根据实际情况由集体经济组织成员（代表）大会讨论决定股份股权设置。原则上集体经营性净资产设置"资产股"，为充分体现出集体资产的初始分配状态和农民对集体资产在经营前期作出的贡献，可采取以集体经济组织成员资格及其成员在集体经济组织中的"农龄"作为"资产股"量化标准进行分配，一般分为"人口股"和"农龄股"，也可以采取按集体经营性净资产的一定比例折股量化，无偿或部分有偿地由符合条件的集体经济组织成员按份享有，一般称之为"个人股"；对资源性资产设置"土地股"，考虑到集体土地的自然属性和初始分配状态，通常以集体经济组织成员资格作为"土地股"量化标准进行分配；非经营性资产（公益性资产）一般不纳入折股量化范围，直接转入新组建的股份经济合作组织内的"公积公益金"账户核算和管理。量化到人的资产股和土地股由股份经济合作社向持股成员发放记名股权证书。

6. 组建股份经济合作社

首先，根据国家有关法律法规及政策规定，制定《章程》，规范合作社的资产经营、股权管理和收益分配。其次，按照现代企业制度的要求，选举产生组织机构，创立"三会"分设的集体经济管理体制，即设立最高权力机构——股东（代表）大会，实行一人一票制；设立股东（代表）大会的执行机构和日常工作机构——董事会，聘请专门人才负责处理日常经营管理活动；设立监督机构——监事会，对日常经营活动进行监督。充分发挥每位股东（代表）的民主决策和民主监督作用，保障每位股东（代表）行使知情权、监督权、管理权和决策权。

二 对"两股一改、统分结合"的理论分析

"两股一改"的重点在于集体土地收益权的股权化，"统分结合"的关键在土地股权化的背景下保留了"分"：继续原有的承包土地经营。表面看来，这二者是矛盾的、对立的。一旦项目进入，"分"就会被终止，进入"统"的状态。但是，在现实中，二者并存，操作简易，上下欢迎，这说明二者之间必然存在高度统一的因素。作者反复调研，始得门径。

（一）农村集体所有制的原始要求

诞生于合作化运动的我国农村集体所有制，源自解放初期土改运动所确立的"耕者有其田"的道德要求。通过"打土豪、分田地"，农民相对平均地分配了地主的土地及其他财产，从资产的角度实现了一定程度的平等。但当时我们并没解决农村的动态发展问题，仍然沿袭了土地私有制，因此在随后的几年中很快出现了新的贫富不均现象。部分地区于是出现了第二次、第三次土改（所谓土改复查），这显然提高了资源配置成本，而且不能长远解决问题。于是在中央政府的支持下，互助组的出现拉开了合作化运动的序幕，经过初级社、高级社逐步形成了农村集体所有制。在土地是最主要生产资料的环境中，集体所有制创造了一种平均分配集体资产收益的机制，实际上就是一种持续的、动态的、制度化的"土改"。

把生产资料平均化分配所无法达到的目标,以制度化的收益分配平均化来最终完成。这种将集体所有制的生产要素创造的收益按集体成员资格(人头)平均分配的机制,在人民公社时期达到其顶点:"大锅饭"、"吃食堂",按需分配。这时的分配机制在否定土地对收益贡献(取消初级社的土地分红)的同时,进一步否定了劳动对收益贡献的个体差异。后者在随后的几年中造成了农村农业生产力的大倒退。这种极端的做法在"三年自然灾害"后得到修正,于是,一定程度体现劳动个体差异的"工分制"出现了。但评分标准又受限于"集体评定"机制,仍然保留了对于劳动对收益贡献个体差异的压制。因此,我国农业生产发展长期停滞。

十一届三中全会后,家庭联产承包责任制彻底把劳动对收益贡献的个体差异完整地从集体所有制的原始平均化要求中解放出来,劳动积极性空前高涨,从而导致了80年代中期的农业生产力大发展。承包制对集体所有制收益均等化的要求作出了有突破也有保留的改进:保留集体经济组织成员平均分配土地对收益贡献的要求——按土地产量分配承包地(当时不涉及产品结构调整,只对粮食),突破对劳动对收益贡献个体差异的压制——包产到户(实际是到人,经营权到户,土地按人算)。

综上所述,30年前的"大包干",并未改变集体所有制的土地对收益贡献平均化分配的原始要求,只是从"平均全部收益"改为"平均土地对收益的贡献"。这一点,我们可以从农村地区根据有集体经济组织成员资格的人口变化相应调整承包地的现象中得到证实。而且,据作者多年来的调查,即使在土地承包法出台后,农民仍然无视"承包地30年不变"法律,继续年年调地、年年进行他们认为必须做的平均化过程(当然,如果调地的成本过高,农民也会放弃调地)。

(二) 土地收益新来源出现后的变化

承包制以保留平均分配土地对收益贡献,承认劳动对收益贡献的差异来激发劳动效率的提高。但在经济社会高速发展的今天，当土地可以独立创造收益时，比如征地补偿、出租、各种流转，平均土地对收益的贡献就演变为直接平均土地收益了。这种制度演变过程非常自然，在农民心目中，土地的产权关系非常清晰。土地是集体的，由土地产生的所有收益都是集体的。需要在土地上投入劳动才能获得土地收益时，平均分配土地对收益的贡献——按土地历史产量来分配承包地；当土地不需要劳动投入就可以创造收益时，就平均分配土地独立带来的收益。现实中，征地补偿的分配就是按照后者进行分配的。在成都的大部分地区，土地补偿和安置补偿归集体所有（土地收益平均分配），青苗及地面附着物赔偿归个人（非集体土地收益其他集体成员从不染指）。长期以来，这种农民针对征地的对策在成都地区被称为"血战到底"机制，与之伴随的是农民普遍的征地不转非。因为到人均耕地小于三分时，这种作用机制就会随着集体经济组织的消亡而被终止，到那时全面未转非农民办理社会保险将导致极高成本，国土部门最后不得不出台被征地农村集体经济组织必须按被征地面积与土地总面积的比例相应办理农转非的政策，此时农民就用拈阄形式来选择土地补偿和安置补偿的获得者。有的地方的农民甚至想出了更为高明更为符合平均土地收益原则的方法：在集体成员内部拍卖获得安置补偿即购买社会保险的机会，收益在剩余的全体成员中分配。

（三）集体土地股权化与承包制的统一

在逻辑上，我们完全可以把土地对收益的贡献当成是土地在承包耕作时"独立"创造的收益；这样，集体土地股权化和原有土地承包经营制的内在要求就完全重合了，一切来自集体土地的收益都必须在集体组织成员之间平均分配。这就是二者可以并存在同一集体经济组织中的内在原因。

平均分配土地收益，是集体土地所有制对农村土地资源利用的原始约束。集体土地股权化和承包经营制度的并存是土地集体所有制对土地资源外部社会环境变化的适应。承包经营制度在设立之初，就是按以产量定面积的方式来分配土地，此时土地对应的产量数据是收益的计量标准，但当土地流转、出让时，土地对应的面积成为收益的计量标准，同时，土地的区位优势在农业或非农利用时也大不相同。因此，以承包制所确定土地使用权分布，在土地流转、出让时不能符合集体所有制要求的土地收益在集体经济组织成员之间的平均分配原则。于是，温江农民和基层干部就设计出了前述他们称为"两股一改、统分结合"的新型农村集体经济组织结构，在坚持土地集体所有制的前提下，与时俱进，同时可以满足小农（承包经营）、规模农业（耕地流转）、工业化需要（土地转用）等不同发展方向的集体成员平均分配收益的需要。这应该是一个生产力决定生产关系的典型案例。

（四）股权化与承包制并存，完整解决还权于农民的问题

我们在没有看清土地收益和土地对收益贡献的细微差异时，我们想当然地认为承包权就是土地使用权的全部。实际上，土地承包法也未对此作清晰的说明。放到现实中，就遭到农民的普遍对抗，比如持续的调整承包地解决人口变动或土地收益方式的变动、农民针对征地的"血战到底"对策等等，这说明农民并不同意按照承包地形成的土地使用权分布格局去解决所有的土地使用权收益平均分配问题。因此，我们可以认为，土地承包经营制度由于存在土地对收益贡献平均化的这一约束性前提，对应形成的承包权就仅仅是土地使用权的一部分了。如果我们的农村产权制度改革只是沿着承包权的分布结构去确定土地使用权，就将在土地产生承包制之外的流转、转让等用途时与集体所有制的原始要求发生冲突；而如果只确定承包经营权，那么在承包利用之外的土地使用权，就仍然掌握在村集体手中。因此，在当前土地资源利用的外部环境下，只有对土地使用权的全部发展方向，设计出一种平均分配对应收益的制度方案，同时又尽可能地释放其中的生产要素的效率差异，才能完整解

决在集体所有制约束下的农村要素资源的合理流动及配置问题。温江的"两股一改、统分结合"方案通过股权化与承包制并存的方式，完整地还权于农民，很好地破解了这一难题。这是到目前为止作者见到过的最好解决方案。

三 推进过程中后续问题

集体所有制对农村土地资源的约束是强大而无处、无时不在的，这使得集体土地股份化和土地承包经营并存时，有很多技术性的难题要面对。

（一）承包收益大于股权化收益时的解决办法

集体土地股权化与承包制之间的替代有一个容易被忽视的隐含前提：虽然农业耕作的收益率低，而土地非农利用的收益率高，但也可能出现某个农户自身承包经营的收益率高于股权化后的个人收益率的特殊情况，那么该农户就可能拒绝股权化的新用途，坚持承包经营。此特例是指个案，因为如果是普遍情况则会集体拒绝股权化。目前农村采用规劝（社会压力）或对价补偿（经济补偿）方式解决，但应探讨稳定的解决方案，避免影响整体利益。此例发生的原因在于，已经放开了的劳动力效率差异有可能大于土地不同收益方式的效率差异。

（二）立竿见影和长期有效的关系

温江方案的精妙之处在于，对分配制度进行的生产关系层面的对策性改革，并不能对土地资源的利用效率产生直接影响。后者更多地取决于市场因素、土地区位等等。所以，温江的两股一改方案不可在短期内见到效果。只有在一个长期的市场化交易的过程中，才能体现出其交易成本低、逻辑完备性好的特点。既是制度创新，就贵在坚持。

（三）股权化后能否做到"生不添、死不减"

作者在最近的调研中发现，农民尤其是贫困的农民不愿接受土地使用权确权后"生不添死不减"的原则，干部们也觉得可能扛不住。即使是股权化后的温江，同样存在这种问题。这难题来源于我国最高法律机关一直未对农村集体经济组织成员资格作出解释，以及"耕者有其田"的传统思维。股权化粗看起来可以对集体所有制做一个彻底的改造，但现实中却难以断根，因为集体资产仍然存在。作者认为如果现阶段仅从增加农村土地资源流动性角度去操作可以暂不考虑此问题，把此问题交给农民在以后去应对，至少调股比调田的成本要低很多。但如果将来经济发展的需要迫使我们必须对集体所有制作出是否改革的决断时，我们就无法回避这个根本性问题了。

第五节 中国农业规模经营面临的问题

工业化进程启动之后，大多数优秀的农村劳动力进入城市领域，低效率的农村劳动力，所谓"389961"大军成为农业生产的主力，农业的总体效率严重下降。这还是可以理解的，毕竟年轻人都走了嘛。但迷惑人的是，这种状态是非常稳固的。有人走了，人均土地面积要增加，而老人妇女们与土地的结合效率偏低，土地产出率下降，这时候应该出现土地资源向效率较高的劳动力手中集中的现象才对，但遗憾的是没有出现。陈锡文同志曾经提到，从1983年到现在，中国农村的土地流转比例只有5%。中国农村没有因农民工进城导致的人均耕地增多而出现对高效利用土地的追求，反而出现的是，顽固地坚守低效率状态。作者对此一直感到很大的困惑，并持续一年多深入调研这个问题，试图对这一现象作出合理的经济学解释。案例收集了很多，同时发现这个现象也存在于搞过土改的其他国家和地区：法国、日本、中国台湾地区。看来这还是一个国际问题。

作者试图要找到依据去解释，农民对低效率状态的坚持，恰恰出于其对利益最大化的追求。而这一目标显然不是农村总体资源效益最大化的实现点。明明可以打 1 千斤谷子的田，只打 500 斤。而农民却认同这个状态，并不愿意将土地出租给旁边能够一亩打 1 千斤的其他农民。

农村的产出"蛋糕"随着农村劳动力的衰老越做越小，而农民却并未产生改变这一状态的动力。公共服务的推动，却使得农民更倾向于维持现状。这样下去我们必然走向不断提高对农业补贴的方向，日本农业就是我们的先例。高额补贴，难以为继。

持续的关注终成正果，作者在与同道者的讨论中突然悟出了其中的玄机。

成都农村的土地流转一般都会以很高的固定地租形式出现，比如 700 斤黄谷或 1200 大米。这样一来，租地者很难真正从农业耕作中赢利，因此，政府为推动农村土地流转而出台的补贴政策，就成了所谓龙头公司们的追逐目标。少数无法耕作的农民出租土地的价格在过去较低，也就是 300、400 元/亩·年，但政府推动流转土地的规模变大后，低效农民索要的地租就会远远超过这一价格。在成都农村，这一要价已达到 700 ~ 1000 元/亩年。这部分农民自己耕作，总收入也不到 2000 元，扣除 600 ~ 700 元的种子化肥农药等，不算劳动费用的纯收入也就 1000 多元。地租要到 700 ~ 1000元，等于封杀了租地者靠种植获利的可能性。

这些种地低效的老人或妇女要价高的原因在于，土地是他们最好的就业途径，他们几乎没有外出打工的能力，有能力的早就出去了。土地产出率虽然下降，但对他们来讲却是实现自身劳动力价值的最好方式，因此，他们的地租出价，实际上包含了一部分劳动工资，而这部分收入在自行耕作土地之外的其他途径是拿不到的。

而租地经营者，不可能在支付纯地租、支付工资之后还能靠种地赚钱；虽然他们应该具有较高的效率，但这样的要求太高了。很难有人达到，也不应该达到。

这样，低效农民的生产函数和高效农民租地者的生产函数，出现了一个不连续的断点，无法沿生产函数找到其极大值点。其中关键在于，低效农民的劳动与高效农民的劳动形成了替代关系而非继承关系，低效农民交出土地要求同时获得劳动报酬，而高效农民支付了土地加劳动报酬的租金，却只得到了土地，并没有利用到低效农民的劳动。这就形成了一个相当于低效农民对劳动报酬要求的落差。这一落差造成了，农村土地资源的高效利用要求和持有土地农民利益最大化的不一致，持有土地农民的利益最大化方向就成了继续维持农村资源低效利用的根本原因。

目前情况下想得到的解决办法有两个：一个是高效农民的效率足够高，能够消化低效农民的工资性租金，但这缺乏一个循序渐进的过程，很难一步到位。法国与日本采用的是政府提供老年农民退休交地的制度来帮助高效农民，实际上是政府在退休年龄段支付工资性费用。另一个办法具有理论意义，通过制度设计，让高效农民与低效农民的劳动投入能够互补而非替代，这样低效农民的生产函数就可以与高效农民的生产函数形成连续状态，低效农民的最大利益方向就可以和高效农民的最大利益方向保持一致，并同时达到最大值点。从理论上讲，解决了低效农民劳动和高效农民劳动的互补结构设计问题，才能保持经济学理性人假设的合理性。存在于广东地区的土地投包制，基本上可以满足这一要求。

第六节 从"耕者有其田"到善耕者用其田

三农问题的核心是农业。作为一个古老的产业其效率低于后起产业，导致与之相关的劳动者和生产要素所有者的处境居于劣势。国内有学者认为三农问题是我国特有的城乡二元体制造成的，其实不然，国外同样存在类似的问题。十七届三中全会对未来的三农问题有三大部署：一，继续制度创新；二，发展现代农业；三，城乡公共服务均等化。第一点需要找到方向，第二点是目标，前两点是紧密结合在一起的，而第三点则取决于工业化的强有力支撑。

多年的农村调查让作者有一个体会：如何发展现代农业并非一个技术层面的问题，必须辅之以制度创新才能达致目标。

一　发展现代农业的约束条件

发展现代农业就是实现我国传统农业向现代农业的转化，而其中的现实问题是，我国传统农业体制不存在自然地走向农业现代化的利益冲动。对农业而言的两大效率指标——劳动生产率和土地产出率——是衡量能否实现现代农业目标的关键，任何技术的发展都是实现效率提高目标的手段。

当今中国发展现代农业的重要约束条件有两个方面，即自然条件：人多地少对劳动生产率提高的抑制；土地集体所有制下的家庭承包经营制：劳动力与土地的关系固化导致对土地产出率提高的抑制。

人多地少是短期内难以改变的，难以提供提高劳动生产率的空间，但这一现象应该形成对土地产出率的追求，比如精耕细作。而这又取决于土地的使用者的各自不同的劳动能力，简单说来人多地少不一定就能达到土地产出率的最高点。但这一前提却催生了我国农民对土地制度的最朴素向往——"耕者有其田"。我国的土改正是基于这一农民的愿望，我党由此取得农民的支持，创立了新中国。

土改创立的土地平均化倾向最终由农村集体所有制固定下来，农民以平均化分配土地收益的形式稳定了每一位现存的和未来的"耕者"在稀缺土地资源上的权益，但带来了另一种困惑：劳动量的投入积极性下降了。因为，人民公社化的集体所有制在推动土地集体化的同时，把农民们的不同劳动能力也集体化了，无法在收益上体现出劳动能力的差别，于是土地产出率反而下降了；工分制由于采取了群众评议制度也没能拯救公社化的集体所有制。由此，我国在 20 世纪 70 年代末、80 年代初进行了家庭联产承包责任制的改革，将土地按产量面积均分给每一位"耕者"，然后再以家庭为单位承包经营。此时，农民们分掉的实质上并不是土地，土地是按产量定面积分配的，所以分掉的是土地对收益的贡献，而真正分开的是每一户农民之间不同的劳动能力。于是，单位土地面积上劳动的投入增加了，真正实现了各自不同的精耕细作，土地产出率在 80 年代中期大幅提高。

但是，一旦工业化发展加速，农村的青壮年劳动力因产业间效率的差异被吸引进城，精耕细作的土地产出率则受制于留在农村的老人和妇女了。此时，不同家庭之间对土地的利用出现效率上的差异，基于人们追求利益的动机，农民们应当通过土地承包经营权的流转来实现土地产出和劳动生产率的增加，中央政府从 1983 年起就允许承包经营权流转，但到今天，流转率仅有 5%。这说明，作为较弱劳动力的老人和妇女在承包经营制的安排下，自行耕作是他们利益最大化的选择，因为他们缺少外出打工的优势，他们只能在自有土地上"打工"。承包制固化了这种劳动力与土地的关系，同时在工业化背景下也抑制了农业劳动生产率和土地产出率的提高。在农村，这表现为种"懒庄稼、应付田"。

值得注意的是，并非中国才有这一现象，这是一个国际性的问题。

二　农业现代化是国际难题

详细和广泛的研究后作者发现，法国、日本、中国台湾和中国大陆等搞过土改的国家和地区，都相应地形成"耕者有其田"原则下的"土地细碎化"，在工业化加速期，造成了农业经营效率持续低下。

法国在雅各宾派执政期，曾经搞过一次将贵族土地均分给农民的改革。20世纪，法国曾发生过两次严重的粮食短缺危机。每次都大约持续10年。直到1954年，法国的农业人口人还占总人口的42%。

战后日本在美国占领当局的管制下实行了土地改革。到工业化加速期，农业效率开始下降，没有好转迹象。1990～2003年日本谷物自给率由30%降至27%，其中食用谷物的自给率由67%降至60%；2003年日本豆类、油脂类、砂糖类、水果类、水海类和肉类产品的自给率分别只有6%、13%、35%、44%、50%和54%。按热量计算，2005年日本农产品自给率仅为40%。

我国目前也郑重提出了粮食安全问题和最严格的耕地保护政策。

为解决农业问题，战后的法国进行了历时二十余年的法国农业改革（从20世纪50年代到70年代中期），主要采取了如下一些手段：

——强制手段：立法规定土地产权单人继承制。避免土地持续细碎化。

——诱导手段：建立农民退休制度，令其交易出土地。避免弱劳动力固化与土地的关系。

——半市场化：国家专业公司收购土地，定向出租或低价出售给青壮年合格农民。鼓励推进规模经营。

法国在上述这些强力政策推进20年后，逐步走出小农困境，发展成为世界上第二号农产品出口国。

反观日本，农业政策遭遇失败。在人地关系上，日本只是实施了农民退休制度。同时错误地实行高补贴制度，谷物关税高达778%，进一步固化了弱劳动力与土地的结合。"本来以保护消费者为目的的粮食管制制度在战后经济高速增长时期通过生产者提高米价而转变为了对农民的保护。在高米价政策下，那些兼业农户与其买米吃，不如自己生产来得划算，这样一来他们就不愿退出农业生产了。耕地无法向企业化经营的农户集中，致力于扩大规模的农业结构改革归于失败"。①

我国农业目前的困境，也是来源于工业化提速之后的弱势劳动力与土地结合固化。人多地少，农业效率受制于土地产出率；土地承包经营制鼓励劳动投入，通过精耕细作提高土地产出率，但抑制了土地流转的冲动，抑制了劳动生产率的提高，抑制了对农业机械化的需求。当工业化发展提速后，吸走农村强劳动力，留下老人妇女，土地产出率随之下降。种"应付田""懒庄稼"现象大量出现。随着农民农业收入的下降，国家补贴增加：取消农业税、粮食直补、农资直补。让人担心的是，这些助农政策极易使得我国农业走向与日本农业类似的高补贴陷阱。

三 善耕者用其田——中国发展现代农业的可能路径

我国农业面临的问题是：如何让家庭承包经营体制下的农民产生出追求高土地产出率和更高劳动生产率的动力。"耕者有其田"解决的很显然只是土地产出的分配问题，在人多地少的前提下给出了持续投入劳动量的空间，却没有给出提高土地利用效率的空间。

追求土地产出率只能形成对劳动对象层面的现代化要求；追求劳动生产率才能形成对劳动工具和劳动力层面的现代化要求。而土地产出率的提高却更多地取决于技术进步，这在短时期内是很难改变的；所以，提高农业效率的任务就相对集中在寻求劳动生产率的提高上了。这就要求"土地向种田能手集中——善耕者用其田"。如此，才能形成"善耕者"们对一切现代农业要素的追求，比如规模经营、机械化耕作、劳动的组织管理等等。

为此，我们必须进行一个制度层面的创新，设计出在集体所有

---

① 摘自日本《经济学人》周刊经济产业研究所首席研究员山下一仁的文章。

制前提下，土地能够向"善耕者"集中的新机制。可喜的是，在成都的农村正在发生这种创新。需要我们做的并不复杂，只需要把我们对土地集体所有制的理解回归到土地收益的层面，就是说集体所有制成员对土地的权益可以回归到对土地产生收益的分配权，而把土地的使用权进行市场化的配置，按价高者得的原则出租给"善耕者"。租金能够准确地反映土地的收益，而且是"善耕者"所能创造的收益。全体集体所有制组织成员共同分配这些收益。当然这只能在工业化提速、农村劳动力减少时才能操作，否则我们就只能回到用按产量面积分配土地的形式来平等分配土地收益。

总体说来创新的内容在于：改革原有的均分土地（按产量面积）的承包经营为均分土地收益，坚持土地集体所有制，在保持土地收益集体所有的前提下，对土地的使用权以市场化定价分配，解开土地与农民之间的固定关系，形成追求农业经营效率的机制，同时激发追求劳动生产率和土地产出率的动力。打开提高劳动生产率的空间，吸引种地能手回归农村，保证现有技术水平下的土地产出率。

现在唯一该做的事，就是逐步取消政府流转补贴，防止利益外部化。让善耕者们通过种地挣钱。然后在农业本身的效率提高到较为充分水平的基础上，再考虑对农业和非农业的产业间效率差距予以补贴，为中国农业问题的解决，做好一次试验。农业的现代化是以现代农业特征的实现来表现的，支撑这些现代特征的是科技的发明、是生产力的发展。这些不是农民能解决的。农民能够做到的是应用这些现代技术成果。而我们的目的就是要通过制度创新，让农民产生出追逐一切现代农业技术成果的动力。

第九章 讨论和结论

以上各章我们讨论了土地与农民的关系、土地与国家的关系、土地与乡村发展的关系。

其一，就土地与农民的关系，我们从农民农业生产经营的组织类型提出了新的见解，分析了四种类型各自的适用条件，提出农业经营组织要因地制宜，目的是保护农民的土地收益和总福利增长，以及发挥农民的劳动积极性并提高土地生产率。

其二，就土地与国家的关系，我们提出了土地开发权的界定和管辖治理，但是对开发权不能简单地理解为就是农村土地的非农经营收入不能归农民所有。从国外的经验看，区分农用地的农业经营与农业生产的社会化服务和对农业经营的保护紧密相连，如对农业的产业全过程服务，职业农民对农业生产经营全产业链的参与，美国的农业休耕政策，农业保险，都是农业社会化服务和对农民职业保护的有机组成部分。现在农民的收益有相当一部分就来自土地非农经营收入，有的地区在城市扩张征用农村土地时对农民的未来发展有所考虑，将一部分建设用地如占总征地份额的 8% ~ 10% 留给村集体，作为村级股份制经济的基础，即使村改居后村落共同体不存在了，村的股份经济共同体作为一个经济实体仍然存在，宁波就是一个典型例子。

其三，我们针对国家对农村土地的占补平衡，根据农村与城市中心不同距离的圈层结构，提出要具体分析不同圈层地域农民的需求和意愿，要根据农民的不同特点分别对待，有针对性地讨论农民的收益以及对农民的补偿。

第一节 数据、案例和结论

就全书而言，有几章需要说明。

第一章的主要内容是关于中国农村土地利用现状和基本农业经营组织类型的介绍，是对现有资料的整理和综述。其中讲乡村土地的征用占用数据，由于缺乏系统的面板数据，只能根据公开发表的统计数据和调查数据归类汇总，因此表现为数据不连贯、格式不统一，还需要进一步整理，但农村土地减少的规模和比率已经清晰显现出来。国际学术界研究全球土地攫取（land graping）也存在使用数据相对粗泛，这一特点与征用农村土地数据难以获得、数据不公开、公开数据不完整有关。即使是调查点的数据，由于：一，地方政府所提供的数据和实际数据存在差距；二，在调研中限于社会调研的职业道德要求，不能过深核对占用农村耕地的原始凭据，这也影响了调查数据的精准性和概括能力。此章还对农业规模化经营的基本类型的适用条件、促进条件和约束条件作了说明和分析。

第六章在区域类型相互比较后发现，各地发展路径有共同之处。宁波的土地股份制和成都的土地股份制在基本制度建立的村民分享权益界定方面有共同之处，而第七、第八章以成都为例所探讨的农村由农民自主推动乡村集中居住，在第六章的山东德州已经变成现实。

第五章主要研究一个区域内农业经营组织类型之间的合作与竞争关系。一般读者阅读这样的文献也许会有些不适应，觉得过于琐碎。其实，这正是乡村社会调查研究中精细功夫之处，是提炼问题的场所，是关于农村组织发育和竞争合作关系的基础研究。第五章的调研发现，所谓的农业规模经营的分类并不是如汇报和统计那么简单，有的规模经营和合作经济其实只是为了套取政策配套资金的申报资格组合，并没有体现出真正的规模经营效率。有了这样的细致梳理辨析，才有可能发现有的所谓的种粮规模经营大户只是众多农户在形式上联合而成的，对实际上的农户生产经营几乎没有影响，目的是为了获得规模经营的种粮补贴。书中对粮食出售和晾晒不易对农民粮食种植品种的影响的揭示也引人深思，由此就会发现农民种地经营的技术风险和市场风险。文中对企业和农民合作以及为农民经营提供服务被认同的不容易和艰难也有细致的描述和分析。由此对同一个对象第一手资料的条分缕析，才能有对电视台此前节目主题的一个参照和更正。

第二节　农民土地权益的视角

农民土地权益的视角：从补偿视角、就业视角到生产组织类型。

农村土地问题已经成为当代中国最为重大的社会问题，现在的研究思路主要集中在利益和产权分析的视角，对于活动的分析和背景的分析有，但在关联上梳理得不够。提出的解决问题的思路并没有很好地协调和解决相应的问题。我们在农村调查中发现这个问题已经不是一般的类型问题，而是一个普遍问题。

对土地问题的归因，不是仅停留于产权分析。当代中国农村的土地关系处在深刻的调整变革中。现在农村的基本制度可以保留，但变化和调整是一个必然的趋势。如贺雪峰那样维护传统的农民土地关系的权益固然居于道德高地，但在现实中传统的小农经济随着经济、生态和社会环境的变化，已经很难在现代农业的意义上维持下去，传统农民面临着需要适应农业现代化的社会化服务体系和支持条件。传统农业自给自足，依赖于世代相传的经验积累就能满足农业生产过程中的知识需求，这样的传统农民已经日益不适合于现在的农业生产经营体系了，现在的农民需要向现代化的职业农民转

变。因此，我们提出了四种组织形态。社会对农业经营的功能决定
了农业生产的组织形式，农民的组织形式决定了农村的地权关系。
现在农村四种组织形式，即传统农户经营、规模大户经营、农民专
业合作社或者社区合作社、农业公司，各自与农村农业生产具有什
么样的联系，需要什么样的支持条件，都需要有针对性地进行深入
研究。

从世界各国发展的普遍性来看，城市化进程中占用和汲取农村
土地是一个普遍规律。现在仍然站在过去论证家庭联产承包责任制
时讲小农和土地结合的重要性和必要性是对的，但也需要结合中国
现在发展的条件而深化认识、拓展研究。随着农业现代化水平的提
高，随着生物工程的进步，如基因过程和生命编码技术的发展，农
业技术进步也在重新构造农村社会新的社会结构和权力—治理关
系。现在中国小农能不能继续存在和发展，已经主要不取决于农民
的意愿。那么问题就转换成另外一个表述形式，中国未来的城乡统
筹一体化的协调发展对于农村农业生产的功能定位，究竟是主要依
赖四种经营组织类型中的哪一种。有的专家学者强调要稳定农村的
家庭联产承包责任制，由此强调要稳定农民和承包土地的关系。现
在的普遍情况是，要维护传统的农户农业经营，迫切需要农业社会
化服务，这方面恰恰欠缺很大。农业部在提高农业生产效率和提高
粮食总产上，强调农业规模化经营，这包括了规模大户经营、农民
专业合作社经营和农业公司三个方面，地方政府努力推动的往往是
规模大户经营和农业公司经营，农民专业合作的发展在统计上达到
了很高指标，但事实上的发展还值得推敲，类似于第五章的苏州农
村不是个别现象。

如果定位于农业的市场化需求，规模效益、技术下乡、农业公
司是必然选择。农业公司和传统农户、规模经营大户、农民专业合
作社有合作，也存在竞争。如果寄希望于由农业公司为农民提供产
前产中前后的技术指导、科技服务，则农民在利益分配中一般都居
于劣势地位。但是，如果保证土地承包权证在农民手中，农民在区

域通过专业合作社组织起来，通过社区合作组织起来，签订的农村
农用地流转合同如现在这样一般在五年左右，农民的土地流转租金
逐年有所增长，公司过分占有农民土地收益的趋势就会得到遏制。
如果加上一部分农民自身的积累和努力，加上必要的社会化服务，
农民中适合现代化农业生产经营的现代农民或者是自耕农，或者是
规模经营大户，或者是雇佣农工，也都会成长起来。也有一部分现
在的农民，将会在农业资金、技术、知识密集化生产条件下，被挤
出传统的家庭经营形式，脱离农业生产。相关研究已经表明，未来
20 年中国还有 3 亿人从农村转移到城市就业，这个巨大规模的人口
职业流动和地域流动也需要得到关注，但它不会因此而停滞或者放
缓中国农村农业经营的现代化进程。

在四种组织类型中，哪一种会成为中国农业生产经营的主导
形式？这个问题没有一个绝对的全国通用的答案，需要根据当地
的农业种植区域、农地档次、当地的社会化服务、当地的基础设施
便利程度而定，还受到当地传统社区文化的影响和引导。在城市近
郊区，基础设施建设配套完整且成体系，物流和信息交流便利，农
村承担着城市中居民小区的部分功能，农村的两高一优农业、休闲
农业、体验农业有发展空间，有社会需求，农民的非农就业水平
高，如果农村土地质量好、生产条件许可，在这样的农村，农民其
实更愿意从事家庭经营农业，如开办农家乐，也有利于合作社经营
农业。问题是，在这样的农村，一般当地基层政府更着眼于临近城
市的乡村土地升值，纷纷改造城中村，将当地的农民转为市民。从
深圳的整体取消农业户口，到沈阳沈北地区预先由政府征地，将当
地农村原居民全部外迁，事实上取消了农业生产经营和农村存在的
村落形态。在城市化进程中只限于将农民转成城市户口、将农村原
居民纳入城市最低保障维持底线水平，这样为了城市化工业化市场
化的土地需求，改变农民的生产方式和生存方式，剥夺农民的土地
收益，必然引起社会矛盾和冲突，在其他条件下还会引起社会
动荡。

一般来说，在现代化的农村发展中，组织类型随着规模和接近市场的水平层次存在着逐级压制现象。即有了规模经营大户，就会挤压部分农户；有了专业合作社，就会挤压部分大户；有了农业公司，就会挤压部分专业合作社，仝志辉、温铁军已经做了这样的研究。齐慧颖的研究发现，在一定条件下，农业公司与规模经营大户的关系会由竞争形成合作，即当农业公司是由本地原居民承办，有社会认同感和面子观念，泽及乡里时。但农业公司的加价不能吸引大户，这不在于土地的生产能力和产量，而在于收割之后缺乏晒场，由此带来的风险限制了大户的农地经营规模。苏州农业产业化基地的晒场成了制约大户大米生产的最后一块短板。这类似于牧区牧民养殖牲畜的最大数量，不是由牧区草地的承载量决定的，而是由牧民冬季能够储存的饲草数量决定的。因此，提高粮食产量，不仅要研究农业生产经营组织类型，还要研究其需要的农业生产的社会化服务。从齐慧颖的研究看，规模经营大户的单产水平并不比普通农户高，规模经营之赢利在于国家提供的种粮补贴，这激励了农户在承包土地上的竞争，抓阄意味着每一轮承包的规模经营大户未必能够持续，这也不利于现代职业农民的形成。在土地资源有限、农业生产资料价格和农业投入持续上涨、农产品市场有限、农产品品牌竞争开始出现的前提下，职业农民的形成和稳定必然包括了农民内部之间的相互竞争。

第三节　善耕者善用其田

中国农村目前正在经历的重大变化就是，农地耕作正在经历从"耕者有其田"到"善耕者善用其田"的转变。

我国农业面临的问题是：如何让家庭承包经营体制下的农民产生提高土地产出率和劳动生产率的动力。"耕者有其田"解决土地产出的分配问题，在人多地少的前提下可以持续投入劳动量以增产，但没有给出提高土地利用效率的空间。

追求土地产出率只能形成对劳动对象层面的现代化要求，追求劳动生产率才能形成对劳动工具和劳动力层面的现代化要求。提高土地产出率更多取决于技术进步，这在短时期内很难实现；所以，提高农业效率的任务就相对集中在寻求劳动生产率的提高上了。这就要求"土地向种田能手集中——善耕者善用其田"。如此，才能形成"善耕者"们对一切现代农业要素的追求，比如规模经营、机械化耕作、劳动组织的有效管理，等等。

为此，我们必须进行一个制度层面的创新，设计出在集体所有制前提下，土地能够向"善耕者"集中的新机制。集体所有制成员对土地的权益可以回归到对土地产生收益的分配权，租金能够准确地反映土地的收益，"善耕者"创造的收益能够为全体集体所有制组织成员共同分配。将这个土地集中机制与城市化结合起来，才能做到城乡协调发展，而不是像现在有些地方那样，城市繁荣以乡村凋敝为代价。

成都农村对土地流转的强调和支持促进了这一创新的发生。当一些村集体经济取消了保底分红，让租金价格回归合理水平，以市场化定价返租给能干的农民或其他外来的善耕者时候，追求提高土地产出率和劳动生产率的冲动就出现了。在崇州桤泉、邛崃固驿，吴建瓴见到了这样的案例。现在东北大农机快速增长、大规模应用体现的也是同一机制。专业种植劳动服务机构出现、专业化的农技服务公司产生，都是现代农业要素成长的标志。

补贴农民种田是该做的事，但是要防止政府流转补贴客观上阻碍农村农业经营技术进步，防止利益外部化。让善耕者们通过种地挣钱，然后在农业本身的效率充分提高的基础上，再考虑对农业和非农业的产业间效率差距予以补贴。支持农业现代化依靠科技发明、生产力发展。这些不是农民自身能解决的。农民能够做到的是应用这些现代技术成果。而我们此书研究的目的，就是要通过制度创新，让农民产生出追逐一切现代农业技术成果的动力。

第四节　农村土地开发权

在国际上，农村土地权益包括使用权和开发权，而其所有权形式又分为国家所有、集体所有、私有、混合所有四种形式，因此国家与农民间的土地权益边界在国际上有着不同的划分方式。在实行农地私有制的国家里，既有英国式的农用收益归己、开发收益归公的农地权益制度，也有日本式的农用收益归己、开发（政府征用时）收益也归己的土地权益制度。在实行农地公有制的国家里，既有苏联的农地国家所有、收益集体共享的农地权益制度，也有中国式的农地集体所有、开发收益国有的农地权益制度。

那么，中国农村的土地开发权如何界定？

中国式的农地集体所有、开发收益国有的农地权益制度，是否具有合理性与合法性，是否损害了农村居民的利益？或者说，是否有利于农田保护和农业现代化？如果真正要做实中国的土地开发权制度，过去需要具备什么样的历史文化和习俗积累，现在和将来需要具备什么样的社会支持条件？这样的讨论表面上似乎支持了现行的国家征地制度，且论证了这一制度的合理性，然而还需要深入的研究，需要有利益相关者的综合视角，需要生产效率的提高兼顾社会公平。现在迫切需要做的，是面对现实困境，解决农业补贴和农业的社会化服务问题，而不是单纯地剥夺农民从土地上获得非农收益的权利。中国的农地权益制度，还需要和农业的社会化服务和农民的社会保障结合起来、和城乡统筹结合起来统筹考虑。

参考文献

《中共中央关于推进农村改革发展若干重大问题的决定》，2008。

《中华人民共和国农村土地承包法》，2002。

《中华人民共和国土地管理法》，2004。

《中央人民政府政务院关于国家建设征用土地办法》（1953），载《土地法全书》，吉林教育出版社，1990。

常熟市古里镇人民政府《苏州市常熟（古里坞垱）现代农业示范区总结材料》，2010。

常熟市人民政府《关于深化农村综合改革推进水稻产业化发展的实施意见》，2008年10月。

江苏省人民政府：《江苏省人民政府关于切实加强土地集约利用工作的通知》，《国土资源通讯》2004年第7期。

农业部：《农业产业化国家重点龙头企业认定和运行监测管理暂行办法》，农经发〔2001〕4号，2001年6月26日。

全国第二次农业普查全国数据，2006。

苏州市人民政府办公室：《关于印发苏州市农业布局规划的通知》，苏府办〔2006〕128号，2006。

苏州市人民政府办公室：《关于进一步加快发展现代农业的意见》，苏发〔2007〕21号，2007。

苏州市人民政府办公室：《中共苏州市委苏州市人民政府关于城乡一体化发展综合配套改革的若干意见》，苏发〔2008〕52

号，2008。

苏州市人民政府办公室：《苏州城乡一体化发展综合配套改革三年实施计划》，苏办发〔2009〕46 号，2009。

苏州市统计局：《城乡一体化作用凸显农民收支持续增长——2010 年苏州市农民收支情况分析》，http：//www. sztjj. gov. cn/Info_ Detail. asp？id = 19165，2011 年 4 月 3 日。

苏州市物价局工农产品成本调查队：《土地流转升亩均租金涨》，http：//www. wjj. suzhou. gov. cn/PSWeb/Web/aspx/InfoDetail. aspx？ InfoID = 1507，2010 年 2 月 3 日。

新沂市委、新沂市人民政府：《2009 年度振兴徐州老工业基地创新实践奖申报书（之三）——新沂市农村"一权一房"抵（质）押贷款》。

艾丰：《论农业产业化》，《人民日报》1995 年 12 月 11 日第 1 版。

安希伋：《我国土地制度问题——论土地国有永佃制》，《中国农村经济》1988 年第 11 期。

北京大学国家发展研究院综合课题组：《还权赋能：奠定长期发展的可靠基础》，北京大学出版社，2010。

曹利群：《合作增收：打开农民增收新思路》，《中国社会科学报》2010 年 7 月 15 日第 8 版。

陈海秋：《建国以来农村土地制度的历史变迁》，《南都学坛》2002 年第 22 期。

陈茂禄、吴建瓴、蒋青：《山区的城乡统筹之路——以大兰村生态移民为案例的研究》，成都时代出版社，2011。

邓大才：《土地政治——地主、佃农与国家》，中国社会科学出版社，2010。

董栓成：《中国农村土地制度改革路径优化》，社会科学文献出版社，2008。

杜吟棠：《"公司 + 农户"模式初探——兼论其合理性与局限

性》,《中国农村观察》2002年第1期。

樊继达:《统筹城乡发展中的基本公共服务均等化》,中国财政经济出版社,2008。

高安峰、袁福强、虞勇:《探索担保新机制 破解农民贷款难——江苏省新沂市"一权一房"抵(质)押贷款调查与思考》,中国农经信息网,2011年9月7日。

高强:《国内农户兼业问题研究综述与建议》,《北京市农业管理干部学院学报》2001年第3期。

《关于用侨汇购买和建设住宅的暂行办法》,载《中国城市建设与管理工作手册》,中国建筑工业出版社,1987。

郭红东:《农业产业化与农村现代化》,中国社会科学出版社,2002。

韩立达等:《农村土地制度改革研究》,中国经济出版社,2011。

贺雪峰:《地权的逻辑——中国农村土地制度向何处去》,中国政法大学出版社,2010。

胡星斗:《农村土地私有化:意义、问题与措施》,见"中国乡村发现"网站,http://www.zgxcfx.com/Article_ Show.asp? ArticleID=10066,2008。

黄宗智:《中国新时代小农场及其纵向一体化:龙头企业还是合作组织》,载于《中国的隐性农业革命》,法律出版社,2010。

吉姆·瑞岱尔(Jim Riddel):《世界各国土地所有权及所有制方面存在的问题及新趋势》,天则经济研究所第416次学术报告会,2010年10月。

江西省检察院《我的地盘我做主诱发涉农腐败》,载《检察日报》2009年4月8日。

蒋省三、刘守英、李青:《中国土地制度改革:政策演进与地方实施》,上海三联书店,2010。

卡尔波兰尼:《大转型——我们时代的政治与经济起源》,冯钢等译，浙江人民出版社，2007。

考茨基：《土地问题》，梁琳译，三联书店，1995。

陆学艺：《城郊农村实现城市化的好模式——宁波江东区调查》，《今日中国论坛》2007 年 11 期。

赖泽源等：《比较农地制度》，经济管理出版社，1996。

李昌平：《指望资本家救小农是靠不住的》，《南方周末》2008年 3 月 6 日 C19 版。

李惠安：《农业产业化经营与农业结构调整》，见张晓山等著《调整结构创新体制发展现代农业》，中国社会科学出版社，2007。

李元：《中国地政法规政策全书》，中国物价出版社，1995。

梁睿、咸立双：《我国农户兼业化问题探析》，《理论探讨》2004 年第 5 期。

刘国臻：《论英国土地发展权制度及其对我国的启示》，载《法学评论》2008 年第 4 期。

刘振伟、张红宇：《中国农业和农村经济结构战略性调整》，中国农业出版社，2003。

陆学艺：《社会主义新农村建设需要改革现行土地制度》，《东南学术》2007 年第 3 期。

陆一香：《论兼业化农业的历史命运》，《中国农村经济》1988年第 2 期。

吕文江：《理性与文化之间——一桩土地纠纷之分析》，社会科学文献出版社，2008。

马克思：《资本论》（第 3 卷），人民出版社，1998。

马克思、恩格斯：《马克思恩格斯选集》（第 4 卷），人民出版社，2004。

麦克布洛维：《公共社会学》，沈原译，社会科学文献出版社，2007。

毛丹：《村落共同体的当代命运：四个观察维度》，《社会学研究》2010 年第 1 期。

梅建明：《从国内外比较看我国农户兼业化道路的选择》，《经济学动态》2003年第6期。

〔美〕阿图什·埃斯科瓦尔（Arturo Escobar）：《遭遇发展——第三世界的形成与瓦解》，社会科学文献出版社，2011。

H. 孟德拉斯：《农民的终结》，李培林译，社会科学文献出版社，2004。

牟大鹏、姚毓春、刘凌波：《"公司＋基地＋农户"的农业生产经营模式探析》，《经济纵横》2005年第9期。

《农村改革30年：地权再变革　确保农地承包长久不变》，《中国新闻周刊》2008年10月15日。

奈杰尔·斯万：《东欧转型国家中的土地产权改革：问题与前景》，载《农村土地制度改革：国际比较研究》，社会科学文献出版社，2009。

农业部课题组：《现代农业发展战略研究》，中国农业出版社，2008。

齐格蒙特·鲍曼：《共同体》，欧阳景根译，江苏人民出版社，2002。

A. 恰亚诺夫：《农民经济组织》，萧正洪译，中央编译出版社，1996。

秦晖：《"恰亚诺夫主义"：成就与质疑——评 A. B. 恰亚诺夫〈农民经济组织〉》，载俞可平《马克思主义研究论丛（第5辑）》，中央编译出版社，2006。

任玉岭：《农民入股办合作组织应成为国家战略》，《中国经济周刊》2010年第41期。

石忆邵：《科学认识城乡一体化与区域经济一体化战略》，《红旗文稿》2004年第5期。

石忆邵、杨碧霞：《上海郊区实施"三个集中"的反思及对策建议战略》，《同济大学学报（社会科学版）》2004年第12期。

《孙中山文集》，团结出版社，1997。

谭伟良：《苏州外来人口调查报告》，2008。

仝志辉：《农民专业合作社"大农吃小农"逻辑的形成与延续》，《中国合作经济》2010年第4期。

仝志辉、温铁军：《资本和部门下乡与小农户经济的组织化道路——兼对专业合作社道路提出质疑》，《开放时代》2009年第4期。

汪利娜：《中国城市土地产权制度研究》，社会科学文献出版社，2006。

王栋、曹利群：《引入和利用资本：对农民专业合作社发展方向的探讨》，《中国行政管理》2008年第9期。

王群、王万茂：《土地发展权与土地利用规划》，《资源沦坛》2005年第10期。

温铁军：《合作社实践中形成的三个基本经验》，《人民论坛》2006年第17期。

温铁军：《我国为什么不能实行农村土地私有化》，《红旗文稿》2009年第2期。

吴苏川等：《统筹城乡进程中农村集体土地承包经营权流转调查——以成都地区为例》，第十一届"挑战杯"国赛论文，http://www.tiaozhanbei.net/project/15442，2009。

西奥多·W.舒尔茨著《改造传统农业》，梁小民译，商务印书馆，2009。

薛少仙：《实现农业现代化必须打破小农经济格局》，《中国党政干部论坛》2009年第7期。

于海荣、邢昀：《菜贱伤农彻底真相：政府行为严重干扰市场信息》，新浪财经，http://finance.sina.com.cn/g/20110503/00209781330.shtml，2011年5月13。

于宗先、王金利：《台湾土地问题——社会问题的根源》，联经出版社，2001。

臧俊梅：《农地发展权的创设及其在农地保护中的运用研究》，

科学出版社，2011。

曾令秋等：《新中国农地制度研究》，人民出版社，2011。

张大军、吴鹏、毛伟军：《三化一改：破解农村城市化难题》，宁波出版社，2005。

张静：《现代公共规则与乡村社会》，上海书店出版社，2006。

张晓山：《农民专业合作社的发展趋势探析》，中国农经信息网，2010。

张新光：《马恩关于小农经济逐步走向消亡的科学论断过时了吗？——对19世纪末和20世纪初以来相关讨论的回顾性阐释》，2010。

张新光：《小农理论范畴的动态历史考察》，《贵州社会科学》2008年第1期。

张新光：《研究小农经济理论的政策含义和现实关怀——回应丁长发博士的质疑》，《农业经济问题》2011年第1期。

张悦：《中国农村土地制度变迁——基于意识形态的视角》，经济管理出版社，2011。

中国社会科学院农村发展研究所宏观经济研究室：《农村土地制度改革：国际化比较研究》，社会科学文献出版社，2009。

周立群、曹利群：《农村经济组织形态的演变与创新——山东省莱阳市农业产业化调查报告》，《经济研究》2001年第1期。

朱晋伟、詹正华：《论农村的集约型发展战略——苏南农村实施工业、农业、农村居民三集中战略的机理分析》，《改革与战略》2008年第9期。

庄金峰等：《海峡两岸土地法律制度比较》，香港社会科学出版社，1997。

图书在版编目（CIP）数据

农地政策与农民权益 / 樊平等著 . —北京：社会科学
文献出版社，2012.11
ISBN 978 - 7 - 5097 - 4000 - 2

Ⅰ.①农… Ⅱ.①樊… Ⅲ.①农村 - 土地政策 - 研究 -
中国②农民 - 权益保护 - 研究 - 中国 Ⅳ.①F321.1
②D422.6

中国版本图书馆 CIP 数据核字（2012）第 276301 号

农地政策与农民权益

著　　者 / 樊　平　宓小雄　吴建瓴　齐慧颖

出 版 人 / 谢寿光
出 版 者 / 社会科学文献出版社
地　　址 / 北京市西城区北三环中路甲 29 号院 3 号楼华龙大厦
邮政编码 / 100029

责任部门 / 皮书出版中心（010）59367127　　　责任编辑 / 桂　芳
电子信箱 / pishubu@ ssap. cn　　　　　　　　　责任校对 / 王　微
项目统筹 / 邓泳红　　　　　　　　　　　　　　责任印制 / 岳　阳
经　　销 / 社会科学文献出版社市场营销中心（010）59367081　59367089
读者服务 / 读者服务中心（010）59367028

印　　装 / 三河市尚艺印装有限公司
开　　本 / 787mm×1092mm　1/20　　　　　　印　　张 / 14.4
版　　次 / 2012 年 11 月第 1 版　　　　　　　　字　　数 / 251 千字
印　　次 / 2012 年 11 月第 1 次印刷
书　　号 / ISBN 978 - 7 - 5097 - 4000 - 2
定　　价 / 49.00 元